21世纪知识产权规划教材

总主审：王利明

总主编：齐爱民

21世纪知识产权规划教材编委会

主　任：

谢尚果　李昌华

副主任：

齐爱民　黄玉烨　董炳和　王太平

成员（以姓氏笔画为序）：

刁胜先　王太平　韦　铁　邓宏光　刘斌斌

齐爱民　李昌华　李　仪　严永和　苏　平

杨　巧　苟正金　陈宗波　罗　澍　周伟萌

赵文经　黄玉烨　董炳和　曾德国　谢尚果

21世纪知识产权规划教材

商标法
TRADEMARK LAW

王太平 邓宏光 主 编
杨雄文 孙英伟 应振芳 副主编

其他撰稿人
王笑冰 蒋鸣湄 周 园 姚鹤徽

图书在版编目(CIP)数据

商标法/王太平,邓宏光主编. —北京:北京大学出版社,2017.6
(21世纪知识产权规划教材)
ISBN 978-7-301-26870-4

Ⅰ. ①商… Ⅱ. ①王… ②邓… Ⅲ. ①商标法—中国—教材 Ⅳ. ①D923.43

中国版本图书馆CIP数据核字(2016)第025135号

书　　名	商标法 SHANGBIAOFA
著作责任者	王太平　邓宏光　主编
责 任 编 辑	孙战营
标 准 书 号	ISBN 978-7-301-26870-4
出 版 发 行	北京大学出版社
地　　　址	北京市海淀区成府路205号　100871
网　　　址	http://www.pup.cn
电 子 信 箱	law@pup.pku.edu.cn
新 浪 微 博	@北京大学出版社　@北大出版社法律图书
电　　　话	邮购部 62752015　发行部 62750672　编辑部 62752027
印 刷 者	北京虎彩文化传播有限公司
经 销 者	新华书店 730毫米×980毫米　16开本　13.75印张　260千字 2017年6月第1版　2021年6月第2次印刷
定　　　价	32.00元

未经许可,不得以任何方式复制或抄袭本书之部分或全部内容。
版权所有,侵权必究
举报电话: 010-62752024　电子信箱: fd@pup.pku.edu.cn
图书如有印装质量问题,请与出版部联系,电话: 010-62756370

"21世纪知识产权规划教材"总序

一、知识产权专业在我国的开设与发展

中国历史上近代意义的法学教育和法学专业滥觞于19世纪末的晚清时代。1895年成立的天津中西学堂(即天津大学前身)首次开设法科并招收学生,由此肇开了法学作为一个专业进入中国教育体系的先河。进入新中国之后,20世纪80年代以前,在我国高等教育中法学院系的专业设置单一,一般只设以"法学"命名的一个本科专业。改革开放以后,根据国家经济建设和法制建设的需要,高等法律院系逐渐增设了国际法学、经济法学、国际经济法学、刑事司法学等专业。在我国,知识产权专业从其诞生开始就与法学专业密不可分,知识产权专业最初是作为法学专业的第二学位专业开设的。1987年9月,中国人民大学首开先河创办第二学位"知识产权法专业",从获得理工农医专业学士学位者中招生,攻读知识产权法专业第二学士学位。尽管中国人民大学开设的第二学位专业不叫知识产权专业,而是称其为"知识产权法专业",但大家都认为这是我国知识产权专业的源头。其后,北京大学、华中科技大学、华东理工大学等高校也相继招收知识产权法第二学士学位学生。1992年,上海大学率先开始知识产权本科教育,在法学本科专业和管理学本科专业中设立知识产权方向(本科)进行招生。1998年,教育部出台改革方案,按照"宽口径、厚基础、高素质、重应用"的专业建设精神,决定将法学一级学科由"法学""国际法学""经济法学"等专业合并为一个"法学"专业。自1999年起只按一个法学专业招收本科学生(可在高年级设置若干专业方向)。教育部的"统一"分散的法学专业的举措,往往被理解为不主张法学专业"分解",这种僵化理解把刚刚起步的知识产权专业抹杀在摇篮之中,知识产权从一个专业退变为法学专业的一门核心课程,即"知识产权法"。

随着信息技术的发展,人类快步迈入知识经济时代,知识作为创造财富的手段,在社会进步和文化繁荣中发挥了空前重要的决定性作用,知识产权在国民经济中的地位也显得格外重要,有发达国家已经将知识财产纳入到国民生产总值的统计数据之中。然而,中国知识产权人才奇缺,尤其是加入WTO之后,我国知识产权专业人才极度匮乏的问题更加凸显。为适应知识经济时代对知识产权人才需求的新形势,2004年,教育部与国家知识产权局联合发布了《关于进一步加强高等学校知识产权工作的若干意见》,要求高校"从战略高度认识和开展知识产权工作","加强知识产权人才的培养"。是年,华东政法大学知识产权学院开始招收知识产权专业本科生,这是教育部批准的全国第一家知识产权本科专业。随后，国内很多高等院校相继新增知识产权本科专业，绝大部分学校（如华东政法大学、西南政法大学、重庆理工大学等）对该专业毕业生授予法学学士学位，有的学校在理工科专业（如广西大学的物理学专业）设置知识产权管理专业方向，颁发理学学士学位。为满足经济社会发展的迫切需求，知识产权本科专业在2012年被正式作为法学类的本科专业列入《全国普通高等学校本科专业目录》，该目录放弃使用"知识产权法专业"而使专业名称得到了统一，更为重要的是结束了知识产权本科专业游离在专业招生目录外的尴尬境地。

二、知识产权本科专业的主要培养目标与课程体系

自教育部批准法学学科第二个专业——知识产权本科专业开设以来，一直面临着众多的疑虑和担心，最突出的问题就是认为知识产权专业在实质上还是法学专业，充其量是"知识产权法"专业。这种疑虑和停滞不前僵化误解最终将被知识产权事业日益发展起来的实务所，知识产权本科专业从法学专业中剥离必将得到更好的发展和完善。本科专业之所以成为专业，其根本的是在于形成自身特有的培养目标和课程体系。知识产权本科专业在人才培养目标方面，培育具有扎实的知识产权基础理论和系统的知识产权专业知识，有较高的知识产权素养和知识产权专业技能，具备知识产权实践能力和创新能力，能适应经济建设和社会发展需要的厚基础、宽口径、多学科知识融合交叉的复合型高素质人才。在课程体系方面，主要有法学类课程，如法理学、宪法、行政法与行政诉讼法、民法等；知识产权基础课程，如企业知识产权管理、知识产权评估、科技史、著作权法、专利法、商标法、电子商务法等；还有知识产权实践类课程，如专利代理实务、商标代理实务和著作权代理实务、知识产权会谈、专利文献检索、知识产权审判等，再辅之以有特色的理工科课程（选修为主），课程体系可谓庞大而体统。由于知识产权是一门综合性学科专业，应用性和实践性极强，本专业特别注重知识传授中实践能力的塑造和培养，整个课程设置使学生接受创新思维和权利思维以及知识产权管理、保护等实务操作的基本训练，对知识产权创造、管理、运用与保护等方面的知识以及现代科学技术发展对知识产权的挑战有全面的了解和掌握，并能熟练运用。

三、知识产权本科专业与"21世纪知识产权规划教材"

教材建设是知识产权本科专业建设的基础，而教材建设的根基在于知识产权研究。严格意义上的知识产权研究在国外始于19世纪，以比利时著名法学家皮卡第提出知识产权与物权的区别为知识产权法诞生的标志。我国开始知识产权研究肇端于清末，由于当时社会动荡，一些卓越的研究虽然影响了立法，但囿于清王朝的寿终正寝而未能真正贡献社会。新中国成立后，随着知识产权研究新纪元的到来，知识产权研究开创了一个全新的局面：第一，知识产权研究机构和学术团体的建立。知识产权研究机构和学术团体的建立，为知识产权研究奠定了物质和人才基础。从政府机构设立的知识产权研究所（如广西知识产权局设立广西知识产权发展研究中心）到高等院校组建的知识产权学院、知识产权中心（所）、（研究院），再到社会团体成立的知识产权研究会、学会、协会，知识产权研究蔚然成风，队伍日益扩大，蓬勃发展。第二，研究视野的拓展。随着改革开放的不断深入，知识产权研究领域的对外学术交流日趋活跃。特别从入世开始，与国外高等院校、非政府组织、知识产权研究机构、大型企业的合作与交流日渐增多，举办的国际研讨会、高峰论坛频繁而卓有成效，研究舞台更加宽广，研究视阈更加开阔，知识产权研究紧随时代和国际发展的前沿。第三，研究成果大量涌现。从基础研究到应用对策研究，从知识产权制度的传统理论问题到网络环境中凸现的新的知识产权课题，从知识财产研究上升到信息财产的研究，从各类学术刊物上发表的知识产权文章到出版社公开出版的知识产权的教材、专著和译著等成果汗牛充栋，充分彰显了知识产权研究发展的良好态势，和知识产权学者对时代的回应。

开设知识产权本科专业对于法学学科的完善和发展具有重要的意义。首先，通过知识产权本科专业的开设，结束了法学单一专业的面貌，丰富了法学学科的内涵。其次，知识产权本科专业的开设，满足了培养现代化高层次知识产权专门人才的需求，拓宽了法学专业就业选择面。再次，知识产权专业的开设，增进了与相关学学科间的交叉与融合，开辟了我国高层次人才培养的新空间。一句话，知识产权专业是法学学科创新发展的动力之翼，是我国教育体系下本科专业一个崭新而伟大的力量。我们正是以上述理论认识为指引来编纂"21世纪知识产权规划教材"，以实现建立和完善知识产权本科教材体系的崇高目标。广西科技厅和广西知识产权局为了推进知识产权人才培养和培训，在广西民族大学设立了广西知识产权培训基地，通过实际的工作推进高校知识产权人才培养和对社会各界知识产权从业人员的培训工作，"21世纪知识产权规划教材"得到了广西知识产权局和广西知识产权培训（广西民族大学）基地的大力支持。"21世纪知识产权规划教材"重视实践和能力的培养，密切联系国家统一司法考试和专利代理人考试，注重培养学生的应试能力、实践能力和解决问题的综合能力。

该丛书主要包含了下述著作：

1.《知识产权法总论》。该书以知识产权法总则为研究对象，研究的是知识产权法的一般规则，是关于知识财产、知识产权和知识产权法的一般原理。首先，该书针对国内外立法和理论研究发展趋势，对大陆法系知识产权法的一般规则进行了开创性的研究，确定了知识产权法总则所必备的一系列基础概念，如完全知识产权、知识产权实施权、知识产权担保权、知识产权变动模式和知识产权请求权，并对上述概念和制度作出了明晰的学科界定，为知识产权法总则的形成奠定了概念基础。其次，该书构建了完整知识产权法总则理论体系。再次，该书构建的知识产权法一般规则操作性强,充分体现了理论对实践的高度指导价值。最后,该书对我国知识产权法研究的方法论进行了创新,选择了和民法(尤其是物权法)相一致的研究方法,为厘清知识产权法基本理论提供了科学的认识工具,该书也是运用这个科学方法论获得的一个结果。同时,该书关注知识产权法的司法实践,对于重大疑难问题进行了判例研究,尤其是针对国家统一司法考试和专利代理人考试进行了思维拓展训练,这将有助于实现理论和实践的结合。

2.《著作权法》。该书以著作权为研究对象,研究因著作权的产生、控制、利用和支配而产生的社会关系的法律规范。该书既着眼于著作权法的基本内容,又着眼于著作权与知识产权的关系,吸收了国内外著作权法教学与研究的最新成果,论述了著作权的法律理论及其实务。书中内容涉及《著作权法》的基本理论、基本原则和基本制度,同时对一些理论争议提出了自己独到的见解,阐释了本学科的重点、难点和疑点。

3.《专利法》。该书结合我国实施专利制度近30年来的实践经验,以我国最新修订的《专利法》及相关司法解释、专利审查指南和有关国际条约等为主线,系统讲解了专利申请、专利审批、专利权撤销和无效宣告、专利实施许可、专利权保护的全过程;密切关注国内外专利法教学与研究的前沿动态,概述国际专利制度的基本内容,详述我国《专利法》的基本理论、基本制度,分析和评价了在科学技术快速发展背景下专利法出现的新问题,以期使本专业学生对专利的基本理论和程序、以及发展沿革和机遇挑战有全面的掌握和了解。

4.《商标法》。该书以历史分析、比较分析的方法对《商标法》的基本概念、基本理论、基本制度和基本原则作了系统而缜密的阐述,结合当前社会经济生活中发生的热点、难点案例及全国司法考试命题对商标注册的申请、审查、核准、续展、变更、转让、转移、确权、管理、驰名商标的保护和注册商标保护等一系列问题进行深入浅出地剖析,以期加深本专业学生对商标法律条文及实务操作的理解和应用。

5.《商业秘密保护法》。该书立足于知识产权理论,同时注重培养本科生与研究生处理与商业秘密相关案例的实践能力,廓清了商业秘密的定义、要件、属性与类型,介绍了我国与商业秘密保护有关的法律规范,梳理了不同法律规范之间的关系,结合实例介绍了商业秘密纠纷处理的实务性技巧;进而以商业秘密权保护为中心线索,比较并借鉴了美国、欧洲与世贸组织关于商业秘密保护的立法经验。全书现行规范讲解与立法趋势展望结合,法条解析与案例剖析交融。该书有利于为本专业学生日后参加司法考试与从事知识产权法务工作提供指引。

6.《非物质文化遗产保护法》。该书以比较分析法、田野调查法、个案分析等方法来研究我国非物质文化遗产的法律保护问题,从法律上对非物质文化遗产进行界定,厘清与民间文艺、传统知识、民间文化遗产、民俗等概念的区别与联系,反思国内外关于非物质文化遗产的保护现状及实践,明确非物质文化遗产保护的理念、宗旨,探讨构建我国非物质文化遗产保护模式及知识产权合作框架下的利益分享机制。

7.《知识产权竞争法》。该书综合运用比较分析、实证分析、逻辑分析、经济学、社会学分析等方法来研究知识产权竞争法的问题,介绍了知识产权竞争法的产生、发展、地位和作用,竞争法的执法机构、执法程序等问题;理论联系实际,立足于国内立法、司法和执法现状,生动地运用案例教学方式全面阐述了知识产权竞争法的一般原理、基本原则、具体制度和法律责任。

8.《知识产权纠纷解决机制》。该书通过历史分析、比较分析、博弈分析和实证研究的方法,从实体与程序相结合的视角对知识产权纠纷解决机制进行深入研究,全面考察了国内外知识产权纠纷解决机制的现状及 ADR、仲裁、调解等非诉讼纠纷解决方式,充分考量知识产权与知识产权纠纷的特殊性,探讨构建具有中国特色的切实可行的知识产权纠纷解决机制。

9.《网络知识产权保护法》。该书立足于网络时代知识产权保护的新问题,紧密结合网络知识产权在理论、立法与司法等实践中具体而又急迫的现实要求,介绍了国内外关于网络知识产权保护法律的基础理论、立法规定和司法适用,阐述了必须面对、解决和掌握的相关知识,内容涉及信息网络传播权、网络数据库、网络链接与搜索引擎、网络服务提供者的法律责任、网络环境下域名与商标权的法律保护、电子商务商业模式与计算机程序的专利保护、网络中商业秘密侵权与知识产权竞争、网络知识产权犯罪与计算机取证等法律问题。

10.《知识产权国际保护》。该书既从宏观角度介绍了知识产权国际保护的产生、发展和框架,以及知识产权国际保护的基础理论和制度规范,又从微观角度对著作权及其邻接权、专利权、商标权和商业秘密等其他知识产权的国际保护进行了较为系统的阐述。密切联系实际,结合典型判例,分析当今知识产权国际保护面临的发展与挑战,提出全球化条件下知识产权国际保护法律的适用原则。

11.《企业知识产权管理》。该书站在国家知识产权战略的高度,从实践操作角度出发,系统介绍我国企业知识产权战略定位、战略步骤、实施路径与策略,细致阐释企业知识产权的创造、管理、运用和保护,辅之以经典案例,详尽剖析我国企业知识产权管理的经验、方法以及运作策略,既具有理论厚度和广度,又具有实用方法论的指导。

12.《知识产权评估》。该书理论联系实际,结合实务中大量知识产权评估的经典案例和做法,系统完整地对知识产权评估所需要的专业知识进行了阐述,介绍了知识产权评估现状、评估原则、价值基础等基本原理和基本方法,详述了专利权评估、商标权评估、著作权评估、商业秘密价值评估等,对提高知识产权专业学生的整体素质,推进本专业学生能力创新及实务操作有着积极的影响和意义。

13.《电子商务法》。该书的研究方法和立场是从法律视野看电子商务,而不是从电子商务反观法律,厘清了基础理论,构筑了从传统法到电子商务法的桥梁。该书不仅关注国际研究的趋势和潮流,而且立足于我国立法实践,切实反映了中国电子商务法的最新发展。该书注重对电子商务法基本原理、具体制度的分析,根据具体情况,阐明了原则和制度的适用问题,内容涵盖《电子签名法》、电子商务主体、个人信息保护法、电子支付法、电子商务消费者权益保护法、电子税收法和电子商务纠纷解决法等。

14.《信息法》。该书立足于国内外典型信息法理论和实践,从大陆法系传统出发,构建了体系完整、内容科学真实、有逻辑自治性的科学信息法体系和核心制度。该书首次科学地界定法律意义上的信息概念,系统阐述了信息法的地位、渊源、宗旨、原则与体系,深入探讨了个人信息保护法、政府信息公开法、信息财产法、信息安全法等内容。

15.《专利代理实务》。该书既立足于基本知识,又着眼于专利代理人的基本能力要求,介绍了我国专利代理制度的基础理论和具体规定、做法,阐述了专利代理人必须掌握的基本专利知识,如主要专利程序,专利事务处理中的文件、期限与费用,专利申请文件及其撰写要求,授予专利权的实质条件,专利诉讼等,详述了专利代理中的主要业务,如专利申请文件的撰写、发明专利申请实质审查程序中的专利代理,专利授权、专利复审、专利无效宣告等程序中的代理、专利诉讼的代理等。全书贯穿典型案例分析和实务操作模拟题,不仅有助于本专业学生深入学习、研究专利法律问题及专利代理实务,为参加全国专利代理人资格考试提供切实参考,也为专利代理工作提供了实践的指导。

16.《专利文献检索》。该书注重理论与实践的结合,不仅介绍了专利文献的类型、用途和利用等基本知识,阐述了中国专利检索的工具和方法,世界专利分类体系、国际专利分类法以及美国、欧洲、日本等国专利文献检索等,还结合实例介绍专利文献具体查阅方法,并附上最新的专利文献检索常用资料。该书有益于知识产权专业学生系统深入地了解专利文献基本知识,熟悉基本操作,为日后专利实务工作奠定基础。

上述列举并没有穷尽丛书的内容,随着大家认识的加深和我国知识产权专业学生培养方式的变化,也可能有一些必要的课程教材加入,比如品牌管理学和发明学等。任何国家建设一个专业和在专业范畴内进行学生培养,都必须根植于本国的民族土壤,这样才能形成自己的特色,才能枝繁叶茂、桃李天下。知识产权专业建设如朝阳冉冉升起,愿有志于此项研究的学者们和以此为业的年轻学子们,把握时代脉搏,脚踏实地地去回应时代的呼唤。"21世纪知识产权规划教材"的诞生,标志知识产权人才培养和教育正走向新的发展阶段,它是知识产权专业建设的里程碑。"21世纪知识产权规划教材"的诞生是各种积极因素凝聚的结果和全国研究力量的一个集中展示。"21世纪知识产权规划教材"的编者及众多的知识产权学界同仁,应立足于知识产权本科专业建设,顺应时代的呼唤,肩负起历史使命,锲而不舍、孜孜不倦地追求培养中国知识产权专业人才,实施国家知识产权战略这一崇高而远大目标的实现。

齐爱民

2014年1月9日

目　　录

第一章　商标与商标法概述 ································· 1
　　第一节　商标概述 ······································· 2
　　第二节　商标法概述 ····································· 18

第二章　商标的实质要件 ··································· 27
　　第一节　商标的构成要素 ································· 28
　　第二节　商标的显著性 ··································· 31
　　第三节　商标的合法性 ··································· 40
　　第四节　商标的非功能性 ································· 43
　　第五节　商标不得侵犯他人在先权利 ······················· 47

第三章　商标权 ··· 52
　　第一节　商标权内涵与特征 ······························· 54
　　第二节　商标权的内容与范围 ····························· 56
　　第三节　商标权的期限、续展、变更和终止 ················· 63

第四章　商标权取得的体制和程序 ··························· 69
　　第一节　商标权取得的体制 ······························· 70
　　第二节　商标注册的申请与审查 ··························· 74
　　第三节　注册商标的无效 ································· 82
　　第四节　商标评审 ······································· 84

第五章　注册商标的利用 ··································· 91
　　第一节　注册商标的使用许可 ····························· 92
　　第二节　注册商标的转让 ································· 98
　　第三节　注册商标的质押和其他利用 ······················· 100

第六章　商标管理 ··· 104
　　第一节　商标管理概述 ··································· 104
　　第二节　商标使用管理 ··································· 105
　　第三节　商标印制管理 ··································· 107

第七章　侵犯商标权行为的构成与认定 …………………………… 110
第一节　侵犯商标权的判断标准 ………………………………… 110
第二节　侵犯商标权行为的认定 ………………………………… 121
第三节　侵犯商标权行为的具体形式 …………………………… 128

第八章　侵犯商标权的抗辩事由 …………………………………… 133
第一节　商标权用尽 ……………………………………………… 134
第二节　商标的正当使用 ………………………………………… 139
第三节　侵犯商标权的其他抗辩 ………………………………… 144

第九章　侵犯商标权的法律责任 …………………………………… 148
第一节　侵犯商标权的民事责任 ………………………………… 148
第二节　侵犯商标权的行政责任 ………………………………… 157
第三节　侵犯商标权的刑事责任 ………………………………… 160

第十章　驰名商标的认定与保护 …………………………………… 166
第一节　驰名商标概述 …………………………………………… 166
第二节　驰名商标的认定 ………………………………………… 172
第三节　驰名商标的保护 ………………………………………… 175

第十一章　地理标志的法律保护 …………………………………… 182
第一节　地理标志法律保护概述 ………………………………… 182
第二节　我国地理标志的法律保护 ……………………………… 188

第十二章　商标的国际注册与保护 ………………………………… 196
第一节　商标的国际保护 ………………………………………… 196
第二节　商标的国际注册 ………………………………………… 202

后记 ……………………………………………………………………… 207

第一章　商标与商标法概述

要点提示

本章重点掌握的知识：1. 商标的概念；2. 商标的本质和功能；3. 证明商标；4. 集体商标；5. 防御商标；6. 联合商标；7. 商标与其他标识的联系与区别；8. 商标法的立法宗旨；9. 商标法的基本原则。

本章知识结构图

商标与商标法概述
- 商标概述
  - 商标的概念和特征
  - 商标的本质和功能
    - 本质：商标标志与商品、服务及其提供者之间的联系
    - 功能：识别、品质保证、广告及竞争
  - 商标的种类
    - 按是否注册划分：注册商标与未注册商标
    - 按附加的对象划分：商品商标与服务商标
    - 按使用人的身份划分：制造商标与销售商标
    - 按可感知的器官划分：视觉商标、听觉商标和味觉商标
    - 按商标权人数量划分：独有商标和共有商标
    - 按商标的特殊作用划分：集体商标、证明商标、防卫商标和等级商标
  - 商标与其他标识的联系与区别：与商号、地理标志和产地标记、特殊标志、商品装潢、商务标语、域名及通用标记相比较
  - 商标的历史演变
- 商标法概述
  - 商标法的立法宗旨
  - 商标法的基本原则
    - 诚信原则
    - 注册原则
    - 申请在先原则
    - 实质审查原则
    - 自愿注册原则
    - 统一注册分级管理原则
    - 商标注册与商标评审相结合的商标确权及司法救济原则
  - 商标法的历史沿革

拓展贴士

《与贸易有关的知识产权协议》(以下简称"Trips协议")第15条第1款规定:"任何能够将一企业的商品或服务与其他企业的商品或服务区分开的标记或标记组合,均可构成商标。这类标记,尤其是文字包括人名、字母、数字、图形要素、色彩的组合,以及上述内容的任何组合,均可作为商标获得注册。即使有的标记本来不能区分有关商品或服务,成员可依据其经过使用而获得的区别性,确认其可否注册。成员可要求把标记应系视觉可感知作为条件。"

2013年修正的《商标法》第8条规定:"任何能够将自然人、法人或者其他组织的商品与他人的商品区别开的标志,包括文字、图形、字母、数字、三维标志、颜色组合和声音等,以及上述要素的组合,均可以作为商标申请注册。"

商标是商品经济发展到一定阶段的产物。从本质上讲,商标就是为了区分不同的商品和服务。因此,能够借以区分不同商品或服务的任何的文字、图形、字母、颜色等及其组合,均可称之为商标。商标的形成是自造标记或公有领域的符号在商业经营中使用的结果。规范围绕因商标产生的法律关系的法律即为商标法。

第一节 商标概述

 引导案例

案例1:原告三洋电机株式会社(以下简称三洋电机)是一家日本公司,经营范围包括家用及其他用途的一般机械器具、各种电气机械器具及电气照明器具、各种电子机械器具、通信设备及电子零部件等物品的制造、销售、保养及租赁等。三洋电机在国家工商行政管理局商标局注册了第1128994号"SANYO三洋"文字商标,核定使用商品为包括电梯在内的若干第7类产品,但在中国内地未生产电梯产品。三洋电梯(无锡)有限公司(以下简称无锡三洋)未经三洋电机许可,在生产销售电梯的轿厢、门机、控制柜、曳引机主要部件上使用"SANYO三洋"标识,组装电梯共计188台,货值28585500元。原告三洋电机起诉无锡三洋侵

犯其"SANYO 三洋"注册商标权。无锡市中级人民法院经审理后判决，原告三洋电机从未在电梯产品上将注册的"SANYO 三洋"文字商标投入商业使用，因此涉案注册商标对电梯产品的识别功能并未实现，无锡三洋虽然构成商标侵权，但其行为并不会实际造成三洋电机在本不存在的电梯产品市场份额方面的丧失或减少，亦不会实际造成三洋电机在本不生产的电梯产品的利润方面损失。因此，有必要区分被侵权商标权利人实际使用和未实际使用注册商标两种情形下的民事责任承担。最终在判令无锡三洋停止商标侵权的同时，依职权确定了 50 万元的全案赔偿额，并未支持三洋电机要求依无锡三洋侵权获利赔偿 500 万元的主张。

案例 2："青岛啤酒"是著名啤酒公司青岛啤酒股份有限公司注册和使用在啤酒等商品上的商标，青岛青制啤酒有限公司生产"青制"牌啤酒，当青岛青制啤酒有限公司在其生产的"青制"啤酒标明产地时标明"青岛"字样时，是否侵犯青岛啤酒股份有限公司的"青岛啤酒"的商标权？

一、商标的概念和特征

（一）商标的概念

商标在我们日常生活中很常见，但是究竟什么是商标，商标的本质和特征是什么，不同的学者和组织给出了不同的定义。通说认为，商标是指商品生产、经营者使用在商品上或服务中的任何能够将一个企业的商品或服务与另一个企业的商品或服务相区别的符号或者符号组合。作为识别不同商品或服务的标记，只要能实现这一目的的符号或符号组合，即为商标。无论它是由文字组成，还是由图形、字母、数字、颜色等要素组成，抑或是由动作、声音、气味等要素组成。通俗地讲，商标是标记的一种，并且只能是标注在商品或服务上的标识或记号，但不是所有出现在商品或服务上的任何标识或记号都可称为商标。只有使用在工商业中的、用以区分不同的商品或服务，及其来源或出处的标记，才能称之为商标。不能起到该作用的标志，如奥林匹克的五环标志"⚬⚬⚬"、希望工程的标志"![图标]"等，就不是商标法所规范的商标。

商标的上述定义表明：

（1）商标是使用在商品或服务上的标记。商标是用来标识商品或服务的标记，反过来说，一个标记，无论多么具有显著性，只要其未使用于商品或服务上，即未进行商业使用，都不是商标法所要保护的商标。为了标识商品或服务，商标通常黏附于所售商品或其包装之上,或应用于其服务场所。引导案例 1 中的"SANYO 三洋"尽管已经在电梯产品上注册,但因三洋电机并未实际将"SANYO 三洋"使用于电梯产品上,"SANYO 三洋"在电梯产品上并不具有识别作用,事实上尚不是商标,我国《商标法》只是为了维持注册体制的优势才给予其一定的保护,但法院并未按被告获利进行赔偿就是因为"SANYO 三洋"在电梯产品上因没有实际使用,实际上尚不是商标。

(2)商标的作用是区别同类商品或服务。异类商品或服务通常依靠商品或服务的名称即可加以区分,而同类商品或服务之间的区分不能再仰仗商品或服务名称,它们之间的区分主要依靠商标。使用商标的目的即在于此,表明某一商品或服务源自何处,便于与同类商品或服务相区别。

(3)商标的权利主体是且只能是商品的生产、经营者或服务提供者。商标源于在商品或服务上的使用,没有商品或服务上的使用就不会有商标。由于只有商品的生产、经营者和服务的提供者生产经营商品、提供服务,才是商标形成的必要条件,因此,只有商品的生产、经营者和服务的提供者能够成为商标权的主体。尽管作为财产,商标有可能被转让给并非生产经营商品或提供服务的经营者,但在这种情况下,商标是难以持续的,商标所用商品或服务的停止经营的最终结果就是商标的消亡。

(4)文字、图形、字母、数字、三维标志、颜色组合、声音等任何标志皆可成为商标或其构成要素,只要它能够起到区别商品与服务的作用。2013 年《商标法》的修正扩大了商标的保护范围,增加了颜色组合这一构成要素;也不再局限于商标在视觉上的可感知性,增加了声音等商标构成要素。从本质上讲,只要能够起到区分同类商品与服务功能的任何标记,皆可作为商标进行注册。

需要注意的是,商标固然仍有代表商品或服务出自同一经营者或销售者的作用,但是现代商业的发展已经对此有所突破。由于经济和社会的发展,世界经济竞争的日趋激烈,商标的授权许可、企业的连锁经营等模式的出现,商标的使用已不再局限于商标权人本人,单纯用商标是无法区分是否系出自同一经营者或销售者,使用同一商标只能代表该商品或服务具有同一或类似品质。

(二)商标的特征

商标通常附着于商品、商品的包装、服务设施或者相关的广告宣传品之上,帮助消费者将一定的商品或服务与特定的商品生产、经营者或服务的提供者联系起来,起到区分商品和服务的目的。作为识别商品或服务的标记,商标具有如下几个特征:

(1)商标是商品或服务的标志,有商品才会有商标。人们使用标记的历史很早,在考古中就发现了很多新石器时代的标记。但是商标的出现要晚得多,商标是在商品经济发展到一定阶段,产品变身为商品之后,由于标记和商品或服务的结合才出现的。

（2）商标是区别商品或服务来源的标记。标记有很多，仅仅应用在商品或服务上的标记就有很多，比如商品的通用名称和通用形状、防潮和易碎的标记、商品通用的宣传语等。虽然它们也出现在商品或服务以及包装上，但由于这些标记系商品的通用标记，起不到区别商品或服务的作用，故不是商标法所要保护的商标。

（3）用作商标的符号是有一定所指的符号，其所指向的是商品或服务，并在有形符号与所指向的商品或服务之间建立起了一定的联系。也就是说，用作商标的符号必须进行了真实的商业使用或具有真实的商业使用意图，才是商标法意义上的商标。

二、商标的本质与功能

（一）商标的本质

商标的外在表现形式是由文字、图形、字母、声音等组成的符号，可以说，任何商标在形式上都表现为符号，但标注于商品或服务上的符号并不一定都是商标。能够作为商标的符号必须具备显著性，能将此商品与彼商品、此服务与彼服务区分开。但一个仅仅具备显著性的符号还不是商标，商标一定是有特定指代内容的符号。当人们说起某一个商标时，能够将商标的外在表现形式——符号与其所指示的内容——商品或服务相对应，即在某一符号与其所指示的商品或服务之间建立了联系。这一联系的建立是通过对商标的商业使用实现的。除了商业使用之外，商标使用人还可以通过商业广告等形式强化商标这一符号与被指代内容之间的联系，使商标与其所指代内容之间产生强烈的渗透，乃至最终产生等同，使人们一谈起"海尔"，就知道是一种电器。商标，特别是经过长期使用的商标，就是符号与商品或服务之间的联系，它集合了商品或服务的所有特性，承载了商品生产、经营者或服务提供者的诚信度等的服务信息，商品或服务的提供者与消费者之间通过商标完成了对商品或服务众多信息的传递。借由商标，商品或服务与其生产、经营者或提供者之间建立起了联系，商品生产、经营者或服务提供者再通过广告宣传等方式将其传递给消费者，从而让消费者知晓某商品或服务与其生产、经营者或提供者之间的这一对应关系。因此，商标的本质，就是由商标这一外在符号所建立起来的其与商品或服务之间，以及与其生产、经营者或提供者之间的联系，符号不过是这一联系的外衣或外在表现形式而已。

（二）商标的功能

商标之所以受到企业乃至国家的重视，是因为商标具有非常重要的功能，担负着重要的责任，对一个企业的兴衰和一个国家的经济社会发展具有非常重要的作用。一般来说，商标具有如下几个方面的功能：

（1）识别功能。商标产生的原因，就是因为有很多家同类商品的生产、经营者或服务提供者，彼此之间为了相区别，使消费者得以识别进而挑选自己中意的商品或服务，从而在自己生产、经营的商品或提供的服务上附加上显著性的标识以示区分。因此，商标最基本的功能就是实现同类商品之间的区分或识别，即标明商品或服务的出处。

需要注意的是，商标所要区分的不是商品生产、经营者或服务提供者，而是商品或服务自身。在商品经济的早期，一个企业使用一个商标生产一种产品的情况下，区分商品生产、经营者或服务提供者就可以达到区分商品或服务的目的，故商标的这一功能不甚明显。而在商品经济高度发达的今天，在多个企业可能同时使用同一个商标，或者一个企业同时使用多个商标的情况下，商标区分的是商品或服务而非商品生产、经营者或服务提供者这一点则很明了，商标只能说明该商品或服务的大致出处，单靠商标并不能实现对商品生产、经营者或服务提供者的区分。

（2）品质保证功能。又称质量保证或担保功能，是指使用同一商标的商品或服务具有同样的或稳定的品质。商标的品质保证功能并不是说使用商标或使用某一商标就一定代表其品质高，而是说使用同一商标的商品，它的质量应该是稳定的、同一的，不应是忽高忽低，参差不齐。每个商家都希望消费者不断重复购买自己的商品或服务，因此，从生产者角度来看，他希望消费者通过某个商标找到他所提供的商品；从消费者的角度来讲，之所以想通过某个商标找到某商品或服务，是因为他想买到与上一次购买到的品质一样的商品或服务。如果使用同一商标的商品或服务不能有稳定或同一的品质，那么商标就不可能产生和存在下去。需要注意的是，品质保证功能不意味着严格法律意义上的保证和担保。美国商标法专家麦卡锡指出：将质量功能"称为'保证'功能在某种程度上具有误导性，由于商标不一定是严格法律意义上的保证或担保，而只是承认商标意味着在那个标志下销售的商品和服务的一致的质量"[①]。

由上我们可以知悉，商标的识别功能其实在一定程度上也可以起到品质保证的作用，因为识别商标的目的也是为了消费者找到心仪的商品或服务，因为这个商品或服务有着稳定或同一的品质，消费者有重复购买的需求，不过在一个企业使用一个商标生产一种商品的情况下并不太明显。随着经济的发展，生产与贸易的升级，商标使用复杂和频繁的情况下，商标的品质保证功能才凸现出来。

一方面，由于贸易的发展和市场竞争的需要，商标的使用者不再局限于商标所有人本人，特别是在国际贸易中的代工、商标授权许可、连锁经营等情况下，标

---

① J. Thomas McCarthy, McCarthy on Trademarks and Unfair Competition(4th Edition), Thomson/West, 2006，§3:10.

注同一商标的商品并不一定来自于同一生产商,甚至完全可能是来源于不同国家的不同生产者。但出于维护商标信誉的需要,商标所有人会对商标所标示的商品或服务有一个统一的要求和标准。如果任由不同质量、不同生产标准的商品或服务使用同一标识,必然会损害商标的信誉,甚至导致因商标使用而或紧密或松散而联合起来的企业联合体瞬间倾覆。另一方面,同一企业生产的商品也未必使用同一商标。一个企业生产的产品可能有不同的质量等级,不同质量等级的商品有时通过使用不同的商标加以区分,这也就是我们常说的等级商标。在这种情况下,商标本身既是等级的区分,也是品质的保证。

（3）广告及竞争功能。正如我们将某人介绍给他人时一样,如果被介绍的这个人没有名字,我们必须要使用更多的词汇去描绘他,这无疑会增加介绍的难度。但是,如果知道这个人的名字,通过介绍者的介绍在某一名字与这个人之间建立起对应关系,就会在以后再提及到该人的交流过程中容易很多。一个令人印象深刻的商标有利于商家将自己的商品或服务广而告之给公众,方便公众认牌购物,是一个最有效、最直接的宣传工具。

由于商标凝结了企业的商业信誉,因此,一个信誉良好的商标不仅可以借助其积累起来的良好信誉,扩大生产规模,将企业做大做强,还可以通过代工、授权许可等方式提高其市场占有率,或利用其商标作价入股,参与某个目标企业的生产经营。由此可见,商标还是企业竞争的利器。

拓展贴士

从经济学上来看,商标的经济功能是降低了消费者的搜寻成本,而商标之所以能发挥降低消费者的搜寻成本的功能是因为它能将有关商品的信息尤其是不可观察特征的信息高效地从厂商"运载"到消费者,从而消除厂商与消费者之间关于商品不可观察特征的信息的不对称,是一种消除信息不对称的工具。商标的这种消除信息不对称的经济功能对于消费者购买决策有着重要意义,同时更对维护市场秩序有着重要的作用。因为信息不对称的减少使得消费者的消费决策具有更充分的理由,同时也促使厂商正当经营并使厂商能够正当经营,生产具有多样性的商品。

参见王太平:《商标本质的结构功能分析》,载刘春田主编《中国知识产权评论》(第三卷)商务印书馆2008年版。

三、商标的种类

对于商标,可以从不同的角度,根据不同的标准进行分类。

(一)注册商标与未注册商标

根据商标是否注册为标准,可以把商标分为注册商标和未注册商标两种。顾名思义,注册商标是指经过商标管理机关核准并予以注册的商标。未注册商标是指由于未来得及注册、注册被驳回等原因而未经过商标管理机关注册的商标。

从世界各国来看,大部分国家实行自愿注册原则,我国也不例外。这也就是说,商标无论注册与否,皆可于营业中使用。一般而言,只有注册商标才能获得商标专用权,排除他人对商标的使用,未注册商标不仅无法排除他人的使用,而且不得对抗注册商标。也就是说,一旦未注册商标被他人注册,原使用人便有可能被注册商标权人禁止使用。可见,未注册商标很难获得商标法的保护。但是也有例外。当一个未注册商标经过长期使用,在市场上获得较高声誉,为相关公众所熟知,具有一定竞争力时,即当该未注册商标达到驰名的程度时,则可以依据商标法对驰名商标保护的规定获得保护。如果一个未注册商标遭遇假冒,但该商标又尚未达到驰名程度时,可以通过反不正当竞争法获得救济,但却难以受到商标法的保护。由此可见,相较于注册商标,未注册商标要获得保护是比较难的。

(二)商品商标和服务商标

根据商标附加的对象的不同,可以将商标分为商品商标和服务商标。商品商标,即商品的生产、经营者在生产、制造、加工、拣选或者经销的商品上所使用的商标。我们平时所见到的大部分为商品商标。服务商标是指服务提供者在其向社会公众提供服务过程中所使用的商标。比如中国邮政在其营业场所使用的飞鸽标志、中国银行使用的类似钱币的圆形方孔标志等。商品商标所要区分的是生产、经营者所提供的商品,服务商标所要区分的是服务提供者所提供的服务。商品商标一般粘贴于商品或其包装上,可以随着商品的流转而传播,为消费者所知悉。而服务则是看不见的商品,无法像商品那样流通,因此,服务商标一般使用于其服务场所,表明其服务,同时也可借助于服务过程中的招牌等用品来宣传和展示,当然也可以通过广告来提高商标的知名度。

服务商标是商品经济发展和第三产业高度发达的产物。早期商标制度一般只对商品商标提供保护,后来开始将服务商标纳入保护范围,比照商品商标提供保护。世界上最早从法律上承认服务商标的国家是美国,美国在20世纪40年代开始对服务商标提供注册保护。我国1982年《商标法》没有对服务商标提供保护,在1993年第一次对《商标法》修改时增加了对服务商标的保护。

(三) 制造商标与销售商标

根据商标使用者在商品生产、流通中所处环节的不同,可以将商品商标再划分为制造商标和销售商标。制造商标又叫生产商标,是商品的生产者在其制造的商品上所使用的商标。例如,海尔集团在其制造的家电上标注的"海尔"商标,即为制造商标。销售商标又称作商业商标,是商品经销商所使用的商标。例如商业企业所使用的"宜家""家乐福""屈臣氏"等,以及天津外贸使用的"天津鸭梨",都是这里讲的销售商标。

制造商标可以起到区分不同生产厂家的作用,目的是以生产商的信誉来吸引消费者;销售商标可以对销售商作出区分,是用销售商的信誉为消费者提供的质量保证。销售商所经销的商品有的只有生产商标而无销售商标,有的只有销售商标而无生产商标,而有的同时标有生产商标与销售商标,让消费者既能知晓该商品的销售商,也能知道该商品的生产商,一方面同时宣传了这两个商标,另一方面也有助于消费者权利的维护。

(四) 视觉商标、听觉商标和味觉商标

根据可以感知商标的器官的不同,可以将商标分为视觉商标、听觉商标和味觉商标。视觉商标是指通过我们的眼睛可以看到的商标。它又可以分为平面商标和立体商标。平面商标是我们日常生活中最为常见的商标形态,它又可细分为文字商标、图形商标、文字与图形组合的商标和用于防伪的全息商标。立体商标是指以占据一定物理空间的立体实物,如产品的形态、实体包装的形状或容器构成的三维标志,如麦当劳餐厅上的"M"标志、可口可乐的立体瓶子、瑞士卡夫食品公司的三角形巧克力等,都是立体商标。听觉商标是指将通过听觉可以感知的声音作为商标进行注册,又称作声音商标、音响商标。如美国米高梅电影公司的"狮吼"商标、IBM电脑开、关机的声音等,分别是它们注册的声音商标。味觉商标是指将通过味觉可以感知的特殊气味注册为商标,又称气味商标、嗅觉商标。如将茉莉花的香味注册为香水的商标。我国 1982 年《商标法》中只规定了视觉商标中的平面商标,2001 年《商标法》第二次修改时增加了对立体商标的保护,2013 年的《商标法》修改增加了对听觉商标的保护。对于味觉商标,我国目前没有明确规定,世界上也只有极少数国家或地区商标法明确承认这种商标。

(五) 独有商标和共有商标

以商标权人的数量来划分,可以把商标分为独有商标和共有商标。正如所有权有单个人的所有权和共有所有权一样,商标既可以为某一个主体所单独拥有,也可以为两个或两个以上的主体所共有。由单个自然人、法人或其他组织独立享有商标专用权的商标叫独有商标。两个或两个以上自然人、法人或其他组织共同对某一商标享有商标专用权的商标叫共有商标。商标权的共有可以基于共同申请而原始取得,也可以通过转让、遗产分配、企业的合并与分立等方式继

受取得。需要指出的是,共有商标权是数人对同一商标的权利共有,与该商标所附加的商品和服务无关。如果是单个的商标权人,则无论该商标被使用在多少种类的商品或服务上,它都不能被称之为共有商标。相反,共有商标无论是使用在一种还是多种商品或服务上,它都是共有商标。也就是说,独有和共有商标是以商标权人的数量来判定,不会因商标所使用的商品或服务种类的多少而有所差异。

(六)集体商标、证明商标、防卫商标和等级商标

这是以商标所具有的特殊作用所进行的分类。

集体商标是指以工商业团体、协会或其他组织名义注册,供该组织成员在工商业活动中集体使用的商标。例如,江苏省射阳大米协会申请的"射阳大米"集体商标。集体商标的意义和作用在于,它向消费者表明,提供该商品或服务的生产、经营者或服务提供者系该集体组织的成员,凡使用该商标的集体组织成员所经营的商品或提供的服务具有共同的特点和相同的品质,并且其商品或服务质量受到该组织的监督。

集体商标属于由多个自然人、法人或者其他组织共同组成的社团组织,是一项集体性权利,具有"共有"和"共用"的特点。但是,它又不同于共有商标,因为只有具有独立法人资格的集体组织才可以提出申请,并以集体组织这一独立法人的名义单独拥有商标权,因此它属于独有商标。

证明商标,是指由对某一商品或服务有检测和监督能力的机构或组织注册,提供给注册人以外的人使用,用以证明该商品或服务的原产地、原料、方法、质量或其他特定品质的标志。使用人使用证明商标的商品必须符合该证明商标使用章程规定的条件,并经过了商标注册人的认证许可。证明商标的意义在于,为商品或服务提供一个有公信力的第三方证明,提高商品或服务的市场竞争力,以便取信于消费者,获得社会认可,在客观上也有利于促进商品或服务质量的提高。如涪陵榨菜、库尔勒香梨、国际羊毛局注册并负责管理的纯羊毛标志、中国皮革工业协会的真皮标志等都是市场上常见的证明商标。

拓展贴士

集体商标与证明商标都是由多个生产、经营者或服务提供者共同使用的商标,申请人都必须是依法成立,且具有法人资格的组织,它们之间有一定的相同之处以外,二者又有很大的区别:

(1)集体商标表明商品或服务来自于同一组织,证明商标表明商品或服务的质量达到了规定的特定品质。

（2）证明商标的申请人必须对商品或服务的特定品质具有检测和监督能力。

（3）集体商标只提供给该集体成员使用，该组织以外的成员不得使用。证明商标则具有开放性，只要其经营的商品或提供的服务达到管理规则规定的特定品质，就可以要求使用证明商标，证明商标持有人不得拒绝。

（4）集体商标的注册人可以在自己经营的商品或提供的服务上使用集体商标，证明商标的注册人一般不是生产经营性组织，也不能在其经营的商品或服务上使用该证明商标。

（5）集体商标注册后不能转让，证明商标注册后可以转让给其他依法成立、具有法人资格且具有检测和监督能力的组织。

为了防止他人注册或使用，对以自己的主商标为中心的外围商标进行注册，或者以主商标的使用类别为中心而在相关类别上进行注册而形成的一组商标，称为防卫商标。防卫商标一般是用于对驰名商标的保护，它又可分为联合商标和防御商标两种。联合商标，是指同一个商标权人在相同或类似商品上申请注册两个或两个以上相互近似的商标，这些相互近似的商标被称为联合商标。联合商标以其中一个为主商标，又叫正商标，它与其他近似的商标一起构成具有防卫性质的联合商标。如全聚德烤鸭店同时注册了"德聚全""聚全德""德全聚""聚德全""全德聚"等商标，这一组商标一起构成联合商标，其中真正在营业中使用的主商标为"全聚德"。联合商标只能整体转让或许可，不能单独转让或许可其中的一个商标。商标权人只要使用主商标，就视为全部联合商标的使用，就能满足商标法规定的使用要求。联合商标的目的是扩大其主商标禁止权的范围，清除在主商标周围有可能形成的干扰，形成一道防护网，使主商标更加突出和清晰，是防止商标淡化的有效方法。这种将侵权阻止于注册之际的方法，有利于降低侵权风险，减少权利的救济成本。防御商标，是指商标权人将自己的商标同时注册于不同类别、不相类似的商品上而形成的一组商标。例如，"可口可乐"是使用在碳酸型饮料上的商标，但商标权人同时又将其在其他33个商品类别上进行了注册。众所周知，可口可乐公司并不经营这33个类别的商品，它注册的目的是阻止他人将"可口可乐"商标在这33个商品类别上进行注册或使用，扩大其主商标专用权以及禁止权的范围，保护其主商标不被淡化。利用防御商标，可以将主商标的保护范围延伸到其原本不可及的范围，不但可以最大限度地保护其主商标，而且不必担心因不使用而被撤销。

等级商标，是指一个企业对其生产、经营的同类商品，根据规格、质量、等级的不同而使用的系列商标。等级商标是通过商标对同一企业生产、经营的产品作等级上的区分,以便于消费者鉴别与选购。例如瑞士手表,一类品采用"劳力士""欧米茄",二类品采用"浪琴",三类品采用"梅花"。等级商标中的系列商标具有相对独立性,其中某一个商标被注销或撤销,并不影响其他商标继续存在。当然,等级商标也可以一并申请注册,一并转让或许可。

四、商标与其他标识的联系与区别

(一)商标与商号

商号,又称字号,是企业名称中的一部分,是经营者的企业名称中用以与其他经营者相区分的标志性部分。如上海大众汽车有限公司中的"大众"即为其商号。商号是经营者在经营活动中人格的体现。商号与商标联系密切。在实践中有很多经营者将其商号作为商标予以使用并注册,也有经营者将商标作为企业名称的一部分使用,以提高企业和商标的知名度。但商标和商号是不同的,它们的区别如下:

(1)功能不同。商标是对商品或服务的区分,商号则是对商品生产、经营者或服务提供者的区分。

(2)组成要素不同。商标可以由文字、图形、字母、三维标志、声音等组成,而商号则只能由文字组成。

(3)保护方式不同。商标实行自愿注册原则,注册后的商标可以获得商标专用权,但商标不注册也可以使用;商号则不然,商号必须依照《企业名称登记管理规定》进行登记,未经登记不得使用。

(4)效力范围不同。商标统一由国家工商行政管理总局商标局进行注册,注册后在全国范围内享有商标专用权;与商标的统一注册制度不同,我国对企业实行分级登记和管理,登记后的名称也仅在登记主管机关所辖范围内获得专用权,无法阻止商号在登记机关所辖范围外被使用,这就难免出现类似于"广东步步高电子工业有限公司""上海步步高电子有限公司"这样的情况。

(二)商标与地理标志、产地标记

地理标志,又称作原产地名称,是一个国家、地区或地方的地理名称,不仅表明商品来源于这一地区,更重要的,商品的特定品质、信誉或其他重要特征,主要是由该地区的自然因素或人文因素决定的。如金华火腿、上海手表、嵊州蜜桃等。对地理标志的保护主要针对的是一个地方自然环境、地理条件、加工工艺等的特殊性所决定的商品的特殊品质,这种特殊品质是在长期历史发展过程中形成的,代表一个地区传统文化和地方特色,是该地区产品的竞争优势所在。地理标志在农产品和土特产品中更为常见。

产地标记,也称货源标记或产地名。产地标记虽然也是一个国家、一个地区的地理名称,但它仅仅表明该商品来源于此,此外并无其他意义,商品的品质、声誉与其产地特别是当地的地理、人文环境并无任何联系。这一点与地理标志不同。

地理标志也可以在一定程度上起到指示、区分不同商品生产者的作用，并可以作为商标注册和使用，但它仍然同商标有所不同：

（1）权利主体不同。一般而言，商标只能为特定的商品生产、经营者或服务提供者专有，权利人可以据此排除第三人注册和使用。而地理标志则不宜作为某一生产、经营者所拥有的商标，即不应当由某一企业或个人独占。故地理标志虽也可作为商标进行注册，但一般只能注册为集体商标或证明商标，由某一特定地域范围内同一商品的所有生产、经营者共同使用。各生产、经营者再附以自己的商标以示区别。对于产地标记，只需生产者和经营者如实标明即可。

（2）功能不同。商标是同类商品或服务之间相区分的标记，它并不直接反映商品或服务的质量和特色。地理标志、产地标记表明商品来源于某一特定地区，但却不具有识别不同商品生产、经营者的功能，也不具有区分同类商品的功能。在引导案例2中，尽管青岛啤酒股份有限公司拥有"青岛啤酒"商标，但却不能阻止其他在青岛地区生产啤酒的厂商在其啤酒产品上标明产地为青岛。因为此时，"青岛"二字表示的是青岛这个城市，而不是青岛啤酒。地理标志与产地标记还不同，地理标志在表明产地的同时，还有产品具备特殊品质的品质担保和质量认证的功能。

（3）转让或许可的条件不同。地理标志只能由特定地域范围内的生产、经营者使用，不得转让或许可给该地域范围之外的人使用。但商标的转让或许可一般无地域范围的限制。产地标记仅是商品生产地这样一个客观事实，不能转让。

拓 展 贴 士

地理标志，在一定情况下也可以作为证明商标注册，因此，证明商标有原产地证明商标和品质证明商标两种。以地理标志作为证明商标注册的，其商品符合使用该地理标志条件的自然人、法人或者其他组织可以要求使用该证明商标，控制该证明商标的组织应当允许。此外，地理标志还可以作为集体商标进行注册。

（三）商标与特殊标志

所谓特殊标志，是指全国性和国际性的文化、体育、科学研究及其他社会公益活动所使用的，由文字、图形组成的名称及缩写、会徽、吉祥物等标志。如奥林匹克的五环标志,世博会的标志及会徽、希望工程标志等均属于特殊标志。特殊标志虽然与商标的表现形态并无二致,而且也可用于商品、商品包装和广告上,也由国家工商行政管理总局商标局主管,但它与商标还是有很大区别的:

(1) 权利主体不同。特殊标志的所有人是不以营利为目的的文化、体育、科学研究及其他公益活动的组织者和筹备者;商标的所有人则是以营利为目的的生产、经营者。

(2) 使用的方式和目的不同。特殊标志的所有人为了募集资金可以许可他人将特殊标志使用于与公益活动相关的某些商品、广告和纪念品上,而无需到商标局注册,但所募集资金必须用于特殊标志所服务的公益事业。这就是我们通常所见到的"×××运动会指定产品"。商标的使用是为了区分商品或服务,特别是同类商品或服务之间的区分,商标使用人要想获得商标专用权,必须进行注册。

(3) 功能不同。特殊标志不具有区别商品或服务的功能,也不具有品质保证功能,它仅仅表明该标志的使用经过了其所有人的许可,标志着该商品或服务项目与其所标示的事业之间存在着支持关系、赞助关系。除此标志外,生产、经营者仍需使用商标以区别商品或服务。

(四) 商标与商品装潢

装潢是为了美化和宣传商品而附加在商品及其包装、服务场所上的装饰性的文字、图案、色彩、造型或其他组合。与众不同的装潢不仅可以带给消费者以美感,刺激消费者的购买欲,更能以其鲜明的特点给人留下深刻的印象,起到和商标一样识别商品或服务的作用。商标和装潢联系紧密,往往同时出现在商品或其包装上,共同为同一商品服务。但是,二者之间仍然有很大的不同:

(1) 使用目的不同。商标使用的目的是为了区分商品与服务,特别是区分同类商品与服务。装潢使用的目的是为了美化商品,使商品更美观、别致,吸引消费者的注意,刺激消费者的购买欲。

(2) 使用要求不同。商标一经注册,商标权人就不得自行改变其文字或图案。因此,一般来讲,商标是稳定的,商标愈是稳定,愈能起到指示和区别商品或服务的作用。而装潢则可以根据市场变化、消费习惯和人们的审美情趣自行改变,故装潢的变化相对频繁。

(3) 构成要素不同。基于商标显著性的要求,故一般不得将商品名称、图形及原料作为商标。比如,不能将苹果及其图形用作果汁的商标,不能将灯泡及图形用作灯具的商标,而装潢则要尽可能地反映商品本身的特点,让消费者看到包装就知悉其所售商品为何物。故苹果、灯泡虽不可能成为果汁、灯具的商标,但是可以作为商品的装潢。

（五）商标与商务标语

商务标语主要是指生产、经营者为推销自己的商品或服务而使用的广告宣传用语。商务标语往往表现为简明形象、言简意赅、朗朗上口的口号、短语或短句，并将其商标或商号巧妙地结合其中，给消费者以视觉、听觉的强烈冲击，加深消费者对某一品牌的认同。如"原来生活可以更美的""鄂尔多斯，温暖全世界""Just Do It"等。独特的商务标语可以起到如商标一样区别商品或服务的作用，甚至还可以起到比商标更好的宣传效果。但是商务标语毕竟不是商标。

（1）稳定性不同。商务标语可以而且经常随着生产、经营者营销策略的调整而自行改变，甚至弃旧从新，因为再好的标语如果久不更新，也会使人乏味。但商标一般很稳定，企业一般不会随意改变自己的商标，否则将不利于消费者的重复购买，甚至会使企业失去自己的顾客，而且根据《商标法》的规定，企业也不能自行改变其注册商标。

（2）保护方式不同。符合商标注册条件的商务标语可以作为商标注册，获得专用权，被称为口号商标，但是，商务标语往往会因缺乏显著性难以获得注册。那些有独创性但又达不到注册条件的商务标语可以成为版权保护的对象，或者依据反不正当竞争法获得保护。而注册商标一般依商标法即可获得保护。

（六）商标与域名

域名是互联网上地址的表示形式，由字母、数字组成。域名是网络连接中所对应的外部代码符号，为网络上的信息传输提供技术支持。如同我们日常生活中的单位地址、电话号码一样，域名是联网计算机在国际互联网上的地址和代号，我们可以借由它把用户引导到网络中某个特定位置，成为识别网上主体身份的标志。由此可见，对于在网络上从事商业活动的经营者而言，域名是一种具有重要商业价值的标识，有人称之为"网上商标"[1]。尽管域名与商标在标识性等方面具有一些共同点，但二者的不同仍是主要的，主要表现在以下几方面：

（1）适用对象不同。商标是使用在特定商品或服务上的、以示区别于其他商品或服务的标识。域名是用于解决互联网地址对应的一种方法，是为了方便人们使用因特网而创设的，它并不直接与商品或服务相联系，且不能离开因特网而独立存在。

（2）标识性与排他性的基础不同。商标的区别性与排他性是建立在商品或服务分类划分的基础上的（驰名商标除外），域名则是按级别划分为一级、二级、三级、四级域名。这就决定了商标只能在同类或相似商品或服务上做到排他，因此，同一国家或不同国家的不同法律主体就相同商标分别享有相互独立的商标权是常见的现象。域名的分配和争议处理由国际间统一协调，域名一经注册，就

---

[1] 吴汉东：《知识产权法》，中国政法大学出版社2009年版，第245页。

在事实上排除了相同域名存在的可能性,能够做到全球范围内的绝对唯一性。

(3) 使用的要求不同。域名必须先注册方能使用,不注册就不能在互联网上使用,此原则为各国所普遍遵循。但各国的商标取得制度并不相同,有使用取得和注册取得之分。根据我国商标法规定,商标不经注册也可使用,经注册后则可取得商标专用权。

(4) 显著性要求不同。商标的构成以具有普通人主观上能够判断的显著性为前提,否则难以起到区分商品或服务的功能;而域名的显著性要求明显低于商标,只要两个域名不完全相同,即可注册为独立的域名。

一般而言,作为已注册的域名整体是不能作为商标注册的,但是二、三、四级域名,如果符合商标的注册条件,是可以作为商标注册的。现实中,企业通常将自己知名度较高的商标或商号注册为域名,使域名成为商标或商号在互联网上的延伸,扩大企业的知名度。

(七) 商标与通用标记

在经济发展过程中,逐渐形成了一些用于商品的特殊的、通用的标记,我们称之为通用标记。通用标记通常以一种简洁、醒目的符号或图形构成,用来表示商品的特性、性质、用途及相关的注意事项,如剧毒标记(骷髅头像)、防潮防湿标记(伞形)、易碎标记(高脚玻璃杯)、金属金加工的光亮度等级标记("△")。这些标记不仅为本行业的从业人员所熟知,一般消费者也可通过它了解标记使用人的意图,提示人们该商品在运输、存储、保管、使用过程中需要特别注意的事项。通用标记被广泛使用于具有相同特征的商品上,有时与商标同附一物,同为一主,很容易与商标相混淆。但它与商标又有着明显的区别:

(1) 性质不同。与商标不同,通用标记不是工业产权保护的对象。生产、经营者不能将通用标记或与之类似的标记用作商标,这种"通用"标记缺乏商标所要求的显著性。

(2) 作用和使用的目的不同。通用标记尽管也被使用在商品上,但此类标记为一组标准记号,本身不具有任何区别商品或服务的作用,大家都可以使用,不能为任何一家生产、经营者所专用。而商标作为商品或服务相区别的标记,一般为特定生产、经营者所专用。

五、商标的历史演变

符号本属公有领域,有很多用途,人人皆可使用。但符号在商业领域使用,并和商品或服务结合以后,就产生了新的含义,变身成了私有领域的商业标记,即商标。商标是符号在商业领域作为标记附着于商品或服务后的结果。

人类使用符号作为标记的历史和人类的历史一样久远。新石器时代,各种符号的使用就很普遍了。在我国新石器时代的遗址和墓葬中,就发现了不少刻有符号的陶器、石器、龟甲、骨片等。根据学者的考证，这些符号中不仅有原始文字，也有特定的标记。①在古代的西南欧、埃及、两河流域也发现不少刻有标记的岩画、砖瓦等。在非商品交换关系中，人们在物品上使用符号的目的很多，中外莫不如此。有的是作为家族或部落的标记；有的是作为所有者标记，表彰主人对物品的所有权；也有的是制造者标记，用以追究劣质产品制造者的责任，中国古代的"物勒工名"制度即为典型。但它们都不是商标，因为对这些符号的使用不是商业使用。在商品交易中，姓名、特定记号及一些象征物等符号被当作标记用在了商品或服务上，这就是早期的商标。

在商业的蓬勃发展中，商标的使用日趋频繁。商人们为表彰其营业，纷纷使用与他人不同的符号作为标记，标注在自己提供的商品或服务上以示区分。宋代是我国商品经济比较发达的时期，从清明上河图中我们可以见到这一时期商业繁荣，商号云集，我国现保存最为完整、年代最早的白兔商标就出现在宋代。这个山东济南刘家功夫针铺的白兔商标印制在纸上，中心位置是一手持钢针捣药的"白兔儿商标"，上方写有商标所有人——"济南刘家功夫针铺"字样，白兔的两边写有"认清门前白兔儿为记"，以表明白兔儿为其商标，下面写有"收买上等钢条，造功夫细针，不误宅院使用，客转与贩，别有加饶，请记白"的广告语。经过商人对商品或服务上标记的持续的使用，久而久之，出现了商品标记、店名、店铺标记、旗帜等符号与商品或服务之间的对应关系，一提到某一名称或标记就令人想起其所标识的商品或服务，人们也逐渐养成了通过辨认其营业标识、商品标识购物的习惯。商品上的标记与其所附着的商品间就这样建立起了联系，符号在商业领域的指代功能出现了。

当贸易进一步扩大，商品远销异地，商品与其店铺分离的情况下，消费者和生产者之间不再有直接的联系，附加在商品上的标记的作用就凸显出来了，特别是当市场对某个生产者的物品形成消费偏好时，标记的作用就愈加重要了，因为它成为了消费者辨识商品及其来源的重要依据。通过附着于商品上的标记即商标这一媒介，沟通了生产者与消费者之间的关系，方便了消费者的重复购买。商品乃至商家的信誉开始转移并在商品的标记上凝聚，商品标记逐渐演化为商品质量、商家信誉的代表，商品标记的市场竞争功能开始显现。标注某一个市场信誉好、为消费者喜闻乐见的标记，就意味着能获得更多的消费者的青睐，占领更大的市场份额。此时，商标已经超越了其符号本身的含义，产生了独立于其所标识的商品之外的价值，即商标的销售力，它具备了财产的特性。于是，对商标的

---

① 参见郭沫若：《古代文字之辩证的发展》，载《奴隶制时代》，人民出版社1954年版，第246页；裘锡圭：《汉字形成问题的初步探索》，载《中国语文》1978年第3期；袁行霈、严文明、张传玺、楼宇烈：《中华文明史（第一卷）》，北京大学出版社2006年版，第307页；裘锡圭：《究竟是不是文字——谈谈我国新石器时代使用的符号》，载《文物天地》1993年第2期。

侵权行为开始出现了。不诚信的商人开始偷梁换柱,将他人的商标"链接"自己的商品,破坏消费者真正信任的商品及商家与其商标之间的联系。为打击假冒行为,欧洲14世纪行会时期,各个行会开始出现了各种商标注册体制,强制要求行会内部的个人成员使用产品标记,以便于同业行会对其成员的管理。在与假冒行为作斗争的过程中,商标法也应运而生。

第二节 商标法概述

一、商标法的立法宗旨

我国《商标法》第1条明确规定:"为了加强商标管理,保护商标专用权,促使生产、经营者保证商品和服务质量,维护商标信誉,以保障消费者和生产、经营者的利益,促进社会主义市场经济的发展,特制定本法。"这一规定明确了商标法的立法宗旨。

(一)保护商标专用权,维护商标信誉,保障生产、经营者的利益

保护商标专用权是商标法的根本宗旨,是商标法赖以存在的基础,也是商标私权属性的根本体现。商标法的大部分条款都是围绕着商标专用权如何取得、维持和行使以及如何保护来展开规定的。维护商标信誉,保障生产、经营者的利益,与保护商标专用权是抽象与具体的关系,维护商标信誉,保障生产、经营者的利益这一目的需要通过保护商标专用权这一具体措施来体现。

保护商标专用权,就是要保护商标权人的商业信誉与投资。商标之所以具有强大的广告功能,是因为经过长期商业使用的商标,在商标与商品之间、商品与消费者之间建立了稳定的联系,承载了商品的一贯质量及其经营者的商业信誉,从而产生了标记的销售力。这一销售力的形成本质上不是来源于标记的美感与显著性,而是来源于生产、经营者长期的诚实经营,持续不断地投入了大量资金、人力、时间和广告宣传。标记的销售力是企业竞争的结果,也是企业将来竞争的优势。商标法通过保护商标专用权所要保护的正是商标权人的此种利益。而对商标专用权的任何侵犯都有可能损害其使用者的商业信誉,减少其已经得到或可能得到的市场份额,从而导致其经济利益的损失。保护商标专用权,就是维护商标信誉,保障生产、经营者的利益。

(二)加强商标管理,促使生产者保证商品和服务质量,保障消费者的利益

尽管产品质量问题和消费者权益保护问题有专门的法律进行调整,但加强商标管理,促使生产者保证商品和服务质量,保障消费者的权益,也是商标法的重要目的。对产品的质量进行监督和管理是工商行政机关的重要职责,而商标管理就是工商行政机关对质量管理的一个重要手段。虽然大多数产品不使用注

册商标其至不使用商标也可以销售，但按照《商标法》及其实施细则的规定，部分商品必须使用注册商标，对这部分商品而言，注册商标具有"优质"标志的特性。另外，《商标法》及其实施细则还规定禁止冒充注册商标等，违者轻则通报、罚款，重则撤销其注册商标。

对商标进行管理，一方面是为商标所有人着想，促使其正确使用商标，以便更好地保护该注册商标，如注册人不得自行改变其注册商标，不得擅自变更有关注册事项，不得自行转让注册商标等。另一方面，对商标进行管理是出于维护消费者权益的需要。《商标法》及其实施细则中就有禁止商标注册人擅自扩大其注册商标核定使用的商品或服务范围，禁止冒充注册商标。商标的使用有利于节约消费者的搜寻成本，使其很方便地找到所需要的商品和服务，在重复购买的情况下商标的这一作用更是明显。加强商标管理，保证消费者能再次买到满意程度一样的商品或服务，将围绕商标所建立起来的商品或服务、商品或服务提供者、消费者之间的内在的、可靠的联系在一定程度上予以固定，防止人为地切断这种联系，不仅是保护生产、经营者利益，也是在保护消费者利益。

（三）促进社会主义市场经济的发展

商标法与市场经济的发展有着非常密切的关系。商标法对市场经济发展的促进作用是通过保护商标专用权、维护公平竞争秩序来实现的。在公平竞争条件下，原来知名度不高的企业可以通过改进和提高产品或服务质量、技术含量、文化品位等竞争指数来提高其知名度，而原来知名度较高的企业如果故步自封、不思进取，也可能会被竞争对手超越。高品质的产品或服务必然意味着较多资金的投入和较高水平的管理，而总有一些不诚实的生产、经营者不正当地利用他人的商业信誉误导、欺骗广大消费者，攫取不当利益，他们的这种违法行为通常是通过假冒他人商标等行为来完成的。这种行为既损害了商标专用权人和消费者权益，也严重扰乱了市场竞争秩序，阻碍了市场经济的健康发展。商标法通过赋予商标权人以商标的专用权和禁止权，打击侵犯商标权行为和其他不正当竞争行为，使不同商品和服务得以区分，防止消费者对商品或服务的误认和混淆，阻止不诚实经营者的"搭便车"行为，客观上维护了公平有序的竞争秩序，防止了商品或服务的混淆，避免了消费者的误认。

我国《商标法》实行三十多年的实践证明，加强商标管理，保护商标专用权，对于促使生产、经营者保证商品和服务质量，维护商标信誉，保障消费者的利益，促进社会主义市场经济的健康发展确实发挥了巨大的推动作用。市场法制环境的完善，也有助于培育生产、经营者的公平竞争意识，有利于他们正当使用商标这一有力的竞争工具，积极参与国际国内市场竞争，促进我国社会主义市场经济的健康发展。

二、商标法的基本原则

商标立法宗旨需要贯彻于商标法的基本原则之中,而商标法的基本原则则不仅决定着商标法的基本构造,也是商标法具体规则的基础。

(一)诚信原则

2013年修订的《商标法》第7条第1款规定:"申请注册和使用商标,应当遵循诚实信用原则。"这是本次修订新增加的一个条款,也是为了制止在商标注册与使用过程中大量出现的抢注、恶意异议、恶意撤销、恶意注册与他人商标近似的商标、将他人商标用作其他商业标志等不正当竞争行为、滥用程序权利行为而作出的规定。诚实信用原则是具有道德内涵的法律规范,被奉为民法的帝王规则。具体到商标法中,就要求民事主体在注册和使用商标的过程中,要本着诚实和善意行事,避免损害他人的权利和利益,禁止权利的滥用。由于商标领域的不正当竞争行为花样众多,而且不断翻新,有限的法律条文难以穷尽不断出现的违反诚信原则的行为。因此,在商标法没有具体规定的情况下,法官和商标行政审查人员可以直接依据诚信原则判断是非,作出裁决,最大限度地维护公平竞争秩序,促进市场经济的健康发展。由此可见,诚信原则不仅对商标申请人的行为发挥着制约作用,同时也赋予了商标审查人员一定的自由裁量权,有着极其重要的作用。

(二)注册原则

从世界范围来看,商标专用权的取得方式主要有两种:注册和使用。所谓注册取得就是指商标专用权通过注册登记取得,而不论商标申请人使用与否。所谓使用取得,是指商标专用权的取得依据是使用,未经使用的商标不得注册,商标权归属于首先使用该商标的人。两种制度各有利弊。由于注册制度在确权上的优势,大部分国家采用注册原则。我国《商标法》第4条:"自然人、法人或者其他组织在生产经营活动中,对其商品或者服务需要取得商标专用权的,应当向商标局申请商标注册。"我国也是采用的注册取得制度。

(三)申请在先原则

在商标专用权实行注册取得制度的国家,如果遇有两个或者两个以上的商标注册申请人,在同一种商品或者类似商品上,以相同或者近似的商标申请注册时,对该商标的归属有两种不同的处理方法:一种是归属于申请在先的一方,一种是归属于使用在先的一方。根据我国《商标法》第31条的规定,对于两个或者两个以上的商标注册申请人,在同一种商品或者类似商品上,以相同或者近似的商标申请注册的,初步审定并公告申请在先的商标;同一天申请的,初步审定并公告使用在先的商标,驳回其他人的申请,不予公告。可见,我国实行的是申请在先制度,但如果是同一天申请的,依照使用在先确定商标的归属。

（四）实质审查原则

对商标注册申请人提出的注册申请，依商标主管机关是否对其进行实质审查与否，分为审查原则和不审查原则。如果商标主管机关在授予商标专用权之前，除对商标注册申请的手续是否齐全进行审查即形式审查外，还要进行实质审查，就是审查原则。如果商标主管机关不进行实质审查，只进行形式审查即给予注册，就是不审查原则。我国《商标法》对商标注册申请实行的是实质审查原则。

（五）自愿注册原则

自愿注册制度是指商标使用人可以自行选择对其使用的商标是否予以注册。与自愿注册制度相对应的是强制注册制度。根据强制注册制度的要求，只有经过注册的商标，方可使用，未经注册的商标则不得使用。我国在计划经济时期曾一度实行强制注册制度，而现行《商标法》除了人用药品、烟草等少数商品外，均实行自愿注册原则。但是，如果商标不进行注册，一般不能取得商标专用权，不具有排他的权利，无权禁止他人在同类商品上使用相同或近似的商标，特别是当他人以相同或近似的商标在相同或类似商品上注册后，一般情况下将不得再继续使用，否则将构成侵权。

（六）统一注册分级管理原则

在对商标的注册与管理上，我国实行集中统一注册、分级管理制度。我国的商标注册均统一集中于国家工商行政管理总局商标局，即由国家商标局来统一受理商标的注册申请、审查、公告、异议，并核准是否给予注册等一系列事宜，其他任何机构无权办理商标注册。之所以实行集中审查并统一注册，有利于防止形成地区分割、部门分割状态，有效地保护和管理商标。但是，基于商标使用的现实情况，为了市场管理的方便，我国在对注册商标的管理上实行的是分级管理，地方各级工商行政管理机关依法对本地区的商标使用、商标印刷、侵犯商标权行为等进行管理。

（七）商标注册与商标评审相结合的商标确权及司法救济原则

根据我国《商标法》的规定，商标的注册统一于国家商标局，对于注册过程中的商标争议事宜，比如当事人不服商标局有关商标权的裁决等，可以向商标评审委员会申请复审，并由商标评审委员会作出裁决。但是，如果当事人对商标评审委员会作出的涉及注册商标专用权的裁决不服的，还可以自收到通知之日起30日内向人民法院起诉，寻求司法救济。

三、商标法的历史沿革

商标法是调整在商标的注册、使用、管理和保护商标专用权过程中发生的各种社会关系的法律规范的总和。商标法是最早纳入国际协调进程的法律部门之一，目前也是国际协调程度较高的法律之一。随着经济全球化进程的加快，商标法寻求国际协调的步伐也会相应加快。商标立法能走到今天,经过了一个逐渐演变的历史进程。

(一) 世界各国商标立法的历史沿革

商标法起源于中世纪行会的行规。商品经济的不断发展和深化,最终形成了以市场交换为基础的经济体制,相应地,商标的使用空前普遍,原来依靠商业惯例、行业道德所维系的商标使用规则已不适应市场经济发展的需要。19 世纪下半叶至 20 世纪上半叶是西方自由资本主义解体、垄断资本主义形成的时期,也是商标立法由制定到高度完善的时期。商标法的国际协调是与各国商标法的制定和修改同步进行的。20 世纪下半叶以后,世界大市场逐渐形成,商标立法此时也进入了深度国际协调时期,商标立法的一体化进程加快。

最早用法律保护商标的是法国。1803 年法国在《关于工厂、制造场和作坊的法律》中,将假冒商标的行为按照私自伪造文件论处,违者需要服苦役。当时法国是以刑法来规范商标的使用,但不是我们今天所说的私权性质的商标法。1857 年法国制定的《关于以使用原则和不审查原则为内容的制造标记和商标的法律》,是目前公认的世界上第一部较为完备的商标法。该法律施行 107 年后,即在 1964 年被《工业、商业和服务业商标法》所替代,该法律规定商标以注册取得为原则,该法在 1991 年按照欧共体商标一号指令的要求作了修改。次年 7 月 1 日,法国制定了世界上第一部知识产权法典。

英国最初采用判例法对商标提供保护。1862 年英国颁布了《商品标记法》,而后又在 1875 年颁布了《商标注册法》。1938 年 4 月 13 日,英国制定了一部全新的商标法,该法带动并影响了大多数英联邦国家的商标立法。该法对英国的商标保护影响深远,中间历经修改,直到被 1994 年的新商标法所取代。

美国于 1870 年制定了它的第一部商标法,但由于该法以宪法中的"版权和专利条款"为立法基础,故在 1879 年被联邦最高法院判决违宪。于是,1881 年,美国国会基于宪法中的"贸易条款"制定了新的商标法。1946 年 7 月 5 日,美国通过有名的《兰哈姆法》(Lanham Act),该法整合了以往的司法实践,并在服务商标保护等问题上有重要突破。这是世界上第一个对服务商标进行注册保护的立法。该法经过 1988 年、1996 年、1999 年的多次修改,对商标的注册和反淡化等制度进行了完善,目前仍在适用中。

此外,德国于 1874 年、日本于 1884 年、瑞士于 1890 年也相继颁布了各自的商标法。目前,世界上大多数国家和地区都制定了商标法。

(二) 商标立法的国际协调

1883 年,为适应各国经济技术交流的需要,法国、德国、比利时等 10 个主要欧洲工业国发起缔结了《保护工业产权的巴黎公约》,奠定了商标国际保护的基石。10 年后的 1893 年,又缔结了《商标国际注册的马德里协定》。《巴黎公约》

是国际保护的实质性标准,《马德里协定》则是商标国际注册的程序性规定。

此后直到1994年世界贸易组织成立并缔结Trips协议的一百多年间,各区域性的商标立法工作取得了较大的进展,首先表现为1971年统一的比荷卢商标局的建立。1996年1月1日,比荷卢于1992年修改的《比荷卢统一商标法》生效,该法明确将"联想的可能"作为侵权认定的标准。

为了加快建立欧洲统一大市场的进程,1988年12月21日,欧共体通过了《协调成员国商标立法1988年12月21日欧洲共同体理事会第一号指令》。根据该指令的要求,法国、英国、德国等成员国分别于1991年、1994年制定了新的商标法。1995年3月15日,欧共体1993年12月20日通过的《欧洲共同体商标条例》生效,依据该条例规定注册的共同体商标可以同时在各成员国生效。

在北美,为推动北美自由贸易区的建立,美国、加拿大、墨西哥签订了《北美自由贸易协定》(NAFTA),该协定于1994年1月1日生效。协定的宗旨之一便是保护知识产权。

在拉美,为统一工业产权制度,玻利维亚、哥伦比亚、厄瓜多尔、秘鲁、委内瑞拉、智利等国于1974年5月在哥伦比亚签订了《卡塔赫那协定》。但该协定的影响不大,到1985年止,只有秘鲁、厄瓜多尔和哥伦比亚三个国家批准参加了该协定。

1994年成立的世界贸易组织在商标立法的国际协调上迈出了极为重要的一步。世界贸易组织所签署的Trips协议,成为知识产权国际保护领域影响力最广、保护范围最广、最具权威的一个国际公约。其中有关商标的规定,可以说集合了该领域百年发展的重要成果,并提出了新的保护标准。

(三)我国商标法的历史沿革

1902年9月5日,英国政府与清政府在上海签订《续议通商行船条约》,其中规定建立牌号注册局,这是我国第一次和外国政府签订的相互保护、防止假冒贸易牌号的条文。1903年清政府与日本和美国也签订了类似的条文。

我国历史上第一个成文的商标法规是1904年清政府颁布的《商标注册试办章程》。该法规是在外国列强的压力下颁布的,实际上,依据该章程的注册并未在全国范围内开展,仅在天津、上海两海关受理商标挂号,报商部备案。

1913年,北洋政府将工商部改为农商部,主管商标工作。1923年5月,北洋政府颁布了一部完整的《商标法》。1923年9月15日,农商部商标局编辑出版了第一本《商标公告》。

1927年12月1日,南京国民政府设立全国注册局,专门办理商标注册等事项。1928年又将商标注册划归工商部管理。1930年南京国民政府颁布了《商标法》及《商标法实施细则》,并于1935年修订过一次,但在动荡不安、内忧外患的旧中国,商标工作并未有多大发展。

新中国的成立揭开了中国历史上新的篇章。为保护工商业者的商标专用权,1950年8月28日,中华人民共和国中央人民政府政务院颁布了《商标注册暂行条例》,这是新中国成立后制定的第一部商标法规。与之相应,政务院财政经济委员会公布了《商标注册暂行条例施行细则》。这部法规特别强调了对商标专用权的保护,并规定对商标实行全国统一注册。1963年,为了加强商标管理,国务院颁布了《商标管理条例》和《商标管理条例施行细则》。这是一部具有深厚计划经济色彩的法规,它将商标视为国家对商品质量监督的一种重要手段,对商标实行强制注册,基本上没有涉及对商标专用权的保护。"文化大革命"期间,商标注册与管理工作中断,商标管理机构被撤销,商标管理人员也被疏散,商标资料严重受损。

改革开放后,商标工作开始逐步恢复。1978年,国家工商行政管理总局成立。1982年8月23日,第五届全国人民代表大会常务委员会通过了《中华人民共和国商标法》,这是新中国成立后制定的第一部有关知识产权保护的法律。商标法的制定和实施,使我国的商标活动有法可依,商标管理逐步走向法律化和制度化。该法虽强调保护商标专用权,但却首先是将商标作为公共管理的工具,然后才是对商标私权利的保护,"反映了计划经济和商品经济的双重需要"①。

1982年《商标法》迄今为止共经过了三次修改。1993年2月22日,为争取恢复关贸总协定缔约国的地位,第七届全国人民代表大会常务委员会通过了《关于修订〈中华人民共和国商标法〉的决定》,对《商标法》进行了修正,增加了保护服务商标和撤销不当注册商标的规定,加大了对侵犯商标权行为的打击力度。2001年10月27日,为了满足入世的需要,第九届人民代表大会常务委员会通过了《关于修改〈中华人民共和国商标法〉的决定》,对《商标法》进行了第二次修正,使我国的商标立法达到Trips协议所要求的水平。虽然经过了两次修改,但《商标法》仍有一些规定不能适应改革开放和经济发展的需要。针对社会反映比较突出的一些问题,2013年8月30日,第十二届全国人民代表大会常务委员会第四次会议通过了《关于修改〈中华人民共和国商标法〉的决定》,进一步方便了申请人注册商标,加大了对侵犯商标权的处罚力度,维护公平竞争的市场秩序。需要注意的是,此前的商标立法及修改都是在外力因素下促成的,而此次修改则是中国自主自发进行的修改。

改革开放后,中国也在努力成为世界大家庭的一员,因此,在建立和完善国内商标立法的同时,也逐步做到与国际社会协调一致。1980年,中国加入世界知识产权组织。1985年,中国正式加入《保护工业产权巴黎公约》。1989年,中国加入《商标国际注册的马德里协定》,这是中国加入的第一个专门进行商标国

---

① 黄晖:《商标法》,法律出版社2004年版,第11页。

际注册的条约。1994年,中国正式成为《商标注册用商品和服务国际分类尼斯协定》的联盟成员国。2001年12月11日,中国正式加入世界贸易组织,Trips协议对中国生效。

司考链接

1. 商品使用未经核准注册商标的,根据我国《商标法》的规定应当如何处理?(1996年卷二17题,单选)

   A. 一律不得在市场上销售,违者应受行政处罚

   B. 原则上不许在市场上销售,但商标法另有规定的除外

   C. 一律可以在市场上销售,但其商标不受法律保护

   D. 原则上可以在市场上销售,但商标法另有规定的除外

   答案:D

2. 下列商标,哪些可以经核准注册而受到法律保护?(1999年卷三69题,多选)

   A. 商品商标   B. 服务商标   C. 集体商标   D. 证明商标

   答案:A、B、C、D

3. 为了创造自己的品牌,某内衣专卖店注册了"活得好"商标,该商标的性质属于哪一类商标?(2000年卷三39题,单选)

   A. 服务商标   B. 证明商标   C. 销售商标   D. 制造商标

   答案:C

4. 某杂志社的期刊名称设计新颖,具有独特的含义,并且产生了广泛而良好的社会声誉,特咨询某律师其名称可以获得哪些法律保护。就该问题,该律师的下列哪种回答既符合法律规定又能最大限度地保护当事人的利益?(2006年卷三15题,单选)

   A. 著作权法、商标法、反不正当竞争法

   B. 著作权法、商标法

   C. 著作权法、反不正当竞争法

   D. 商标法、反不正当竞争法

   答案:A

5. 甲公司于2000年3月为其生产的酸奶注册了"乐乐"商标,该商标经过长期使用,在公众中享有较高声誉。2004年8月,同一地域销售牛奶的乙公司将"乐乐"登记为商号并突出宣传使用,容易使公众产生误认。下列哪种说法是正确的?(2006年卷三20题,单选)

   A. 乙公司的行为必须实际造成消费者误认,才侵犯甲公司的商标权

   B. 即使"乐乐"不属于驰名商标,乙公司的行为也侵犯了甲公司的商标权

C. 甲公司可以直接向法院起诉要求撤销该商号登记
D. 乙公司的商号已经合法登记,应受法律保护

答案:B

推荐阅读

1. 黄晖:《商标法》,法律出版社2004年版,第1—7页。(推荐理由:该书对商标的形态、作用和价值的变迁作了详尽的论述,可以全方位了解商标的形成过程。)

2. 关于商标形成和受保护的历史,可参见郑成思:《知识产权论》,法律出版社2003版,第166—167页。

3. "没有文字、图案或符号与特定商品或服务这二者在市场上作为'标'与'本'相联系的法律事实,就不会产生'商标'这种法律关系。"即联系说。参见刘春田:《商标与商标权辨析》,载《知识产权》1998年第1期。

4. Sidney A. Diamond, The Historical Development of Trademarks, 65 Trademark Rap. 265(1975).(推荐理由:以详实的证据梳理了世界范围内商标的历史发展。)

第二章 商标的实质要件

要点提示

本章重点掌握的知识：1.商标的法定构成要素的性质及条件；2.商标的显著性的概念、类型与判断；3.商标的合法性的概念与判断；4.商标非功能性的内涵与判断；5.商标在先权利的具体内容及其构成。

本章知识结构图

商标的实质条件
- 商标的构成要素
  - 商标法定要素的法律规定与心理学依据
  - 商标法定要素的性质和条件
- 商标的显著性
  - 商标显著性的界定
  - 商标显著性的类型
  - 商标显著性的判断与证明
- 商标的合法性
  - 商标合法性的概念与性质
  - 商标合法性的判断
- 商标的非功能性
  - 商标非功能性原理的内涵和价值意蕴
  - 商标功能性原理的适用范围
  - 商标功能性的判断
- 商标不得侵犯他人在先权利
  - 商标不得侵犯他人在先权利概述
  - 在先权利的内容

商标的构成要件是商标法最重要的内容之一，它不仅在很大程度上决定了商标保护对象的范围，也在一定程度上影响着商标保护的强度。商标的构成要件可以分为实质要件和形式要件，实质要件是商标的实体条件，而形式要件则是商标的程序条件。我国《商标法》第8条至第14条规定了商标的实质要件，概括起来包括：商标标志必须属于法定要素，并具有合法性，商标必须具有显著性，商标不得侵犯他人在先权利，立体商标必须具有非功能性。

第一节　商标的构成要素

 引导案例

案例1： 2007年,恒源祥与世界首个嗅觉味觉权威研究机构美国莫耐尔化学感观研究中心签约,成为继可口可乐、雀巢、雅诗兰黛、波音等世界著名企业后的首个中国战略合作伙伴,并在北京成功举办了"感知品牌——从视觉、听觉到嗅觉、味觉"研讨会。那么,声音、气味等能够成为商标吗？

案例2： 1999年11月26日,意大利兰博基尼汽车有限公司就一个动态标记向欧共体内部市场协调局(OHIM)申请了欧盟商标注册。在申请说明中指出,这个商标指一个典型的独特的车门的安排,门绕着一个可转动的轴向上旋转,与其他车门的水平的横向旋转不同。审查员以功能性理由拒绝了该申请。2001年1月17日兰博基尼公司提出申诉,主张其标志具有显著性,其设计的目的是"创造一个有特定识别价值的全新的车门构造,展现一个准确识别兰博基尼的标志"。2003年9月23日,OHIM第一申诉委员会正式拒绝了兰博基尼汽车有限公司的"剪刀式车门"作为欧盟的动作商标注册,其理由是：兰博基尼对动作和形状的区别不足以令人相信。因为,该标记的运动涉及产品的形状或者技术安排。那么,如果兰博基尼的商标不具有功能性,该动态商标能够获得注册吗？

商标法之所以要规定商标的法定要素是由商标的本质决定的。商标是一种符号,它不仅是由能指和所指构成的,而且是能指与所指的统一体。商标的能指就是商标标志,商标的所指就是商标标志所代表的商品信息,商标就是商标标志与商标标志所代表的商品信息的统一体。在商标的能指与所指中,尽管商标所指是更实质性的,因为消费者所看重的是商标商品的质量等信息,但商标能指也不能被忽视,甚至是更重要的,因为没有能指,所指就失去了依归,就无法存在。从商标功能发挥的过程来看,没有商标标志,商标的功能是无法发挥的。商标的心理学分析则表明,商标能指在很大程度上取决于消费者的感知觉,取决于消费者感觉器官的感知能力。只有那些能够为消费者所感知的事物才能够成为商标能指,那些不能为消费者所感知的事物是不可能成为商标能指的。反过来说,只要能够为消费者所感知,任何事物都具有成为商标能指的潜力。

一、商标法定要素的法律规定与心理学依据

Trips协议第15条第1款规定:"任何能够将一企业的商品或服务与其他企业的商品或服务区分开的标记或标记组合,均应能够构成商标。这类标记,尤其是文字(包括人名)字母、数字、图形要素、色彩的组合,以及上述内容的任何组合,均应能够作为商标获得注册。即使有的标记本来不能区分有关商品或服务,成员亦可依据其经过使用而获得的识别性,确认其可否注册。成员可要求把'标记应系视觉可感知'作为注册条件。"Trips协议的这种规定是科学的,既照顾了商标实践的实际状况,即实践中大多数商标均为可视性标志,同时也兼顾了那些保护更为全面的国家的商标法立法,即那些非可视性的但却能够为消费者所感知的标志也可以成为商标,尽管实践中非可视性标志作为商标标志的情况比较少见。[①]

Trips协议的这种规定是有其心理学依据的,商标要发挥作用首先要能让消费者感知到,感觉器官是外界进入人类意识的唯一通道,而人的感觉器官的感受性是有限的,不同的感觉的灵敏度是不同的,具有不同的差别阈限,对于视觉这个比例大约是1/100,对于触觉这个比例是1/30,对于听觉这个比例是1/10。[②] 之所以实践中的商标中可视性标志占据了绝大多数是因为消费者的视觉器官是最发达的,运用视觉能够感知的标志最容易使消费者感知到,最有助于识别商品或服务,发挥商标的功能。不仅如此,长期的社会实践使人类发展出了最为发达的以视觉为基础的语言符号系统,使得视觉为基础的标志数量最为丰富,更便于人们选择商标标志。但是由于感觉器官的适应现象与训练的结果,某些感觉缺陷的存在可能导致其他感觉器官感受性的敏感性。这又使得可视性标志之外的标志对于那些丧失了视觉的特殊消费者具有特殊的价值,也为非可视性标志成为商标提出了要求,提供了依据。

正因如此,有些国家的商标法明确将商标的法定要素限制为可视性标志,而有些国家则允许非可视性标志成为商标,前者如我国2001年《商标法》第8条的

[①] 以承认非传统商标法律保护的美国为例,美国专利商标局的商标申请统计显示,在1995年3月的Qualitex案之前(1946年《兰哈姆法》之后)美国只有93件非传统商标申请,平均每年不过只有1.93件非传统商标申请。在Qualitex案明确非传统商标保护之后,自1995年至2009年的14年间也不过总共出现了688件非传统商标申请,尽管数量大大增加,但每年也不过只有49件而已,相对于现今年40万件商标申请总量,非传统商标的申请仍然是微不足道的。Kenneth L. Port, On Nontraditional Trademarks, Electronic copy available at: https://papers.ssrn.com/sol3/papers.cfm? abstract_id=1564230,5-23-2017.

[②] 〔苏〕彼得罗夫斯基:《普通心理学》,朱智贤等译,人民教育出版社1981年版,第260—269页。

规定①,后者如《欧共体商标条例》第 4 条、《法国知识产权法典》第 711-1 条②和我国 2013 年《商标法》第 8 条③的规定,从心理学依据和商标实践来看,这两种做法均有其道理,并无优劣之分。

二、商标法定要素的性质和条件

从商标的本质和构造来看,商标的法定要素只是商标的一个组成部分,只是商标这种符号的符号形式,还不是一件完整的商标。当然,商标的法定要素是非常重要的,因为在符号学上,符号形式相对于符号内容来说具有优先性,常常用来代表符号整体。④

在符号学看来,符号形式在现实使用中需要靠收讯者的感知,而如果是人,则必然要通过视觉、听觉、嗅觉、味觉、(冷)热感觉、触觉等某种感觉确认"符号形式"的存在。⑤ 也许正因如此,Trips 协议规定成员国可以对商标法定要素施加"可视性"的条件,而有些国家或地区的商标法也规定了商标法定要素的条件,如《欧共体商标条例》规定的可以构成共同体商标的标志的条件是"能形象地表示"(being represented graphically)、《法国知识产权法典》规定的可以构成商标的条件是"形象的表示"(graphic representation)、我国 2001 年《商标法》规定的可以构成商标的标志的条件是"可视性"。需要指出的是,这些条件有些是从物理上对商标的法定构成要素进行的限制,如我国 2001 年《商标法》的上述规定,有些则是从商标注册的技术或手续角度来对商标的法定构成要素的限制,如《欧共体商标条例》和《法国知识产权法典》的上述规定。从理论上来说,只要人的感觉器官能够感知的标志都可以成为商标的构成要素,不管是能够为人的何种感觉器官所感知。在人类商标实践的早期,由于商业实践的发展和商标审查技术的发展所限,商标的法定构成要素的范围较窄,商标法定要素的构成条件较为严格,

---

① 该条规定:"任何能够将自然人、法人或者其他组织的商品与他人的商品区别开的可视性标志,包括文字、图形、字母、数字、三维标志和颜色组合,以及上述要素的组合,均可以作为商标申请注册。"

② 前者规定:"共同体商标可以由能用书写表示的任何标志,特别是文字,其中包括人名、图案、字母、数字、商品形状或其包装组成,只要这些标志能够将一个企业的商品或服务同其他企业的商品或服务区别开来。"除了"能够用书写表示"的条件之外,对可以作为商标标志的标志几乎没有任何限制,显然是承认非可视性标志的。后者规定:"商标或服务商标指用以区别自然人或法人的商品或服务可用书写描绘的标记。""尤其可以构成这样的标记是:(1)各种形式的文字,如:字、字的搭配、姓氏、地名、假名、数字、缩写词;(2)音响标记,如:声音、乐句;(3)图形标记,如:图画、标签、戳记、边饰、全息图像、徽标、合成图像;外形,尤其是商品及其包装的外形或表示服务特征的外形;颜色的排列、组合或色调。"更为明确地承认了非可视性标志。

③ 该条规定:"任何能够将自然人、法人或者其他组织的商品与他人的商品区别开的标志,包括文字、图形、字母、数字、三维标志、颜色组合和声音等,以及上述要素的组合,均可以作为商标申请注册。"该条明确承认了声音商标,但没有明确承认气味等非传统商标。不过既然该条将 2001 年《商标法》所规定的"可视性"条件删除,可以理解为气味等其他类型的非传统商标在理论上能够注册。

④ 参见〔日〕池上嘉彦:《符号学入门》,张晓云译,国际文化出版公司 1985 年版,第 46—48 页。

⑤ 同上书,第 56 页。

而随着商业实践的发展和商标审查技术的发达,商标的法定构成要素的构成条件逐渐放宽,许多国家或地区的商标法已经不再有任何限制,以至于商标的法定构成要素可以包括声音标志、气味标志、触觉标志、动态标志、全息图标志等,所谓非传统商标浮出水面。因此,在上述引导案例中,恒源祥的声音、气味标志根据我国 2001 年《商标法》的规定就无法成为商标,而根据 2013 年《商标法》的规定则可以成为商标。而兰博基尼汽车有限公司的动态标记之所以不能构成商标并不是因为其标记是动态标记,而是因为其动态标记本身具有功能性,如果不是因为功能性,兰博基尼汽车有限公司的动态标志是可以构成商标的。当然,根据《欧共体商标条例》的规定,其动态商标要满足"能形象地表示"的条件。

第二节　商标的显著性

引导案例

案例 1: 申请人在第 1 类保鲜剂等商品上向国家工商总局商标局提出"永鲜"商标的注册申请,被商标局予以驳回。申请人不服商标局驳回决定,向国家工商总局商标评审委员会(以下简称"商评委")申请复审。商评委认为,根据中国消费者的一般理解,申请商标"永鲜"很容易被解释为"永远新鲜",使用在指定的商品上,表示了商品的功能、用途,并对指定商品的使用效果具有描述性,缺乏商标应有的显著特征,难以起到标示商品来源的作用。那么,"永鲜"商标在第 1 类保鲜剂等商品上是描述性商标吗?

案例 2: 申请人在第 3 类牙膏、洗发液等商品上向国家工商总局商标局提出"田七"商标(以下称"申请商标")的注册申请,被商标局以该文字仅仅直接表示了洗发液等商品的原料特点为由,对申请商标在除牙膏外的其他商品上的注册申请予以部分驳回。申请人不服商标局的部分驳回决定,向商标评审委员会申请复审。商评委认为,申请商标由手写体的"田七"二字组合而成,"田七"是一种名贵药材,虽可能作为洗发液等商品的原料使用,但经过申请人在指定商品上的长期使用和大量广告宣传,"田七"作为商标已经与申请人建立了特定对应的联系。因此,申请商标在实际使用中已经能够起到区别商品来源的作用,可以作为商标注册。那么,"田七"在第 3 类洗发液、香皂等商品上应该被注册吗?

案例3：北京华旗资讯数码科技有限公司（下称"华旗公司"）针对深圳市朗科科技股份有限公司（下称"朗科公司"）注册在第9类计算机存储器等商品上的第1509704号"优盘"商标（以下称"争议商标"），向国家工商总局商标评审委员会（以下简称"商评委"）提出撤销申请。经过调查发现，"优盘"已经成为普遍使用的产品名称。在朗科公司提交的商品包装盒及促销宣传材料上，"朗科优盘"或"优盘"文字后面并没有其他连用的商品名称。朗科公司在有关宣传材料中称，"启动型优盘，第三届中国高新技术交易会明星产品，全球第一款可彻底取代软盘软驱的USB移动存储盘"，"优盘，新一代存储盘"等。可见，朗科公司是将"优盘"作为商品名称来使用的。于是，商评委撤销了"优盘"商标的注册。"优盘"商标为什么会被撤销注册？

显著性是商标的核心要件，在商标法中具有非常重要的地位，"商标显著性之有无，以及显著性之强弱，将影响及商标之可注册性以及其受保护之范围"[1]。

一、商标显著性的界定

尽管显著性在商标法中非常重要，但因其"不易由正面予以明确规定"[2]，世界各国或地区商标法几乎均未从正面加以界定。我国学者一般认为，显著性是指商标的"独特性"[3]、"商标构成本身之特别性与甄别力"[4]、"能够起到区别作用的特性"[5]、"商标标示产品出处并使之区别于其他同类产品的属性"[6]等。

美国传统理论将商标显著性分为固有显著性（inherent distinctiveness）和获得显著性（acquired distinctiveness）两种。固有显著性商标是指其标志最初就是被用来向消费者传递产品的来源而不能被合理地理解成标志使用于其上的产品的描述或装饰的商标。例如，"埃克森"石油产品、"长城"葡萄酒等。这些标志或者原先在普通语言或符号中本就不存在，企业创造这些标志的目的就是用这一标志作为其产品或者服务的指称的，如上述的"埃克森"。或者这些标志在普通语言或者符号中是存在的，但是却和其使用或者欲使用的产品或服务没有任何联系，如上述的"长城"。获得显著性商标是指那些因为只是描述、装饰商品

---

[1] 曾陈明汝：《商标法原理》，中国人民大学出版社2003年版，第131页。
[2] 同上书，第113，120页。
[3] 刘春田：《知识产权法》，高等教育出版社、北京大学出版社2003年版，第261页。
[4] 曾陈明汝：《商标法原理》，中国人民大学出版社2003年版，第114页。
[5] 黄晖：《驰名商标与著名商标的法律保护》，法律出版社2001年版，第11页。
[6] 彭学龙：《商标法的符号学分析》，法律出版社2007年版，第108页。

或服务而不具有固有的显著性，但是通过使用而获得了与描述、装饰意义不同的代表商品或服务的意义的第二含义的商标。之所以说是获得显著性，是因为商标标志最初就具有描述或装饰商品或服务的含义，从而不具有固有显著性，但是通过后天的使用，该商标标志不再仅仅具有描述或装饰商品的初始含义，而且具有了识别特定商品或服务的含义，从而获得了显著性。"小肥羊"火锅就是获得显著性的典型例子。我国《商标法》第9条和第11条涉及商标的显著性，其中第9条第1款前段规定的"申请注册的商标，应当有显著特征，便于识别"一般认为属于固有显著性的规定，而第11条第2款规定的"前款所列标志经过使用取得显著特征，并便于识别的，可以作为商标注册"，一般认为属于获得显著性的规定。

二、商标显著性的类型

商标显著性可以分为固有显著性和获得显著性两种类型：

拓展贴士

来源显著性与区分显著性的区分

商标可能拥有固有的或者获得的来源显著性。它也可以拥有固有的或者获得的区分显著性。但是在任何情况下，商标可能不适合反侵犯或反淡化保护，只要它没有获得来源显著性，它的保护范围将根据其区分显著性来决定，也不管它是固有的还是获得的。虽然固有显著性和获得显著性之间的正式关系众所周知地模糊，来源显著性和区分显著性之间的正式关系却是简单的：一个商标与其他商标的区分显著性促进了它的来源显著性。也就是说，价值关系促进了意义关系。的确，价值关系是使意义关系成为可能的东西。没有区分就没有同一，没有区分显著性就没有来源显著性。

Barton Beebe, The Semiotic Analysis of Trademark Law, 51 UCLA L. Rev. 674—675 (2004).

（一）商标的固有显著性

商标的固有显著性是有一个谱系的，根据固有显著性的强弱从高到低分别是臆造的标志、任意的标志、暗示性标志、描述性标志和通用标志。

1. 臆造的标志

臆造的标志是指其唯一目的就是用作商标而创造或者选择创造的新词所组

成的标志,这些标志包含的或者是语言中完全不为人知的或者当时完全脱离了其平常用法的词组成的标志。① 臆造的标志大部分是新创造的,在人类已有的标志中是不存在的。也有少部分臆造的标志是人类已有的标志中已经存在,但是公众对这些标志所知甚少,几乎相当于新创造的词。臆造的标志在其被命名为商标之时具有绝对意义,即它对于任何商品或服务而言都是臆造的,不像任意性标志一样,具有商品或服务类别的相对性。如"柯达 KODAK"胶卷、"海尔 HAIER"电器都是由臆造词构成的商标。臆造的标志最适合被选定作为商标,因为这些标志是新创造的,是没有任何含义的,一旦将其使用于某种商品或服务,这些标志就能够很容易地与商品或服务的信息联系起来,从而成为这些商品或服务的标志。正如一张白纸一样,你画什么它就是什么。

2. 任意的标志

任意的标志是指那些在普通语言或符号中已经存在但在使用于相关商品或服务时既不暗示也不描述那些产品或服务的任何成分、质量或特点的单词、符号、图画等标志。和臆造的标志相比,任意的标志具有商品或服务类别的相对性,对于与这些标志的普通语言或符号的含义或意义有关的商品或服务而言,这些标志很可能属于描述性标志甚至通用标志,从而不能或者不能直接获得商标法的保护。只有对于那些与其普通语言或符号的含义或意义完全无关的商品或服务,这些标志才是任意的。比如,"苹果"二字对于苹果水果而言属于通用标志,对于以苹果等水果为主要原料的食品来说是一种描述性商标,但当苹果或者苹果图形用于与食品商品或服务完全无关的商品或服务时,苹果或者苹果图形就成为任意性商标,如著名的苹果股份有限公司将"苹果""Apple"以及右边咬去一口的苹果图形作为电脑、音乐播放器、手机和平板电脑等产品上就是一种任意性标志或商标。如果把臆造标志比作一张白纸的话,任意性标志就类似于一张有颜色的纸,比如粉红色的纸,你可以在这张粉红色的纸上写出不是粉红色颜色的字,但如果你在这张纸上写粉红色的字,那么字就无法被看到。

3. 暗示性标志

暗示性标志一般会象征它所使用其上的产品或服务的性质、质量或特点但却并不描述这种特点,而且为了识别这种特点消费者需要部分想象力。大多数商标在某种程度上都是暗示产品的。如"全球通"(Gotone)移动通信商标、"健力宝"饮料商标等都是著名的暗示性商标。"全球通"暗示的意思正如移动通讯公司曾经的广告词"全球通,通全球"的意思。而"健力宝"则无疑蕴含着"健康、活力"的保健意义。

---

① See, J. Thomas McCarthy, McCarthy on Trademarks and Unfair Competition (4th Edition), Thomson/West, 2006, §11:5.

4. 描述性标志

描述性标志是一种具有直接和产品或服务相关的词典意义的术语,是"直接和马上传递产品或服务的特点的知识的标志"。某项标志是"描述性的",只要它描述商品的目的、功能和用途、商品的尺寸、商品或服务的供应者、商品或服务的令人喜爱的特点、商品或服务的性质以及对使用者的最终效果。① 引导案例1中的"永鲜"商标在注册时就因属于描述性商标而不能直接注册。

5. 通用标志

通用标志是标志所使用的产品或服务的通常名称。通用标志在我国《商标法》中被称为"通用名称、图形、型号"。根据《商标审查标准》(2016)第二部分第3条的规定:"本条中的通用名称、图形、型号,是指国家标准、行业标准规定的或者约定俗成的名称、图形、型号,其中名称包括全称、简称、缩写、俗称。"引导案例3中的"优盘"商标就是因通用化而被撤销。"优盘"商标被撤销的原因固然与其是全新产品,容易被通用化有关,但根本原因是使用方式的不当,即朗科公司作为商品名称而不是商标来使用"优盘"的。

在上述五类标志中,臆造的标志、任意的标志和暗示性标志被认为具有固有显著性,直接就可以作为商标注册,而描述性标志不具有固有显著性,需获得第二含义即获得显著性才能作为商标注册,通用标志不具有商标意义,不能作为商标。

(二) 商标的获得显著性

缺乏固有显著性的商标最初是不能注册的。然而,大多数国家或地区仍然可能允许这些标志注册,只要商标所有人能够证明尤其是通过引用使用证据证明市场中的消费者已经独有地将使用于被识别的商品上或服务上的该标志与特定商业来源或出处联系起来,即该标志已经通过使用而获得了其描述性意义之外的识别商品或服务的第二含义。这里的"使用"可能包括被许可人或其他当事人的授权使用。所谓第二含义是指对公众而言某项标志具有了标志本身术语或图像的公认意义之外的某种意义。换言之,如果该标志在消费公众头脑中的最初含义已经变成了商品或者货物的来源而不是产品本身,那么它就获得了第二含义。引导案例2中的"田七"商标,尽管最初因表示了商品的主要原料而属于描述性商标不能注册,但因其经过长期使用已经获得第二含义而成为可注册的商标。

需要注意的是,尽管叫做第二含义,第二含义事实上却是商标的基本含义。因为"初始的"和"第二的"这两个词只具有时间意义。"第二"含义之所以被这样叫,只是因为它在产生时间上是第二的,而不是因为在顾客心中的重要性或意义上必定是第二位的。② 第二含义才是商标的主要含义和本义,商标标志的最初

---

① See, J. Thomas McCarthy, McCarthy on Trademarks and Unfair Competition(4th Edition), Thomson/West, 2006, §11:16.

② Ibid., §15:6.

含义不仅是无关的,对于商标意义而言甚至是有害的。

拓展贴士

需要证明第二含义的标志类型:

在美国,需要证明第二含义的标志包括:描述性标志;地理描述性标志;个人名字标志;属于前述种类的公司、营业和职业名称;单一文字作品的标题;文字系列的描述性标题;非固有描述性设计和符号;包装中的非固有描述性商业外观;以及产品形状中的商业外观。

See J. Thomas McCarthy, McCarthy on Trademarks and Unfair Competition(4th Edition), Thomson/West, 2006, §15:2.

三、商标显著性的判断与证明

在商标审查和商标诉讼中,商标局和法院常常要判断商标的显著性,而当事人为了获得商标注册和在诉讼中获胜则要证明其商标的显著性。

(一)商标固有显著性的判断和证明

在判断和证明商标的固有显著性时,暗示性标志和描述性标志、描述性标志和通用标志之间的区别是关键,因为不仅这些标志具有不同的法律意义,即暗示性标志像臆造标志和任意标志一样直接有资格受到商标保护,描述性标志要有资格受到保护则需要获得第二含义,而通用标志则完全不能获得保护,而且这些标志的区分也最为困难。

1. 暗示性标志与描述性标志的区分

暗示性标志属于具有固有显著性的标志,因而能够直接注册并取得商标权。描述性的标志属于不具有固有显著性的标志,因而不能直接注册并受到商标法保护。暗示性标志和描述性标志之间区分的基本原理来自于其各自的概念界定,"要具有'描述性的'特征,一个词必须直接给出某产品的特点的某种合理精确或过得去的明确知识。如果用为商标的该词给出的关于该产品或服务的信息不是直接的或者是模糊的,那么这表明这个词是以'暗示性'方式而不是以描述性方式被使用的。"[①]

---

① See, J. Thomas McCarthy, McCarthy on Trademarks and Unfair Competition(4th Edition), Thomson/West, 2006, §11:19.

拓展贴士

"想象"测试、"竞争者需求"测试和"其他销售者使用"测试:

"想象"测试的原理:顾客一方从该术语得到该产品的某种直接描述所需要的想象越多,该术语越可能是暗示性的而非描述性的。竞争者需求测试的原理是将某标志和产品联系要求的想象越多,所使用的词为竞争者描述其产品的需要就越少。描述性—暗示性意义的第三种测试是确定其他销售者已经在类似商品上使用该标志的程度,如果其他人事实上使用该术语描述其产品,就可以得出描述性的推论。

See J. Thomas McCarthy, McCarthy on Trademarks and Unfair Competition(4th Edition), Thomson/West, 2006, §11:67—69.

2. 描述性标志和通用标志

描述性标志尤其是高度描述性的标志和通用标志具有类似的功能,均具有一定的描述性,只不过描述性的标志不仅和通用标志所包含的有关事物的信息不同,通用标志包含了事物的全部信息,而描述性的标志只包含了事物的部分信息,而且不同程度的描述性标志互相之间包含的有关事物的信息也是不同的。因此,可以说描述性标志和通用标志均具有描述性,通用标志是描述性的极限。描述性标志和通用标志之间区分的关键是确定描述性标志,因为通用标志无论如何均不能受到商标法的保护,只要确定了通用标志,就可以确保公共利益不受损害。根据麦卡锡的总结[①],证明通用性的证据可能包括如:(1)竞争者使用;(2)原告的使用;(3)词典定义;(4)媒体使用;(5)贸易中的人的证词;(6)消费者调查。根据《最高人民法院关于审理商标授权确权行政案件若干问题的规定》(以下简称《商标授权确权规定》)第10条的规定,诉争商标属于法定的商品名称或者约定俗成的商品名称的,人民法院应当认定其属于《商标法》第11条第1款第1项所指的通用名称。依据法律规定或者国家标准、行业标准属于商品通用名称的,应当认定为通用名称。相关公众普遍认为某一名称能够指代一类商品的,应当认定为约定俗成的通用名称。被专业工具书、辞典等列为商品名称的,可以作为认定约定俗成的通用名称的参考。约定俗成的通用名称一般以全国范围内相关公众的通常认识为判断标准。对于由于历史传统、风土人情、地理环境等原因形成的相关市场固定的商品,在该相关市场内通用的称谓,人民法院可以

[①] See, J. Thomas McCarthy, McCarthy on Trademarks and Unfair Competition(4th Edition), Thomson/West, 2006, §12:13.

认定为通用名称。诉争商标申请人明知或者应知其申请注册的商标为部分区域内约定俗成的商品名称的,人民法院可以视其申请注册的商标为通用名称。人民法院审查判断诉争商标是否属于通用名称,一般以商标申请日时的事实状态为准。核准注册时事实状态发生变化的,以核准注册时的事实状态判断其是否属于通用名称。

(二)商标获得显著性的判断和证明

某标志是否已经获得了第二含义是一个事实问题,是需要证据来证明的。总的来说,法院在确定某术语是否已经获得第二含义时通常考虑如下因素:直接证据:直接的消费者证言;消费者调查。间接证据:使用的独占性、时间和方式;广告的数量和方式;销售额和顾客数量;市场中确立的地位;有意抄袭的证据。[1]由于消费者或者购买者是商标法最终的尺度,消费者或者"购买者的专家调查能够提供最有说服力的第二含义证据"[2]。不过,由于专家调查证据需要高昂的成本,大多数情况下,法院诉诸间接证据。根据我国《商标审查标准》的规定:本身不具备显著特征的标志经过使用取得商标显著特征,起到区分商品来源作用的,可以作为商标注册。对经过使用取得显著特征的商标的审查,应考虑相关公众对该商标的认知情况、申请人实际使用该商标的情况以及该商标经使用取得显著特征的其他因素。

实务指引

案情回放:西安小肥羊烤肉馆于2000年6月在工商行政管理机关注册登记。此前,西安小肥羊烤肉馆的合伙人王朝荣等自1998年12月起在租房协议、卫生许可证、收款单据、统计登记证上使用了"小肥羊"或"小肥羊烤肉馆"等名称。2000年10月23日,西安小肥羊烤肉馆在第42类上申请注册"小肥羊及图"商标。2001年4月5日,商标局向西安小肥羊烤肉馆发出审查意见书,认为"小肥羊"直接表示了服务内容及特点,要求删去"小肥羊"文字。此后,西安小肥羊烤肉馆按照审查意见书的意见删除了"小肥羊"文字。2002年4月14日,西安小肥羊烤肉馆删除了"小肥羊"后的图形部分被核准注册,核定服务项目为第42类餐饮、饭店、咖啡馆等,商标注册号为1749809。1999年9月13日,张钢等在内蒙古自治区包头市设立了包头市小肥羊酒店。1999年12月14日,包头市小肥羊酒店在第42类餐厅服务上申请注册"小肥羊"商标,后商标局以直接表示了服务的内容和特点为由予以驳回。2000年12月,包头市小肥羊酒店更名为

---

[1] See, J. Thomas McCarthy, McCarthy on Trademarks and Unfair Competition(4th Edition), Thomson/West, 2006, §15:30.

[2] Vison Sports, Inc. v. Melville Corp., 888 F. 2d 609, 12 U. S. P. Q. 2d 1740, 1744 (9th Cir. 1989).

包头市小肥羊连锁总店。2001年7月11日,张钢等又设立了内蒙古小肥羊公司。2001年12月18日,内蒙古小肥羊公司向商标局申请在第42类上注册"小肥羊及图"商标,该商标申请经初步审定后予以公告,商标注册号为3043421。2003年4月15日,西安小肥羊烤肉馆针对该商标提出异议,认为该商标缺乏显著性,且系恶意抢注。商标局经审查认为,西安小肥羊烤肉馆认为内蒙古小肥羊公司恶意抢注了其在先使用并申请注册的"小肥羊"商标,但西安小肥羊烤肉馆的成立时间晚于内蒙古小肥羊公司,且其未提供证明其拥有卡通图形版权及在先使用"小肥羊"的相关证据。"小肥羊"并非固有的餐饮行业的通用名称,而是由内蒙古小肥羊公司首先将"小肥羊"作为服务项目名称使用在餐饮服务项目上,并已具有一定知名度,从而使"小肥羊"作为服务项目名称与内蒙古小肥羊公司形成了较为密切的联系,实际上也起到了区分商品来源的作用。通过内蒙古小肥羊公司的长期使用和宣传,广大消费者已经更多地将"小肥羊"商标与内蒙古小肥羊公司相联系,从而使"小肥羊"商标作为区分餐饮服务的标记与内蒙古小肥羊公司的联系更加密切,具备了作为商标应有的显著性。2004年4月5日,商标局作出(2004)商标异字第519号裁定,驳回了西安小肥羊烤肉馆的异议申请。2004年4月26日,西安小肥羊烤肉馆向商标评审委员会申请复审。商标评审委员会经审查认为,西安小肥羊烤肉馆同意商标局审查意见书的行为表明了其已经放弃了对"小肥羊"文字的在先申请,西安小肥羊烤肉馆的在先申请并未产生与被异议商标存在权利冲突的在先权利。《商标法》第31条对商标在先使用者的保护体现为禁止以不正当手段抢先注册他人已经使用并有一定影响的商标。西安小肥羊烤肉馆对"小肥羊"商标的使用在形式、规模、范围上都比较有限,尚未产生足以令公众和内蒙古小肥羊公司所知晓的一定影响。

判决要旨:北京市高级人民法院经审理认为,依据《商标法》第11条的规定,仅仅直接表示了本商品或服务的主要原料及其他特点的标志不得作为商标注册,但上述标志经过使用获得显著特征并便于识别的,可以作为商标注册。本案中,西安小肥羊烤肉馆主张内蒙古小肥羊公司抢先注册了其在先使用并且已经具有一定影响的"小肥羊"文字商标。"小肥羊"文字在一定程度上确实表示了"涮羊肉"这一餐饮服务行业的内容和特点,故包头市小肥羊酒店于1999年12月14日在第42类上申请"小肥羊及图"商标、西安小肥羊烤肉馆于2000年10月23日在第42类上申请"小肥羊及图"商标,商标局对于"小肥羊"文字均不予批准。这就是说,"小肥羊"文字作为商标注册缺乏固有显著性。但这并不排除"小肥羊"文字可以通过使用和宣传获得"第二含义"和显著性。实际上,内蒙古小肥羊公司自2001年7月成立后,采用了连锁加盟的经营方式,服务的规模和范围急剧扩张,2001年度即被评为中国餐饮百强企业,2002年度又位列中国餐饮百强企业第二名,至第3043421号商标于2003年审定公告时,在全国具有了很高的知名度,从而使"小肥羊"标识与内蒙古小肥羊公司形成了密切联系,起到了区分服务来源的作用。故"小肥羊"文字标识通过内蒙古小肥羊公司大规模的使用与宣传,已经获得了显著性,并且便于识别,应当准予作为商标注册。

第三节 商标的合法性

引导案例

案例:重庆燕子物资有限公司在第33类"烧酒,蒸馏饮料,果酒(含酒精),烧酒"等商品项目上申请注册"毛公酒"商标,商标局以该商标"用作商标易产生不良社会影响,不得作为商标注册使用"为由驳回了该商标的注册申请。重庆燕子物资有限公司提出复审申请,理由是:申请商标具备独特的创意来源,使用于指定商品上不会造成任何不良影响;在先已有诸多与申请商标完全相同的商标在众多类别的商品和服务上被核准注册,可见申请商标不会产生任何不良影响,完全具备商标区分商品服务来源的特性。最终商标评审委员会决定对"毛公酒"商标予以初审公告。

《商标法》第10条规定了禁止使用的标志,这些标志不仅不能注册,而且不能作为商标来使用。这就是关于商标合法性的规定。

一、商标合法性的概念和性质

商标的合法性是指商标标志不得属于国家法律明确禁止作为商标使用的标志。台湾地区2005年"商标法"第23条第1款规定了18种不得注册的商标,台湾"经济部智慧财产局"编印的《商标法逐条释义》解释道:本条文第1款包括的不得注册事由,系分三种态样:商标识别性之问题(第1项至第4项)、公益之问题(第5项至第11项)及与他人权利冲突之问题(第12项至第18项)。① 我国《商标法》第10条的规定就相当于台湾地区"商标法"第23条第1款第5项至第11项的规定。因此,我国《商标法》第10条规定的是公益问题。需要注意的是,

---

① 台湾"经济部智慧财产局"编印:《商标法逐条释义》(2005),本条引用按照大陆地区习惯将项改成款,款改成项。

《商标法》第10条规定不同于《商标法》第11条,《商标法》第11条仅仅是禁止注册的标志而不是禁止使用的标志。既然《商标法》第10条规定标志是禁止使用的标志,那么这些标志当然就是禁止被注册的,这就意味着《商标法》第10条规定的标志是绝对不能作为商标的,是否具有第二含义也是无关的。而《商标法》第11条规定的标志则是可以使用的,如果获得第二含义就能够注册并取得商标权。

二、商标合法性的判断

由于不具有合法性的标志危害的是公共利益,因此,标志合法性的判定完全是客观的,不以当事人的主观状态而改变。也正因如此,在商标合法性审查中是不需要审查注册申请人的主观状态的。[①]

《商标法》第10条规定:下列标志不得作为商标使用:(一)同中华人民共和国的国家名称、国旗、国徽、国歌、军旗、军徽、军歌、勋章等相同或者近似的,以及同中央国家机关的名称、标志、所在地特定地点的名称或者标志性建筑物的名称、图形相同的;(二)同外国的国家名称、国旗、国徽、军旗等相同或者近似的,但经该国政府同意的除外;(三)同政府间国际组织的名称、旗帜、徽记等相同或者近似的,但经该组织同意或者不易误导公众的除外;(四)与表明实施控制、予以保证的官方标志、检验印记相同或者近似的,但经授权的除外;(五)同"红十字""红新月"的名称、标志相同或者近似的;(六)带有民族歧视性的;(七)带有欺骗性,容易使公众对商品的质量等特点或者产地产生误认的;(八)有害于社会主义道德风尚或者有其他不良影响的。县级以上行政区划的地名或者公众知晓的外国地名,不得作为商标。但是,地名具有其他含义或者作为集体商标、证明商标组成部分的除外;已经注册的使用地名的商标继续有效。下面分别阐述:

(一)官方标志

同包括中华人民共和国的国家名称、国旗、国徽、国歌、军旗、军徽、军歌、勋章等、外国的国家名称、国旗、国徽、军旗等、政府间国际组织的名称、旗帜、徽记等、表明实施控制、予以保证的官方标志、检验印记、"红十字""红新月"的名称、标志等官方标志相同或近似的标志不得使用。根据《巴黎公约》的规定,这里相同、近似的判断比普通商标的相同、近似判断的范围要窄,一般限于徽章学上的区别。[②] 我国《商标法》对官方标志的相同、近似的判断标准类似于普通商标,但对与国旗、国徽的相同、近似也有限定,即商标含有"五星""红旗"字样或者"五星

[①] See, J. Thomas McCarthy, McCarthy on Trademarks and Unfair Competition(4th Edition), Thomson/West, 2006, §19:76.

[②] 参见〔奥〕博登浩森:《保护工业产权巴黎公约指南》,汤宗舜、段瑞林译,中国人民大学出版社2003年版,第64页。

图案""红旗图案",但不会使公众将其与国旗相联系的,不判为与我国国旗、国徽相同或者近似。需要注意的是,对于中央国家机关的名称、标志、所在地特定地点的名称或者标志性建筑物的名称、图形,仅仅相同的标志不得使用,而近似的标志并未被禁止使用。

(二) 带有民族歧视性的标志

根据《商标审查标准》的规定,商标的文字构成与民族名称相同或者近似,并丑化或者贬低特定民族的,判定为带有民族歧视性。而商标带有种族歧视性的,判定为具有不良影响,适用《商标法》第 10 条第 1 款第(八)项的规定予以驳回。

(三) 带有欺骗性,容易使公众对商品的质量等特点或者产地产生误认的标志

2001 年《商标法》第 10 条第 1 款第(七)项曾规定,"夸大宣传并带有欺骗性的"标志不得使用为商标。由于外国或地区商标法一般并无夸大宣传的规定,而仅有欺骗性的规定,2013 年《商标法》修订时,"夸大宣传并带有欺骗性的"被修改为"带有欺骗性,容易使公众对商品的质量等特点或者产地产生误认的"。

(四) 有其他不良影响的标志

根据《商标审查标准》的规定,这里的"其他不良影响"是指"有害于社会主义道德风尚的""具有政治上不良影响的""有害于种族尊严或者感情的""有害于宗教信仰、宗教感情或者民间信仰的""与我国各党派、政府机构、社会团体等单位或者组织的名称、标志相同或者近似的""与我国党政机关的职务或者军队的行政职务和职衔的名称相同的""与各国法定货币的图案、名称或者标记相同或者近似的"。其中"具有政治上不良影响的"是指"与国家、地区或者政治性国际组织领导人姓名相同或近似的""有损国家主权、尊严和形象的""由具有政治意义的数字等构成的""与恐怖主义组织、邪教组织、黑社会名称或者其领导人物姓名相同或近似的"。2009 年《商标审查标准》将"容易误导公众"以及"商标由企业名称构成或者包含企业名称,该名称与申请人名义存在实质性差异,容易使公众发生商品或者服务来源误认的"标志也包含于这里的"不良影响"中,由于"容易误导公众"中的"容易使公众对商品或者服务的质量等特点产生误认的"已为《商标法》第 10 条第 1 款第(七)项所吸收,不需要再包含在这里的"不良影响"中,而"容易误导公众"中的"公众熟知的书籍的名称""公众熟知的游戏名称""公众熟知的电影、电视节目、广播节目、歌曲的名称"事实上属于他人的在先权利,本就不属于"不良影响"的内容。

(五) 地名商标

地名商标是指以地名为商标标志的商标。从世界各国或地区商标法的规定来看,地名商标一般在商标的显著性问题中解决,一般规定地名商标因属于描述性商标而不具有固有的显著性,需要通过获得第二含义才能够作为商标注册或

受到保护。当然,具有欺骗性的地理标志同样不能获得注册。[①] 我国《商标法》将"县级以上行政区划的地名或者公众知晓的外国地名"作为不得作为商标的标志,而对其他地名则没有规定而任由其注册。本书认为,我国《商标法》的这种规定并不符合商标法原理,行政区划并不决定地名的知名度,县级以上地名并非不能作为商标,而县级以下地名并不当然就能作为商标注册。事实上,有些县级以上地名知名度并不高,而有些县级以下地名如"三元里""虎门""瓦窑堡""皇姑屯"等知名度却很高。地名商标本质上属于描述性商标,只要其使用不具有欺骗性就能够被作为商标使用,如果通过使用而获得了第二含义,就能够注册或者受到保护。

第四节　商标的非功能性

引导案例

> **案例**:申请人于 2004 年 9 月 6 日对被申请人注册的第 3046063 号立体商标(以下称"争议商标")提出撤销注册申请。争议商标于 2001 年 12 月 20 日由被申请人向商标局提出注册申请,于 2003 年 4 月 28 日经商标局核准注册,核定使用商品为第 21 类的牙刷、电动牙刷,该商标为立体商标。商标评审委员会经审理认为,《商标法》第 12 条规定以三维标志申请注册商标的,仅由商品自身的性质产生的形状、为获得技术效果而需有的商标形状或者使商品具有实质价值的形状,不得注册。争议商标为弯曲形立体标志,是牙刷颈部部分。在被申请人产品的说明书及证据中均明确标示"牙刷有弹性的颈部的弯曲可以吸引多余的压力,降低牙刷损伤牙龈的危险,而防滑牙刷柄则提供了对牙刷的更好控制"。被申请人在答辩中亦称争议商标兼具审美及技术特征。申请人撤销理由成立,争议商标在牙刷、电动牙刷两项商品上予以撤销。

《商标法》第 12 条规定:"以三维标志申请注册商标的,仅由商品自身的性质产生的形状、为获得技术效果而需有的商品形状或者使商品具有实质性价值的形状,不得注册。"这就是关于商标非功能性的规定。"功能性的产品特征不能作

---

① 如《欧共体商标条例》第 7 条第(1)款第(c)项和第(j)项、《日本商标法》第 3 条第(一)款第(3)项等。

为商标保护。"[①]

一、商标非功能性原理的内涵和价值意蕴

商标的非功能性原理是指商标因具有特定的技术或者美学功能而不能受到商标法的保护。商标功能性禁止的理由是："（1）适应自由竞争的重要原则，在实用特征中只能有一种独占权的法律渊源——实用专利法；（2）通过确保竞争者能够复制有效竞争所必需的特征而维持自由和有效竞争。"[②]本书认为，商标非功能性原理的立法意旨不仅在于促进公平竞争，也在于界定商标法和专利法、著作权法之间的界限。尽管商标和作品、发明等智力成果均可以出现在商品的外部而构成商品的外形或包装，均有可能给权利人带来竞争优势，但同样出现在商品外部而构成商品的外形或包装的商标和作品、发明、外观设计等智力成果却发挥着不同的功能，给使用人带来竞争优势的途径也不同。商标向消费者提供着商品的信息，便于消费者识别贴有商标的商品，商标本质上并不增加商品的价值，而是通过降低消费者的搜寻成本而体现出其自身的价值并给商标使用人带来竞争优势。作品、发明、外观设计则不同，它们或者直接提高商品的技术或美学性能，或者直接降低商品的生产成本，通过直接提高商品的价值而体现出其自身的价值，从而给创造者带来竞争优势。作为识别性标志的商标的投入是持续不断的，只有允许其无限续展才能激发商标使用人对商标进行投资的积极性。而作为智力成果的作品、发明、外观设计等的投入则是一次性的，因此只要期限合适，规定一个固定的权利期限就可以激励创造者进行创造。对识别性的商标仅仅规定固定期限的权利会抑制商标使用人向商标投资的积极性，从而最终损害社会经济秩序。而对创造性智力成果的作品、发明、外观设计规定无限续展的期限则不仅提供了过度的激励，也会阻碍新的创造活动，从而最终损害社会公共利益。正因如此，商标法创立非功能性原理来限制功能性商标的商标法保护，不仅发挥着促进自由竞争的功能，也可以清晰地界定商标权与著作权、专利权、外观设计权之间的界限，以免不适当的商标保护损害社会公共利益，损害知识产权法各分支的功能分工。引导案例中的争议商标因具有功能性而不能获得《商标法》的保护，商标使用人如欲获得保护需要通过申请专利、外观设计等知识产权加以保护，而不能通过商标法来变相地获得对技术或美学功能的永久保护。

[①] Mark Alan Thurmon, The Rise and Fall of Ttrademark Law's Functionality Doctrine, 56 Fla. L. Rev. 245(2004).

[②] J. Thomas McCarthy, McCarthy on Trademarks and Unfair Competition(4th Edition), Thomson/West, 2006, §7:63.

二、商标非功能性原理的适用范围

商标的非功能性是否仅仅限于立体商标还是能够适用于所有商标？《欧共体商标条例》、德国、英国、法国、意大利、丹麦等国家或地区商标法均并未限定商标非功能性原理适用的商标范围，而日本、我国台湾地区和我国商标法则将商标非功能性原理限于立体商标。本书认为，商标法将商标非功能性原理适用限于立体商标和将商标标志限于可视性标志是类似的，即这种限定与不限定在实际效果上差别不大，但进行限定却并无多大必要。事实上，当美学功能性被包含于功能性的内涵之中之后，平面商标显然同样有适用商标非功能性原理的余地。

三、商标非功能性的判断

参考台湾地区"立体、声音及颜色商标功能性审查基准"对立体商标的非功能性审查的规定，商标非功能性的判断标准不应以某立体形状已取得发明、新型专利权，即认为该形状系为发挥商品或包装的功能性所必要，而应考量核准该立体商标形状注册后，是否会影响同业的公平竞争，由于商标法主要是以保护消费者和维护市场公平竞争为主，与专利法鼓励创新不同，其可能考量的因素如下：

第一，该形状是否为达到对该商品的使用或目的所必须绝对的必要性。所谓"该形状为达到该商品的使用或目的所必须绝对的必要性"应指该形状无其他的替代形状，可供其他竞争者选择，而为发挥其商品的使用目的所必要。例如，圆形是轮胎设计的唯一选择，故圆形外观不可注册为轮胎商标而由特定人独占使用；又缝衣针必须一头是尖的，另一头是能将线穿进去的椭圆形孔所组成，才能达到其缝制衣服的使用目的，若以该形状申请注册，因该形状对为达成其缝制或修补衣服的目的所必须缝衣针商品的使用或目的有绝对的必要性，若由特定人独占使用，将严重影响公平竞争，故属于为发挥其功能所必要者不能获得注册。

第二，该形状是否为达到某种技术效果所必要。立体形状为达到某种技术效果所必要，例如，电风扇叶片是为达到特殊空气流动形态效果所必要的形状，且尚无其他替代的形状可到达相同的效果，故电风扇叶片的形状为发挥电风扇商品达到特殊空气流动形态效果所必要，故布德以电风扇叶片的形状指定使用于电风扇商品申请注册。反之，如果某一种立体形状对于其申请指定使用的商品而言，即使有一些功能性的特征，但是从商品实用功能的角度来看，该功能并不是主要的，且其功能性特征的实现方式具有任意性，可以多种方式实现，那么该立体形状就不是为达到某种技术效果所必要。又某一立体形状是否为达到某种技术效果所必要,可以以该形状是否已取得发明或实用新型专利权作为其判断标准之一,由于因有发明、实用新型专利权的存在,可以显示该形状的实用功能,因此可以作为该形状具有达到某种技术效果所必要的表面证据。此外,若申请人在其广告或促销活动中,曾强调该立体形状所具有的功能或该形状为达到某种效果所必要,该事实也可以作为判断该立体形状是否为达到某种技术效果所必要的佐证。判断商品或包装的立体形状是否为达到某种技术效果所必要,应以是否有许多其他替代的形状可达到相同的功能为判断标准。所以商品或包装的立体形状虽然为达到某种技术效果所必要,但如果有许多其他替代的形状可以达到相同的功能,因不会严重影响市场竞争,所以不属于功能性商标,可以注册。以杯子为例,把手形状在于回避热传导,实现容易端起杯子的功能,但把手形状可以有多种形状设计,不会阻碍他人进入杯子产业。反之,如果仅有少数几种其他替代的形状,甚至没有任何替代的形状可以达到相同的功能,或其他替代的形状所费甚巨,则属于功能性商标,不得注册。例如电风扇叶片的形质是为达到特殊空气流动形态效果所必要的形状,且尚无其他替代的形状可以达到相同的效果,所以就属于功能性商标,不得注册。引导案例中的牙刷颈部的"弯曲形立体标志""可以吸引多余的压力,降低牙刷损伤牙龈的危险",兼具审美及技术特征,从而被判定为具有功能性而不能注册。

  第三,该形状的制作成本或方法是否比较简单、便宜或较好。该形状的制作成本或方法如果比较简单、便宜或较好,一旦允许该形状注册为立体商标,取得商标独占权后,其他业者为避免侵害该商标,势必增加制造成本或使用较困难或较差的制造方式制造其他形状,浪费社会经济资源,如此显然就将会造成不公平竞争,并严重影响公共利益,所以这种商标就是功能性商标,不得注册。例如饼干制造过程中简单喷出火切割的形状如圆形或长方形。

  值得注意的是,功能性并不必定是一种设计的永久状态。即使某外形曾被认为是功能性的,但其后其状态也可能变成非功能性的。比如,ZIPPO 打火机的设计尽管因便宜和易于制造而最初于 1963 年的一项判决中被认为是功能性的,随着时间的经过而变得不再是功能性的了,其原因是竞争者向市场引入了替代设计。[①]

---

 ① J. Thomas McCarthy, McCarthy on Trademarks and Unfair Competition(4th Edition), Thomson/West, 2006, §7:63.

第五节　商标不得侵犯他人在先权利

引导案例

案例 1：2002 年 5 月 28 日，重庆市农业局批准正通公司生产销售通用名称为"注射用复方青霉素钾（Ⅰ型）"、商品名称为"头孢西林粉针"的兽药产品。2002 年 7 月 27 日正通公司与华蜀公司签订总经销协议书，由正通公司授权华蜀公司在全国区域内销售"头孢西林"产品。在双方合作期间生产的产品包装上，"头孢西林"四字被以特殊字体使用在显著位置，且字号明显大于其他文字。在该产品包装上标明：四川省隆昌华蜀动物药业有限公司开发，重庆正通动物药业有限公司制造。2004 年 1 月 7 日，正通公司与华蜀公司解除合作关系。此后，正通公司继续生产头孢西林粉针产品，在产品包装上"头孢西林"仍然被以特殊字体和字号使用在显著位置，产品上使用的注册商标为"安逸"。但在双方合作期间，华蜀公司于 2002 年 9 月 12 日向商标局提出"头包西灵 TOUBAOXILIN"商标的注册申请，2004 年 2 月 7 日被核准注册，商标专用权人为华蜀公司，核定使用商品为第 5 类的兽医用制剂、兽医用药、兽医用生物制剂等。2004 年 4 月 1 日正通公司向国家商标评审委员会（下称"商评委"）提出撤销"头包西灵 TOUBAOXILIN"商标。经过一年审理，商评委裁定撤销华蜀公司"头包西灵 TOUBAOXILIN"商标。那么，华蜀公司是否能够取得"头包西灵 TOUBAOXILIN"商标的专用权？为什么？

案例 2：被申请人于 1996 年 7 月 5 日在第 25 类衣物、衬衫等商品上提出争议商标的注册申请并获准注册，其专用权期限自 1997 年 12 月 7 日始至 2007 年 12 月 6 日止。商标评审委员会经审理认为，争议商标由文字"张学友"、其对应汉语拼音"ZHANGXUEYOU"及一无法辨别五官的人物头像剪影构成。其文字"张学友"为被申请人公司人员张学友的真实姓名，且该张学友本人授权被申请人以其姓名作为商标申请注册。同时该文字亦为香港艺人张学友的姓名，其长期从事电影、电视及演唱事业，其演绎的电影、电视及歌曲作品在中国广泛流行，深受广大消费者喜爱，在争议商标申请注册之前即已具有一定的社会知名度。我国《商标法》规定商标的使用不得有害于社会主义道德风尚或者有其他不良影响,否则不得作为商标使用。本案中,虽然作为被申请人公司人员的张学友享有姓名权,被申请人以其姓名作为商标申请注册是经其合法授权的,但被申请人以其姓名作为商标注册于衣物、衬衫等商品上,因争议商标文字与香港艺人张学友姓名相同,后者已具有一定的社会知名度,其姓名已为公众所熟知,争议商标核定使用的商品与后者所从事的演艺事业有密切联系,故在实际使用中易使消费者产生联想,将被申请人的上述商品与著名香港艺人张学友联系在一起,从而发生商品来源的误认,并对著名香港艺人张学友个人声誉造成不良影响。因此,被申请人行使权利已超出合法的界限,损害了广大消费者及香港艺人张学友的合法权益,具有不良影响,争议商标均应予以撤销,遂裁定撤销"张学友 ZHANGXUEYOU 及图"商标的注册。

根据衡平法上的"洁净之手"原理,"任何人不能寻求衡平法救济或者主张衡平法抗辩,只要他违反诸如诚实善意之类的公平原则。"[①]任何不公正、不公平、不诚实、欺骗性的、昧良心的或者背信弃义地执行的故意行为可能构成洁净之手原理下的"不洁之手"。[②] 我国尽管不属英美法系,但遵循同样的道理,任何侵犯他人权利的行为都不能合法地取得权利。在商标法上,侵犯他人在先权利的商标不能取得商标权。

一、商标不得侵犯他人在先权利概述

《巴黎公约》第 6 条之二、五、六和 Trips 协议第 16 条规定了商标不得侵犯在先权利,世界各国或地区商标立法大多也列举了商标注册的在先权利的类型。我国《商标法》第 9 条后段规定"申请注册的商标'不得与他人在先取得的合法权利相冲突'",第 32 条规定,"申请商标注册不得损害他人现有的在先权利,也不得以不正当手段抢先注册他人已经使用并有一定影响的商标"。《商标法》之所以规定申请注册的商标不得与他人的在先取得的合法权利相冲突是基于任何权利取得均必须是正当的,有瑕疵的行为不能取得权利。

二、在先权利的内容

世界各国的商标立法大多列举了商标注册的在先权利的类型。《欧洲共同

[①] BLACK'S LAW DICTIONARY 268 (8th ed. 2004).

[②] Herstein, Ori J., "A Normative Theory of the Clean Hands Defense" (2011). Cornell Law Faculty Publications. Paper 210.

体商标条例》(1993)第52条所规定的在先权利包括在先商标、名称权、肖像权、版权和工业产权等,其中的在先商标包括三项内容:(i)共同体商标;(ii)在成员国注册的商标,或者就比利时、荷兰、卢森堡而言在比荷卢商标局注册的商标;(iii)在成员国有效的国际注册的商标。除此之外,第8条还规定了未经所有人同意的代理人或代表人申请以及商品或服务不类似的有声誉商标。《法国知识产权法典》第711-4条规定:"侵犯在先权利的标记不得作为商标,尤其是侵犯:(1)在先注册商标或《保护工业产权巴黎公约》第6条之二所称的驰名商标;(2)公司名称或字号,如果在公众意识中有混淆的危险;(3)全国范围内知名的厂商名称或标牌,如果在公众意识中有混淆的危险;(4)受保护的原产地名称;(5)著作权;(6)受保护的工业品外观设计权;(7)第三人的人身权,尤其是姓氏、假名或肖像权;(8)地方行政单位的名称、形象或声誉。"德国《商标和其他标志保护法(商标法)》(1996)对在先权利的规定最为全面而系统,其第9条至第12条规定了在先权利的范围,第9条规定的是作为驳回相对理由的商标申请或注册商标,第10条规定的是驰名商标,第11条规定的是未经所有人同意的代理人或代表人申请,第12条规定的是通过使用获得的商标和商业标志的在先权,第13条规定的是包括名称权、肖像权、著作权、植物品种名称、地理来源标志和其他工业产权在内的其他在先权利。从其第9条至第13条的结构安排以及第13条所用的"其他在先权利"标题以及"商标注册人以外的其他人,在注册商标的在先权日之前,已获得上述第9条至第12条所述权利之外的其他权利"的表述来看,德国《商标和其他标志保护法(商标法)》第9条至第12条规定的内容均属于在先权利。

关于在先权利的类型,本书认为,《商标法》第13条规定的驰名商标、第15条规定的被代理人或者被代表人的商标、第16条规定的地理标志、第30条规定的他人的在先注册商标、第32条后半段规定的"他人已经使用并有一定影响的商标"均属于我国《商标法》明确具体规定的在先权利(益)。根据《商标审理标准》的规定,《商标法》第32条规定的在先权利除了上述《商标法》明确具体规定的权利(益)类型之外还包括系争商标申请注册日之前已经取得的商号权、著作权、外观设计专利权、姓名权、肖像权等。

需要注意的是,尽管均属于商标不得侵犯他人的在先权利,但其根本理由却并不完全相同。《商标法》第15条规定的代理人或者代表人不得抢注被代理人或被代表人的商标是基于诚实信用原则,基于代理人或代表人与被代理人或被代表人的特殊关系。《商标法》第13条和第16条规定的申请注册的商标与在先驰名商标、商标权或地理标志起冲突不仅会损害在先的驰名商标权、商标权或地理标志权,也会导致市场秩序混乱,损害公共利益。

实务指引

案情回放：绘画作品《武松打虎》组画系刘继卣于 1954 年独立创作完成的。1980 年景阳冈酒厂未取得刘继卣许可，把刘继卣创作的《武松打虎》组画中的第 11 幅画修改后，作为瓶贴和外包装装潢在其生产的景阳冈陈酿系列白酒上使用。1995 年 6 月 9 日，景阳冈酒厂在北京人民大会堂举行"景阳冈陈酿"品评会。1990 年 9 月，景阳冈酒厂在北京参加了首届中国酒文化博览会，有关单位进行了报道。两次活动景阳冈酒厂均未邀请裴立、刘蔷参加，也未同其进行联系。1989 年，景阳冈酒厂使用其已修改的刘继卣的《武松打虎》组画第 11 幅申请商标注册，并取得注册。景阳冈酒厂提交的证明材料载明，景阳冈酒厂在 1982 年后生产景阳冈陈酿白酒 4007.96 吨，其中向北京销售单位销售景阳冈陈酿精装 11.76 元/瓶，简装 5.96 元/瓶。刘继卣于 1983 年去世，原告裴立系刘继卣之妻，刘蔷系刘继卣之女。

判决要旨：北京市海淀区人民法院认为，绘画作品《武松打虎》系刘继卣于 1954 年独立创作完成的，其著作权为刘继卣享有。1980 年，景阳冈酒厂未经刘继卣许可，擅自将《武松打虎》绘画进行修改后，在其生产的景阳冈系列白酒的酒贴和外包装装潢中使用，景阳冈酒厂擅自修改使用他人的作品，破坏了作者的创作意图，属于歪曲、篡改他人的作品，破坏了作品的完整性。同时，也侵害了刘继卣对其作品的依法享有的使用权和获得报酬权。另，景阳冈酒厂在使用刘继卣的作品时，未为刘继卣署名，侵害了刘继卣的署名权。刘继卣去世后，其著作权中的使用权和获得报酬权应由其继承人继承。因此，裴立、刘蔷作为刘继卣的第一顺序法定继承人，为保护被继承人刘继卣对其作品享有的署名权、修改权、保护作品完整权和维护其依法继承被继承人的著作权中的使用权和获得报酬权，要求景阳冈酒厂停止侵害、消除影响、赔偿损失，理由正当，应予支持。裴立、刘蔷要求景阳冈酒厂赔偿经济损失 50 万元，缺乏依据，不予采信。对赔偿数额，由法院依据景阳冈酒厂使用刘继卣作品的范围、时间、数量、产品获利等因素予以综合判定。景阳冈酒厂辩称其在景阳冈陈酿系列白酒中使用刘继卣的作品已取得刘继卣许可，没有证据，不予采信。因景阳冈酒厂不能提供原告知道或应当知道被告侵权行为已超过两年的充足证据，对其关于裴立、刘蔷起诉已过诉讼时效的主张不予采信。关于本案法律适用的问题，在著作权法实施前，被告的侵权行为应参照当时实施的有关法律、法规的规定处理。北京市海淀区人民法院判决：被告停止侵权，赔礼道歉，消除影响，赔偿原告经济损失 20 万元及诉讼合理费用支出。

推荐阅读

1. 彭学龙:《商标显著性新探》,载《法律科学》2006 年第 2 期。
2. 彭学龙:《商标法的符号学分析》,法律出版社 2007 年版,第三章。
3. 刘春田:《在先权利与工业产权》,载《中华商标》1997 年第 4 期。
4. Barton Beebe, The Semiotic Analysis of Trademark Law, 51 UCLA L. Rev. 621(2004).
5. Jacob Jacoby, The Psychological Foundations of Trademark Law: Secondary Meaning, Acquired Distinctiveness, Genericism, Fame, Confusion and Dilution, 91 TMR. 1013 (2001).
6. Mark Alan Thurmon, The Rise and Fall of Trademark Law's Functionality Doctrine, 56 Fla. L. Rev. 243(2004).

第三章 商标权

要点提示

本章重点掌握的知识：1. 商标权是权利人依法对其商标享有的独占性商业使用权；2. 商标权的内容包括专用权、禁止权、处分权、续展权及标记权；3. 商标禁止权的效力超过专用权权利范围，具有模糊性、变动性与差异性，划定其范围适用标准因时而择；4. 商标权具有期限，可以续展，可以变更登记事项；5. 商标权因注销、撤销及宣告无效等多种情形而终止。

本章知识结构图

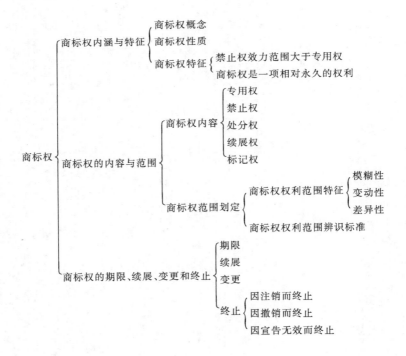

拓展贴士

商标权人享有的是对商标什么方面的支配权?

美国学者巴顿·毕比(Barton Beebe)、我国学者王太平、彭学龙等学者开创性地利用符号学对商标制度理念及具体制度进行了分析与清理,提出了商标符号学理论。该理论纠正了我国商标制度实践中的许多认识误区,大大丰富了相关理论研究。商标符号学理论指出:商标作为一种符号,实质由"能指"(符号标志本身)与"所指"(标志所蕴涵的有关商品信息)两个层次组成。标志本身并不是商标,只有在经营者不断地将它用于其所指对象即商品上,使消费者从心里将它与特定商品、对商品质量与服务特征的认识信息结合在一起,生成"意义"的时候,它才成为商标。经营者与消费者在意的都是标识与其富含的意义之间联系的稳定性。所以,如果说,商标权所能控制的权利客体仅在于商标符号,或仅在于商标标志所使用的具体商品,显然是错误的。商标权人享有的应是将其商标标志贴附于其商品上的权利,所支配的是"商标标志与具体商品之间的联系权"。

Barton Beebe, The Semiotic Analysis of Trademark Law, 51 UCLA L. Rev. 621(2004).
王太平:《商标法的符号学分析》,载《知识产权研究与实务——2006年全国知识产权征文获奖论文集》,知识产权出版社2006年版。
彭学龙:《商标法基本范畴的符号学分析》,载《法学研究》2007年第1期。

 引导案例

案例:"万宝路"是世界驰名的香烟商标,已在中国注册。某葡萄酒厂生产销售的"莹光"牌葡萄酒,其瓶贴的文字、图形、色彩与"万宝路"文字图形组合商标基本相同。问:"万宝路"香烟的商标权人的权利有否受到侵害?

第一节　商标权内涵与特征

一、商标权的概念

商标权指商标权人依法对其商标所享有的商业性使用权，它是一种排他性的支配权。商标法的基本任务就是在于确认和保护商标权，就商标权的取得、行使、流转及终止等社会关系进行调整。

我国《商标法》中主要使用"注册商标专用权"一词来指代商标权。言下之意，人们须将商标进行注册，才形成商标权。然而，事实上，理论上对商标权的含义有不同的理解，表面分歧在于商标权的客体是否仅限于注册商标，是否包括未注册商标，实质分歧则在于对商标权权利形成机制的不同理解。[①] 如果强调商标权由注册而取得，是国家行政赋权之结果，那么商标权即是注册商标专用权；如果认为商标权源于使用人经营活动的声誉积累，注册仅是对商标权形成的事实予以确认与公示，那么商标权就不仅指注册商标专用权，还包括对被实际使用但未注册的商标的正当权益。

从商标制度的历史沿革看，商标的实际使用是商标权产生的基础。商标是作为区别商品来源及表彰品质特征的手段而产生与存在的，其离开了商业活动即会失去其存在的意义。因此，不能让个体仅因为设计了某个符号，或选定了某个符号，就轻易地取得商标权——一种带着独占意味的权利，他应该付出努力，在商事活动中实际使用该符号，使其确实发挥商品标记的作用。简言之，商标权只能通过与商品相联系的使用才能得到。早期的商标制度就是在使用基础上建立起来的。直到今天，在只承认使用产生权利的国家以及同时承认使用和注册都产生权利的国家里，商标权的客体不止是注册商标，未注册商标在反不正当竞争的立法意图下也受到法律的适当的保护。

我国商标制度长期带着计划经济遗留下来的浓厚行政管理色彩，是单纯的注册取得商标专用权的国家，对"使用"在商标价值构成上的认识较晚且较模糊。随着理论认识的推进，我国现行商标制度经历多次修订，已逐渐改变了以往将未注册商标排除在法律保护范围之外的做法，在要求商标注册人实际使用注册商标的同时，给予未注册商标有条件的适度保护：

第一，未注册的驰名商标有与普通已注册商标一样的禁止权。《商标法》第13条第2款明确禁止注册与使用复制、摹仿或者翻译他人未注册驰名商标的商标。该条规定源于《保护工业产权巴黎公约》对驰名商标予以保护之要求，第2

---

① 冯术杰：《论注册商标的权利产生机制》，载《知识产权》2013年第5期。

款实质赋予了未注册的驰名商标的持有人以普通注册商标的注册人同样的权利,可以排斥他人在相同或类似商品上的使用与己方相同或近似的商标。

第二,未注册商标有对抗不正当注册的权利。《商标法》第15条第2款禁止恶意抢注他人在先使用的未注册商标,第32条规定申请商标注册"不得以不正当手段抢先注册他人已经使用并有一定影响的商标"。《商标法》第15条第2款则是2013年修订后才增加的内容。在2013年《商标法》修订之前,受保护的只是第32条中的"已经使用并有一定影响"的未注册商标,修订后虽无"一定影响"的实际使用的未注册商标也受保护,未注册商标使用人可以禁止合同相对人、业务关系人等恶意抢注。[①]

第三,商标先用人有先用权。此为现行《商标法》增设的一项重要制度。第59条第3款规定:"商标注册人申请商标注册前,他人已经在同一种商品或者类似商品上先于商标注册人使用与注册商标相同或者近似并有一定影响的商标的,注册商标专用权人无权禁止该使用人在原使用范围内继续使用该商标,但可以要求其附加适当区别标识。"

总之,商标权在权利内容上分为注册商标专用权和未注册商标的正当权益。注册商标专用权即通常所讲的商标权,包括专用权、禁止权等。未注册商标的正当权益是指对抗不正当注册的权利和先用权。

二、商标权的性质

"商标作为一个符号,本身并不具备任何保护意义,只有当这一符号被某个人首先用来指定某一特定商品的时候,为了避免其他人再在同样或类似的商品上使用相同或近似的符号可能造成的混淆,法律才赋予在先使用人或注册人一种独占权。"[②]

商标权本质上是一种绝对权,权利人对该特定商标具有所有权般的权利,对内自主支配,对外排他干涉,权利人之外的其他人均负有不得侵犯之义务。法律之所以给予个体独占地在某一类商品或服务上使用特定符号来表彰商品信息的权利,一是对行为人先前使符号标志化的意图与投入予以承认,二是对行为人继续塑造及强化该标志的特定内涵,构建与特定商品间的联系予以鼓励,从而整体上实现将不同提供者所提供的同类或类似商品与服务区别开来的立法目的,使商誉各归其所。

[①] 需要注意的是,《商标法》第15条规定的代理人、代表人的商标和第32条规定的他人已经使用并有一定影响的商标的概念并不完全相同,根据《商标法》第15条的规定,这里的商标只要选定并在先使用即可,并不要求有一定影响,而根据《商标法》第32条的规定,这里的商标必须是已经使用并有一定影响。也就是说,《商标法》第32条要比《商标法》第15条对未注册商标的要求要高。

[②] 黄晖:《驰名商标和著名商标的法律保护》,法律出版社2001年版,第55页。

三、商标权的特征

(一) 商标权的禁止权效力范围大于其专用权的效力范围

依据《商标法》,商标注册人能主动行使的范围仅限于将核定标识使用于核准商品上,却可禁止他人在相同或类似的商品或服务上使用相同或近似的商标,驰名商标的权利人更是可以将禁止权的范围扩大至不同的商品上。这就是"禁"大于"行"。这一点区别于财产所有权,也区别于著作权与专利权。财产所有权以及同为知识产权的著作权人与专利权人的权利基本是"禁行一致"的,权利人得以禁止他人"进入"的范围就是权利人完全自主支配的势力领域,不能扩大至客体相邻的区域。在引导案例中,由于"万宝路"香烟是驰名商标,可以禁止他人在不相同不相类似商品上使用瓶贴的文字、图形、色彩与"万宝路"文字图形组合商标基本相同的商标。这就是商标禁止权范围大于其专用权的效力范围的例证。

(二) 商标权是一项相对永久的权利

商标权作为一种经营标记性知识产权,有别于著作权、专利权等创造性智力成果形成的知识产权,商标制度以维护商标与特定经营者、特定商品或服务的稳定联系为基本内容之一。表现之一,在于商标权也可以转让,但以不易导致混淆或不带来不良影响为前提。注册人转让商标的,同时持有的近似商标应与标的商标一并转让。表现之二,商标权也有保护期限,但续展无次数限制。我国商标尽管依我国《商标法》第39条规定,注册商标的有效期为10年,似乎与著作权、专利权等其他知识产权一样也有时间性,可是商标权可以在权利期满时进行续展,且每次续展10年,续展无次数限制。该制度确保了商标可以被权利主体长期持续使用,可以通过继承移转绵绵不绝。而著作权、专利权保护期届满后不可续展,相关智力成果进入公有领域,任何人得以自由使用。

第二节 商标权的内容与范围

商标权是一种绝对权,其以商标所有人排他性地对其商标享有的占有、使用、收益与处分权利为基本内容。我国《商标法》主要保护的是注册商标,所以以下所述主要针对注册商标而言。具体化为以下几个方面:

一、商标权的内容

(一) 专用权

商标专用权是商标权的最基本的内容,它指的是,商标注册人有在核定使用的商品上专有使用核准的注册商标的权利。《商标法》第3条规定:商标注册人享有商标专用权,受法律保护。第 56 条规定:"注册商标的专用权,以核准注册的商标和核定使用的商品为限。"显然,商标核准注册事项为划定商标专用权权利范围的唯一依据。

允许权利人利用其商标,这是商标权的积极效力。商标注册人除了自己使用商标外,也可以将商标许可给他人使用,从中获取收益。"使用"在我国现行商标制度下虽不产生积极的商标专用权,但其在商标权的形成与维持方面具有重要影响。它不仅是商标注册人的权利,而且是商标注册人的义务。《商标法》第 49 条第 2 款规定,商标注册人如果连续 3 年不使用注册商标,注册商标将面临被撤销的风险。由此,"商标使用"是一个重要概念。现行《商标法》第 48 条将"商标的使用"界定为"将商标用于商品、商品包装或者容器以及商品交易文书上,或者将商标用于广告宣传、展览以及其他商业活动中,用于识别商品来源的行为"。可以看出,无论是商标注册人自己使用,还是许可他人使用,无论是在商品、交易文书上直接标注商标,还是将商标使用在广告宣传等商业交易场合,均构成商标使用行为。总之,只要是将符号运用于商业活动,有意地让符号表明商品生产者、服务提供者与特定商品或服务间的联系,就是商标使用行为。商标使用权归商标注册人专属,受法律保护。他人如果要合法地使用注册商标,必须经商标注册人许可,否则构成侵权。

当然,商标注册人所拥有的商标专用权限定为核准的标志使用于核定的商品上。商标注册人不得自行改变注册商标,不得以已注册的名义使用与已注册商标相近却不同的标志,或将注册商标扩大使用于未核定的类似商品上。商标注册人若擅自变更注册商标标识或自行扩大其注册商标的使用范围,会给消费者准确接收商品来源信息带来困扰,并可能干扰其他商标注册人的权利行使。所以,商标法要求,变更过的注册商标标识视为一件新商标,商标注册人如果就新商标要获得专用权,应另行提起注册申请。同理,变更或增加注册商标的核定商品的,也应另行提出注册申请。否则,依《商标法》第 49 条及第 52 条的规定,商标注册人会受到相应的行政处罚。

(二) 禁止权

商标禁止权即商标注册人有排斥他人在相同或类似商品上注册或使用与本注册商标相同或近似商标的权利。《商标法》第 30 条规定,申请注册的商标,"凡不符合本法有关规定或者同他人在同一种商品或者类似商标上已注册的或者初步审定的商标相同或者近似的,由商标局驳回申请,不予公告"。第 57 条规定,未经商标注册人的许可,"在同一种商品上使用与其注册商标相同的商标的";"在同一种商品上使用与其注册商标近似的商标,或者在类似商品上使用与其注册商标相同或者近似的商标,容易导致混淆的",均属侵犯注册商标专用权的行为。

商标禁止权尽管属于一种被动性权益,但其同样至关重要。因为商标制度的建立就是为了能够使商标有效而可靠地指示商品来源,那就必须避免使同一市场中出现多个似是而非的同类商品商标,否则会使消费者陷入混乱,根本无法进行认牌购物。由此商标禁止权包含两个部分,一个部分是"专用性禁止权",一部分是"保护性禁止权",或称"扩大性禁止权"。前者与商标专用权是不可分割的两个面,是专用权独占性的自然表现,即商标注册人对注册商标的专用具有排他性,有权禁止他人未经许可地在相同商品上使用相同商标。后者则是法律为进一步划清各注册商标权势力范围而扩大性给予商标注册人的权利,其权利内容可分解为:(1)有权禁止他人在相同商品上使用近似商标;(2)有权禁止他人在类似商品上使用相同商标;(3)有权禁止他人在类似商品上使用近似商标。"保护性禁止权"的设置,客观上有助于商标注册人排除干扰,降低注册商标在实际使用的过程中被混淆之可能性,从而树立并强化商标的标识作用。

(三)商标处分权

商标注册权人有权通过转让、放弃等方式来处分注册商标。商标作为一种无形资产,具有价值与使用价值,可以成为转让的标的。商标注册人可以将其商标权转移给他人,以获取对价或其他收益。依法转让注册商标,应由双方当事人签订合同,并应共同向商标局提出申请,经商标局核准方为有效。

除转让外,放弃也是商标注册人处分商标权的一种方式。根据《商标法实施条例》第73条第1款的规定,商标注册人申请注销其注册商标或者注销其商标在部分指定商品上的注册的,应当向商标局提交商标注销申请书,并交回原《商标注册证》。由此可见,商标注册人可以自行提出注销申请。

(四)商标续展权

续展权是指商标注册人在其注册商标有效期届满前,依法享有申请续展注册,从而延长其注册商标保护期的权利。为保证商标持有状态的持续性与稳定性,法律支持商标注册人进行商标续展。所以,商标续展申请只要符合程序要求,均会得到商标行政管理部门的核准。

(五)商标标记权

标记权是指商标注册人在商标使用中指明商标及标示已注册状态的权利。在2001年《商标法》第二次修订前后,《商标法》将"标明'注册商标'或注册标记"的义务纠正为权利,现行《商标法》第9条继续明确"商标注册人有权标明'注册商标'或者注册标记"。

指明商品商标可以在标志的右上角或右下角注明"TM"("Trade Mark"简写)或"商标"字样;标记注册商标可以采用在商标右上角或右下角加注®("Register"首字母)或"注册商标"字样的方式。总之,商标注册人有权自主决定是否指明商标及注册状况,也有权自主决定以何方式来标记商标。

二、商标权的范围

(一) 商标权权利范围特性

郑成思先生曾指出,我国商标权经行政批准最终确定,其具有与其他权利一样的客观性与确定性,但如果将注册商标权分成"禁"与"行"两方面来看待的话,禁止权的效力要大于专用权的效力。因为商标注册人有权禁止他人使用近似标识,而自己却无权使用或许可他人使用近似标识。[①]

商标禁止权的效力范围之所以得以超越专用权权利范围达至近似商标,是商标制度为实现避免混淆误认、保障公平竞争的立法目的使然。有研究进一步指明,商标标志背后意义形成的关键是经营者、商品质量及服务特征等信息的稳定性,而他人未经许可在相同或类似商品上使用相同或近似商标,事实上增加了商标意义即商标所蕴含的信息变化的可能性,会对商标权构成侵害。[②]法律如果仅仅将商标禁止权界定在与商标专用权一致的范围上,众多出自不同经营者的相似商标会给消费者造成困扰,大大降低商标标识商品、区别产源的作用。所以,适当扩张商标禁止权范围,有利于拉开商标与商标间距离,突出各个商标自我特征,便于消费者识别。这样在避免混淆目的上所作的制度设计,就此形成其独特的特点:注册商标权专用权的范围是明确和固定的,它由《商标注册证》明确记载,而禁止权的范围在大于专用权范围的同时是相对模糊的、变动的,商标与商标之间权利范围的大小差异还很大。几乎可以这样说,商标禁止权权利范围均得个别划定。

1. 商标禁止权权利范围的模糊性。注册商标依法得以排斥与之近似的商标。而"近似商标"判断不可避免地带着人为主观性,从而使商标禁止权权利边沿具有一定模糊性。"近似商标"的判断基本要求是,两个用以比较的商标,从标识本身的音、形、义等方面整体来看相似,且均使用或将使用在相同或类似的商品或服务上,易使消费者对商品或服务的来源产生混淆。其中必须同时判断"商标近似""商品类似"以及"易产生混淆"等要素。实际上,这个貌似清晰的标准并不容易让人在具体个案中得出清晰的判定结论。例如,针对乐百氏公司的"脉动"饮料商标,其可禁止的"近似商标"应包括"脉劫"牌饮料、"泳动"牌饮料商标,但是否包括"脉动"牌葡萄酒商标或"脉劫"牌冷饮店商标,就不易判断了。多年来,国家商标主管行政部门主要通过《商标审查标准》《商标注册用商品与服务区分表》等指导性规范文件来尽可能地使商标近似、商品或服务类似的判断标准特

[①] 郑成思:《知识产权法》(第二版),法律出版社 2003 年版,第 178—179 页。
[②] 王太平:《商标概念的符号学分析——兼论商标权和侵犯商标权的实质》,载《湘潭大学学报(哲学社会科学版)》2007 年第 3 期。

定化与统一化,以抑制人为判定的不确定性。

2. 商标禁止权权利范围的变动性。依一般客观经验来讲,商标名气越大,美誉度越高,被仿冒的几率越高,被混淆的可能性也越大,或者越容易因联想而被"寄生",招致利益受损。① 国内外的商标制度理论对"强商标,强保护"早已形成一定的共识。而商标凝结着的商誉会因商标使用时间的增长、权利人投入的累积而形成独特的内质与越来越强的影响力,也会因长期不使用或不恰当使用等原因,其影响力逐渐衰弱甚至丧失。例如,"三鹿奶粉"商标评估价值曾高达约150亿元,在三聚氰胺毒奶粉事件发生之后瞬间化为乌有。由此,同一件商标所处的发展阶段不同,其知名度、美誉度就不同。商标禁止权的权利范围随商标的强弱变动来划定,才能保证其合理性。

3. 商标禁止权权利范围的差异性。同样的,不同商标固有显著性不同、后天取得的知名度不同、标识的商品或服务类型不同,其影响力边际就会存在很大差别。那么,在防止混淆的目的之下,每个注册商标可享受到的禁止权待遇就会有高有低,有大有小,商标与商标间常常存在较大差异。

此处所说的"固有显著性"是商标被权利人设计或选择作为特定商品的标识,天生具有的识别力与区别力。"识别力"是就标志与对象之间的关系而言的,指作为商标的标志与其所标识的商品间的无关度,即它应是简洁的、可辨识、可记忆的,至少不是商品通用名称,也不是对商品内容或属性的描述。"区别力"是就某一标志与其他标志之间的关系而言的,指作为商标的标志与他人使用于相同或类似商品上的商标的不相同度或不近似度。② 辨识度越高,商标的识别力越强。例如,在润肤霜这类商品上,"美肤"牌、"美加净"牌、"百羚雀"牌此三件商标的识别力是依次递增的。另外,与其他同类商品上的商标相比差异越大,商标的区别力就越好。例如,在洗衣粉这类商品上,如果事先已存在"浪奇""碧浪""奇强"等商标,那么相比较而言,"蓝月亮"商标会比"碧奇""彩奇"等商标更具区别力,在众多品牌中显得尤为独特。商标的识别力与区别力在初创时均好的,该商标的固有显著性就强,反之,商标的固有显著性就弱。

商标的固有显著性强弱关系到将来该商标可能达到的驰名程度和受保护的强度。如果选用的商标固有显著性强,比较独特,其他经营者如果不是出于恶意

---

① 黄晖:《驰名商标和著名商标的法律保护》,法律出版社2001年版,第112—113页。该书提及,欧共体法院在PUMA一案中的著名论断:商标越显著,混淆的可能性越大。CANON案中又将这一论断进一步发展为,强显著性商标的保护范围自然就比弱显著性商标的宽。但是,雅各布总检察官在Lloyd一案中发现了一个可能存在的悖论,即既然商标特别显著,应该不容易混淆才是。该书的结论是:"在一定范围内,确实是商标越显著,混淆的可能就越大,但这不是绝对的,超过一定的限度,商标非常显著和知名时,消费者倒恰恰不会混淆。……但毫无疑问,即使不会混淆,联想的可能显然存在。"即,他商标恰是通过联想利用了本商标的巨大声誉,而容易被人记住。

② 吴汉东:《知识产权法学》(第五版),北京大学出版社2011年版,第246页。

就不会使用,这是因为人的创意很难"偶同",所以他人一旦使用,其恶意仿冒的意图就不免暴露。固有显著性强为将来该标志在权利人与特定的商品间构建唯一联系奠定良好基础。而如果商标固有显著性弱,其受保护的强度会被限制,即便是将来知名度提高,其权利范围也不能有太大的扩张。固有显著性强的商标,如"Kodak"(柯达)、"SONY"(索尼)在驰名后,其禁止权的权利范围可达所有类型的商品与服务。固有显著性弱的商标,如"Microsoft"(微软)、"Apple"(苹果)、"中华"等商标,再驰名,其禁止权的权利范围也不可能达到所有类型的商品与服务。以"中华"这一商标为例:"中华"是固有词汇,以这样的词汇作商标,许多经营者都会轻易想到。出于公平起见,法律尽可能地保护公众选择这类标识作为商标使用的同等机会,对商标注册人得以独享的权利空间进行更多的限制,单件注册商标禁止权范围于是被约束在以不妨碍公众商标选择自由以及日常对该词汇的正常使用为限。正因如此,"中华"商标形成多件知名品牌,包括上海美加净日化有限公司的"中华"牌牙膏、老凤祥股份有限公司(前身为中国第一铅笔股份有限公司)的"中华"牌铅笔、上海烟草集团有限责任公司的"中华"牌香烟等,并不能特定地指向一个经营者与他所提供的商品或服务。也就是说,这些"中华"商标禁止权的范围并不因驰名而得以扩张至注册核准的商品类别以外,甚至都不足以改变其原有的在相同或类似商品上不能排斥他人注册或使用的"大中华""新中华""中华龙""中华红"等近似商标的状况。可以说,固有显著性弱的商标的禁止权范围,无论该商标驰名与否,都小于一般商标禁止权的范围。

  商标所标识的商品或服务类型也对其权利范围的大小有影响。人们对商标的认知往往与商品消费使用习惯有关,也与经营者的产销方式有关。比如,酒店住宿服务均会在固定的场所进行,相对而言,此类商标在同行业间不易混淆;汽车、商品房等商品由于价值高、标的大,人们挑选时会特别留意各种相关信息,所以此类商标在同行业间也不易混淆。另外,仅在自营专卖店等专门渠道销售的商品的商标也不易与总在超市、批发市场等普通渠道上销售的商品的商标混淆。

  (二)商标权权利范围辨识标准

  商标权是市场竞争关系中产生的权利,没有竞争即无辨识商标权之需要。所以,当注册人仅以自用角度使用注册商标时,只需关注已明确在《商标注册证》上的专用权范围,而无须考虑禁止权范围。需要较全面地认识商标权权利范围的,实质仅是商标注册审查核准、市场执法及讼争处理等三种情况下。

  1. 注册审查核准时的商标权权利范围辨识标准。依我国商标制度,除特殊情况下,商标须经注册才会有商标权。申请注册的商标经国家商标局审核,符合包括《商标法》第30条"不得同他人在同一种商品或者类似商品上已经注册的或者初步审定的商标相同或近似"在内的法定条件就会得到注册。由于此时的商标从未被使用或未被充分使用,其实质内核——商誉未曾构建,所以法律所保护的就只能是一种将某标识作为商标来使用的资格,李明德教授将这种资格称为"空碗",只承认其3年的效力。① 权利人的权利主要在于将"空碗"特定化及日常使用时免受他人妨碍的权利,并不在于防止及制止混淆误认。

商标注册禁止近似,进行近似性审查,其直接目的就是为了将"空碗"特定化。因此商标一旦获得注册就自然具有一种向后的禁止力量:在后申请注册或使用的商标均不得与本注册商标相同或近似。该禁止权权利范围的划定就是静态的,仅结合商品类别对标识本身进行比较,视觉商标判断音、形、义、色,听觉商标判断音调、音色等,不受商誉影响力等动态性因素影响。另外,该禁止权并不波及之前已存在的有一定影响的未注册商标。《商标法》第59条第3款明确规定,在商标注册人申请商标注册前即使用相同或近似并有一定影响的商标的,仍有权在原使用范围内继续使用。显然,遭遇这种情况的注册商标所取得的专用权也不完整。

2. 市场执法中的商标权权利范围辨识标准。注册商标投入使用后,商标权权利范围即开始了它的变动性。"专标专用""强商标强保护"的制度指导思想,鼓励了商标注册人诚信经营,用好商标专用权,不断提高产品质量、提升服务品质,扩大商标的影响力。而商标行政管理者进行市场日常监管,则需要对商标使用行为的正当性与否进行评价,需要判断权利与权利之间的边界,包括多件注册商标之间、注册商标与未注册商标之间。可以想象,在执法当时由执法人员对特定商标显著性强度作出判断再进而明确其权利范围,特别是禁止权权利范围,是不太可能做到的。所以,出于便于操作的考虑,本阶段判断商标权权利范围只能暂时忽略禁止权的变动性与差异性,仍只能以均一静态的"类似""近似"标准来推定其大致范围。即任何一件市场上使用着的注册商标均得以约束他人不在相同或类似的商品上使用与之相同或近似的商标。如果涉及确权与侵权权利纠纷,需要更进一步明确权利范围的,则依法由当事人提起讼争程序交裁判机关具体解决。

3. 讼争处理时的商标权权利范围辨识标准。此处所言讼争为有讼争相对方的讼争,包括商标注册程序中的商标异议、商标驳回申请复审、不予注册复审、宣告注册商标无效、宣告注册商标无效复审及相关诉讼,还包括商标注册后的成诉或未成诉的确权或侵权纠纷等。讼争发生在具体的本他两方之间,裁判的主要内容是看他方申请或使用标识的行为是否落入或侵犯了本方商标权权利范围。由于需要在两方间分清是非,商标权权利范围划定必须相对精确。一方面要选择判断商标权利范围的时间。针对他方不当注册提起的商标异议等案件,

---

① 李明德2010年10月27日于广西民族大学法学院所作题为《十一五期间的成果及十二五期间的展望》的演讲。

裁判者应考察他方商标申请注册当时的本方商标权利范围,而不是早期,更不是诉争发生后;如果处理他人标识不当使用的侵权案件,则应考察他方行为发生时的本方商标权利范围,而不是商标注册时,也不是讼争提起时,更不是将来时。另一方面,在判断内容上,综合考虑商标固有显著性、知名度、所处商品或服务行业特有运作方式、竞争状况等多种对权利范围有影响的因素。即,不能只静态地将本他商标两者进行比较,单纯讨论相同或相似与否,而是应考察两者动态的商业使用实际情况,根据消费者的认知规律,看是否已产生或足以产生混淆误认,或带来淡化、丑化、反向混淆等不公平的后果。

第三节 商标权的期限、续展、变更和终止

一、商标权的期限

注册商标权的期限是指注册商标具有法律效力和期限。在我国,只有经过注册的商标才能获得商标权,才受法律保护,所以注册商标的期限即商标权的期限。我国注册商标的有效期为10年,自核准注册之日起计算。超过期限无人依法定程序续展的,该商标专用权将被注销终止,不再受法律保护。自商标终止之日起1年后,任何人可以就与该商标相同或者近似的商标提出注册申请。

商标权期限设置的目的并非在于终结或剥夺权利人权利,主要是为了保证商标资源得以充分利用,不会因为主体已消灭或标识已被长期弃而不用造成商标资源浪费。因此,我国《商标法》在规定商标权期限的同时规定商标权续展不限次数。

二、商标权的续展

注册商标权的续展,是指延长注册商标有效期的法律程序。商标权续展制度使得商标权成为一种相对的永久权。

根据我国《商标法》的规定,注册商标有效期满,需要继续使用的,商标注册人应当在期满前12个月内按照规定办理续展注册;在此期间未能办理的,可以给予6个月的宽展期。每次续展注册的有效期也为10年,自该商标上一届有效期满次日起。续展没有次数限制。

进行续展注册时,每一个申请都应当交送"商标续展注册申请书"1份,商标图样5份,交回原来的"商标注册证",并按规定缴纳费用。商标局收到续展注册申请后,原则上不进行实质审查,而只是对续展申请进行必要的形式审查,认为符合规定的,即予以核准,将原来的"商标注册证"加注返还,并予以公告。如果认为不符合规定的,不予续展,并以书面形式驳回申请。申请人对商标局驳回续

展注册申请不服的,还可以申请复审。

三、商标权的变更

商标权的变更是指不超出商标权范围的商标注册人名义、地址及其他注册事项的变更。商标注册人姓名或企业名称变化、地址变更以及减少核定使用的商品范围需要进行相应的注册事项变更。

如果改变的是商标标识文字、图形等构成要素,即改变了商标供人识别的面貌,既便与原有商标相似,实质也应视为一件新商标。那么,使用新商标的行为已超出了原核准注册的商标权的范围。如想得到法律强制力保护,应另行申请注册。同理,在注册商标核定使用商品范围之外的商品或服务范围上使用注册商标,也同样超出了原核准的商标权范围,须另行申请注册。需要说明的是,商标转让或因法定移转所产生的商标权主体的变更,属商标权归属改变,并不属于这里所说的注册商标变更,应依法提出转让商标注册申请。

商标注册人如果更名、变迁注册地址等,应当提出变更申请,申请变更商标注册登记相应事项。这样一方面保障商标名至实归,另一方面便于执法部门进行日常市场管理。否则难以查找商标的注册人,也难以维护正常的市场秩序。

四、商标权的终止

商标权的终止就是商标权的消灭,即因法定事由发生,注册商标所有人丧失其对注册商标所享有的独占性权利。注册商标权因注销、撤销程序而终止,从注销、撤销决定作出时终止;因宣告无效程序而终止的,视为该商标权自始不存在。

(一)因注销而终止

注销指商标局对商标权注册人自愿放弃或因故不能使用注册商标的事实予以确认。注销注册商标由商标局备案,并予以公告。自注销之日起,该注册商标权终止。

注册商标在下述情况下注销终止:

1. 商标权有效期届满而未予续展。注册商标有效期届满且续展的宽展期亦已经过,商标注册人未提出续展申请的,或者续展申请未被核准的,由商标局注销其注册商标。

2. 商标注册人申请注销。商标权人可以主动放弃全部或部分商标权,向商标局申请注销整个商标权或者注销其商标在部分指定商品上的注册,交回原《商标注册证》。

3. 商标主体消灭。商标权如无人继承或者依法继受的,商标权归于消灭。商标注册人死亡或者终止,自死亡或者终止之日起1年期满,该注册商标没有办理移转手续的,任何人可以向商标局申请注销该注册商标。

（二）因撤销而终止

撤销是指商标局因商标注册人违反注册商标使用的规定而作出的终止其商标权的决定。此为一种行政处罚。被撤销的注册商标权在决定撤销之日起消灭。

依我国《商标法》，注册商标权撤销的情形有：

1. 注册人违法使用注册商标。包括商标注册人自行改变注册商标、注册人名义、地址或者其他事项等情况。有前述情形之一的，由地方工商行政管理部门责令限期改正；期满不改正的，由商标局撤销其注册商标。

2. 注册商标连续3年不被使用。商标注册人注册商标后有使用注册商标的义务，如果注册人注册商标后不进行使用，就会要么造成商标资源闲置浪费，要么给了抢注商标的人将商标进行炒卖的可乘之机。所以《商标法》第49条第2款规定，注册商标如果没有正当理由连续3年不使用的，任何单位或者个人均可以向商标局申请撤销该注册商标。这一规定迫使注册人要以使用为目的来取得并持有商标。

3. 注册商标沦为通用名称或通用标识。商标是因为其具有显著性才被核准注册，使申请人获得专用权。如果注册人在使用商标的过程中因使用或保护不当而使商标成为通用名称或通用标识，丧失了显著性，也就丧失了商标专用权取得的基础。比如"Aspirin"（中文"阿司匹林"）曾是拜尔公司的乙酰水杨酸药品的商标，后因为过于驰名而被人们直接用来指称乙酰水杨酸，以至于被美国司法机构认定已退化为通用名称，不再作为商标进行保护。我国一直未就显著性退化撤销商标权问题作出规定，只是在香港冬冬宝床上用品厂有限公司与深圳市富安娜家饰保健用品有限公司就"水鸟"牌床上用品商标、华旗资讯数码科技有限公司与深圳朗科公司就"优盘"牌移动存储产品商标纠纷等实案中，涉及并讨论系争商标是否通用名称、是否属不当注册。当时主要适用《商标法》第11条中商品的通用名称、图形、型号不得作为商标注册的规定。事实上，注册商标沦为通用名称是商标显著性从有到弱到无，从而引起是否还应继续受保护的问题，而不是商标注册申请时审查商标显著性有无的正当性问题。两类问题应当区别对待。因此，2013年修订的《商标法》在第49条第2款增加了注册商标退化为通用名称的，任何单位或个人可以向商标局申请撤销的规定。

撤销注册商标是前述第一类情形的，由地方工商行政管理部门、商标局主动依职权作出；是前述第二类、第三类情形的，则是由单位或个人提出申请，商标局应申请进行审查决定。商标局应当自收到申请之日起9个月内作出决定。有特殊情况需要延长的，经国务院工商行政管理部门批准，可以延长3个月。

（三）因宣告无效而终止

注册商标宣告无效是指已经注册的商标本不具备注册条件，由商标局或商标评审委员会通过法定程序宣告商标无效,从而使商标权恢复到未产生的状态。注册商标宣告无效制度是一种核准瑕疵补正制度,也是一种商标权消灭制度。与注销、撤销不同的,商标无效的原因是在权利形成之时即具有的,所以宣告无效的效力有向前追溯力,被宣告无效的注册商标的专用权视为自始即不存在。

我国《商标法》把注册商标的无效情形分别规定在第 44 条、第 45 条中,我们相应地将其分为因绝对无效的理由与因相对无效的理由。① 前者指商标构成违反禁用条件、以欺骗手段或者其他不正当手段取得注册所引起的无效,后者指商标注册违反非冲突性原则或侵犯他人合法权益所引起的无效。前者商标无效的理由包括商标构成违反禁用条件、以欺骗手段或者其他不正当手段取得注册等,损害的是公共利益而不是特定相对人利益,商标绝对是无效的。因此,商标局可以依职权直接宣告注册商标无效,其他单位或个人发现问题也可以向商标评审委员会提出宣告注册商标无效的申请。而在商标无效的相对理由的情况下,受到损害的是特定相对人的私人利益而不是公共利益,因而只能是在先权利人或利害关系人可凭借相对理由请求宣告注册商标无效,而不能由商标局或行政机构依职权来宣告无效。而只要在先权利人没有在法定期间提出宣告无效的请求,这种注册时有瑕疵的商标的瑕疵便告消除。

宣告无效的注册商标,由商标局予以公告,该注册商标专用权视为自始不存在。尽管注册商标的无效宣告具有溯及力,但是该注册商标确曾有效存在过是一个不可抹杀的事实,所以《商标法》第 47 条第 2 款对无效宣告的溯及力作了限制:"宣告注册商标无效的决定或者裁定,对宣告无效前人民法院做出并已执行的商标侵权案件的判决、裁定、调解书和工商行政管理局做出并已执行的商标侵权案件的处理决定以及已经履行的商标转让或者使用许可合同不具有追溯力。但是,因商标注册人的恶意给他人造成的损失,应当给予赔偿。"

总之,商标权终止,即意味着原商标注册人完全丧失该商标专用权。终止后的商标可以重新申请注册,只是须至少经过 1 年的消除影响期。《商标法》第 50 条规定:"注册商标被撤销、被宣告无效或者期满不再续展的,自撤销、宣告无效或者注销之日起 1 年内,商标局对与该商标相同或者近似的商标注册申请,不予核准。"

实务指引

案情回放:被告香港纵横二千有限公司 1992 年获得 623170 号"G2000"商标注册,核定使用的商品为第 25 类的服装、鞋、帽。1997 年 4 月开始在内地市场广泛使用。原告赵华拥有 1094814 号"2000(手写体)"商标是出让人于 1995

---

① 吴汉东:《知识产权法学》(第五版),北京大学出版社 2011 年版,第 291 页。

年12月申请注册,1997年获得核准的,核定使用的商品为第25类的袜、手套、围巾、面纱、披巾、领带、服装带、腰带。2000年8月始,原告引证"2000(手写体)"商标在市场上打击被告将"G2000"商标使用于领带、袜子、皮带等的行为。2000年12月,被告向商标评审委员会申请撤销"2000(手写体)"注册不当商标,2005年11月经法院两审终裁理由不成立,撤销未成功。2006年4月,原告引证"2000(手写体)"注册商标以被告侵犯其商标专用权为由,向杭州市中级人民法院提起诉讼,向被告及其分销商索赔。2008年1月,杭州市中级人民法院一审判决认定被告侵权,并责令赔偿2000万元。被告上诉,二审法院维持一审法院的侵权认定,仅将损害赔偿额由2000万元改判为12570163.20元。2001年4月,被告申请注册2023746号"G2000"服装服饰商标,2007年12月驳回复审胜诉后进入初审公告阶段。2008年3月,原告提出商标异议,2011年3月商标异议复审裁定异议理由不成立,该商标获得核准注册。①

裁判要旨:一般注册商标禁止权范围均不包括不同或不相类似商品上的相同或近似商标。所以,尽管"G2000"商标在"服装、鞋、帽"等商品上于1992年在先注册,但无法对在后申请注册于"袜、手套、围巾、领带、腰带"等商品上的"2000"商标造成影响。因为两商标所涉商品虽同属商品分类表中第25类商品,但分属不同的类似群组,当时人们也不认为服装与袜、领带等服饰商品类似。所以,除非"G2000"商标注册人能证明自己在1995年"2000"商标申请注册时就在中国有一定知名度,否则它不会获得比普通注册商标更多的保护。在后的"2000"服饰商标得以与在先的"G2000"服装商标并存,具有合法基础。那么,在后取得注册的"2000"服饰商标的商标权范围能否反过来禁止"G2000"商标注册人在袜、手套、围巾、腰带等服饰商品上使用"G2000"商标呢?这一问题的回答依赖于两商标同时使用于同一商品上的混淆可能性判断。仅客观比较"G2000"与"2000"商标标识,两标识主体构成从形式到内容几乎相同,可以想象,两商标使用于相同商品上极易给消费者带来识别产源上的困扰。由此,可以进而推出结论:"2000"商标权权利范围足以禁止任何人在相同商品上使用以"2000"字样为主要构成的近似商标。——这是"G2000"商标注册人因销售带"G2000"商标的袜、领带、腰带被"2000"商标注册人追诉的重要原因。当然,能追究的仅能是1997年"2000"商标获得核准注册之后的商标不当使用行为。同理,"G2000"商标注册人同样可以阻止他人在服装、鞋、帽等商品上使用主要由"2000"字样构成的近似商标。

---

① 以上案情依据北京市高级人民法院(2005)高行终字第350号行政判决书、北京市一中院(2010)一中知行初字第814号行政判决书、浙江省高级人民法院(2008)浙民三终字第108号民事判决书等整理。另参见杨林平:《2000万元赔偿起波澜——透视"G2000"侵犯商标权纠纷案》,载于《中国知识产权报》2008年10月31日;左玉国:《G2000商标纠纷案专家评析》,载于《中国发明与专利》2008年第8期。

事实上,随着时间的推移,"G2000"服装商标经长期使用经营,目前已取得了较高知名度,有着比知名度较低的"2000"服装商标更广泛的保护范围——可以禁止他人在一般不认为类似的商品上使用相同商标。2000年2月,"2000"商标持有人曾试图在"袜、手套、围巾、领带"等服饰商品上申请注册"G2000"商标,"G2000"商标注册人对此提起的异议得到了国家商标局、商标评审委员会的支持。异议成立的主要理由为:"G2000"商标在服装类商品上具有一定知名度,目前服饰与服装成系列设计、生产与销售已是行业中的一种重要经营方式,服装与服饰商品由此具有较强的关联度。G2000服装商标的知名度会加强一般不认为类似的服装、服饰商品间的联系,如果两个不同商事主体在其上注册使用相同商标,易产生混淆,应予防止或制止。

司考链接

1. 甲公司注册了商标"霞露",使用于日用化妆品等商品上,下列哪一选项是正确的?(2010年卷三17题,单选)

A. 甲公司要将该商标改成"露霞",应向商标局提出变更申请

B. 乙公司在化妆品上擅自使用"露霞"为商标,甲公司有权禁止

C. 甲公司因经营不善连续3年停止使用该商标,该商标可能被注销

D. 甲公司签订该商标转让合同后,应单独向商标局提出转让申请

答案: B

推荐阅读

1. 刘春田:《商标与商标权辨析》,载《知识产权》1998年第1期。

2. 黄晖:《驰名商标和著名商标的法律保护》,法律出版社2001年版,第一、二、三编。

3. 王太平:《商标概念的符号学分析——兼论商标权和侵犯商标权的实质》,载《湘潭大学学报(哲学社会科学版)》2007年第3期。

4. 彭学龙:《商标法的符号学分析》,法律出版社2007年版,第二、三章。

5. 刘贤:《未注册商标的法律地位》,载《西南政法大学学报》2005年第3期。

第四章　商标权取得的体制和程序

要点提示

本章重点掌握的知识：1. 商标权取得的注册原则与使用原则；2. 注册商标申请的申请在先原则、自愿原则与优先权原则；3. 注册商标的审查标准；4. 注册商标的无效情形；5. 商标评审事由。

本章知识结构图

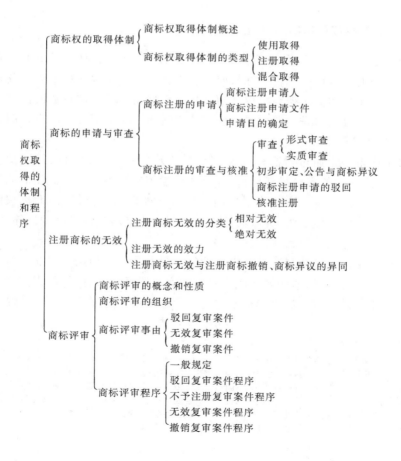

第一节 商标权取得的体制

商标权取得即通过一定的方式和程序取得商标权,商标权法律关系由此产生。商标权取得体制是商标管理机构与商标取得规范的结合体、统一体,它是由商标管理的机构体系与商标取得规范体系所组成。

一、商标权取得体制概述

广义地讲,商标权取得体制是国家受理审查核准商标权的机构设置、隶属关系和权力划分等方面的具体体系和组织制度的总称,包括商标权取得方式、取得原则、注册商标的申请与审查、注册商标的无效、商标评审等内容。它明确商标权利产生的基础以及商标权利受到保护的依据,是商标法中一项重要的规定。狭义地讲,商标权取得体制是商标权人原始取得商标权的根本依据和方法的制度。

二、商标权取得体制的类型

历史上曾经先后出现了商标权使用取得、商标权注册取得以及前两者相结合而产生的混合取得等三种商标权原始取得体制。商标权使用取得是商标权基于商标的使用事实而取得商标权。商标权注册取得是经申请注册的法定程序获得商标权。混合取得是注册取得与使用取得逐步融合的商标权取得体制。

(一) 使用取得

使用取得是指通过对商标的使用来取得商标权。当商标权归属发生争议时,最先使用商标的人获得商标权,并可请求撤销在后使用人已经注册的相同或近似的商标。采取这一取得体制的国家也可能办理商标注册,但商标权的取得仍以商标是否实际使用为基础,而且注册仅仅是为了增强商标权的法律效力,并不发生确定商标权归属的作用。[1]

商标权使用取得体制注重商标的功能。只有当商标使用人将商标实际使用于商品或服务之上时,消费者才能将商标与商品联系起来,商标的识别性功能及其价值才能得以体现。如果商标不注册在商品上或者注册后并不将商品投入市

---

[1] 1946年美国《兰哈姆法》采用的是使用原则,认为商标权的获得是以使用为前提,注册被认为是经过使用产生商标权以后在制定法上的确认,不能够单独取得商标权。商标如果要进行注册,不仅要求申请人的申请书包含"申请人首次使用标志的日期、首次在商业上使用该标志的日期、使用该标志的物品以及这种使用的方式或方法"等内容,还要求提供"一定数目的实际使用的标志样本或复制品"。商标权的最终取得,需要凭借对商标的使用。使用必须是在商业上的实际使用,而不是象征性使用,即把商品投放市场,使商标和消费者发生接触,使商标发挥识别商品来源的作用。

场,那么商标既不能证明商品的来源,也不能证明商品,显得毫无意义。[①] 使用取得体制盛行于 19 世纪中叶以前,为在商品生产、交换受地域限制较大的资本主义初期确保商标保护制度提供了必要的基础,反映了原始商标保护制度的特征。

随着经济的发展和交通的便利,使用取得的弊端及其导致的潜在矛盾逐渐显现出来:其一,完全的使用原则将权利人的权利置于极不稳定的状态,商标使用人不能对其使用的商标形成合理的预期,不利于商标使用人对商标的投入。其二,在辽阔的地域范围内,极易发生重合使用的情况,而即使后使用人对该商标的商誉作出巨大贡献,他也不能对其主张权利,有失公允。其三,在商标使用争议发生之后,可能因为时间的逝去而导致真正的在先使用人举证不能,最后由后使用人取得商标专用权的情形发生。鉴于此,原来采用使用体制的国家对其制度设计作了或多或少的修改,其中采用注册体制成为了许多国家的选择。

（二）注册取得

注册取得是指商标专有权人通过注册获得商标权。在商标史上,注册取得体制的出现晚于使用取得体制,但却为世界上绝大多数国家所采用。1964 年法国改用申请注册制,法国是第一个制定商标法的国家。商标权由注册而产生,申请注册成为商标权产生的依据。[②] 这一商标权取得体制并不注重商标是谁先使用的,而是注重谁先提出注册的申请。但是,注册取得并不完全排斥使用取得在一定情况下发生作用。如在两个及以上的申请人在同一时间在同一种或者类似的商品或服务上,以相同或者近似的商标申请注册时,会考虑谁是先使用人。

一般采用注册取得体制的国家采取的是自愿注册取得制度,即由商标使用人自行决定是否申请注册。与之相对应,在实行计划经济的苏联和 20 世纪六七十年代的中国都曾实行过全面注册制度,即要求所有的商标都必须注册后方能使用,亦称强制注册制度。在实行自愿注册制度的国家,商标分为注册商标与非注册商标。

注册体制在某种程度上克服了使用体制的缺点:其一,通过商标注册能够使商标专用权的取得和存在通过注册的方式得到充分的公示,可以在一定程度上防止两个以上不知情的使用人使用同一商标;同时在发生冲突时也至少可以认为侵权人没有尽到注意义务,从而构成一种疏忽。[③] 其二,由于法律赋予注册商标的公信力,因此权利人通过注册程序取得之权利的稳定性强,有利于商标的利用和保护。但是,注册体制将商标使用权与商标价值的来源割裂开来,由此也导

[①] 吴汉东:《知识产权基本问题研究》(第 2 版),中国人民大学出版社 2009 年版,第 538 页。
[②] 沈明达:《知识产权法》,对外经济贸易大学出版社 1998 年版,第 305 页。
[③] 黄晖:《驰名商标和著作商标的法律保护》,法律出版社 2005 年版,第 44 页。

致一些问题的产生。其中最为突出的是在先使用的未注册商标的保护问题。依注册原则,申请人只需向商标局对某一商标申请注册获准后即可取得商标专用权,这实际上为商标抢注留下了隐患。另外也有可能出现不正当竞争的行为,如阻碍他人正当注册、损害先使用人的利益,以及利用程序拖延、阻碍竞争对手等现象。

(三) 混合取得

混合取得是上述两种体制的折衷适用。在这种体制下,商标权需经申请注册才能取得。但是在核准注册后的一定时间内,给先使用人以使用在先为由提出撤销与自己先使用商标相同或近似的注册商标的机会。只有经过一定期限后,没有先使用人主张权利,核准注册的商标才取得稳定的商标权。

商标权取得体制变化的根本原因在于社会经济结构的发展与变动对商标法律制度提出了不同的需求。一般而言,使用取得具有天然的正当性,而注册取得则具有后天的必要性。如果说使用取得体制的价值侧重于公平,那么注册取得体制的价值侧重于效率。商标实践证明,单纯的使用取得和注册取得均具有各自不可回避的弊端,效率优先的价值取向导致注册取得成为现代商标制度的当然选择。但如何使注册体制下的商标法规则能够真正体现商标的价值和功能,使用在商标制度中的作用和地位是应当重点考虑的问题。故混合取得体制的完善体现使用对商标专用权取得的重要影响,实现注册者和使用者之间、经营者与社会公众之间的合理的利益均衡。[1]

我国现行《商标法》实行注册取得商标权的体制。按照我国《商标法》规定,在生产经营活动中,对其商品或者服务需要取得商标专用权的,可以向商标行政管理机关(国务院工商行政管理部门商标局,简称商标局)提出注册申请,经商标局核准注册后,商标使用人才享有商标专用权。

三、我国商标权取得原则

我国现行《商标法》实行商标权注册取得原则。按照我国《商标法》规定,在生产经营活动中,对其商品或者服务需要取得商标专用权的,可以向商标行政管理机关(国务院工商行政管理部门商标局,以下简称"商标局")提出注册申请,经商标局核准注册后,商标使用人才享有商标专用权。

(一) 自愿注册为主、强制注册为辅原则

对于商标使用人是否申请注册,我国采取自愿注册原则。自愿注册原则,是指商标使用人根据自身的需要决定是否申请商标注册,注册取得的商标权也可以放弃,不受他人干涉。商标使用人无论注册与否均可以使用,只是注册商标与

---

[1] 如德国《商标法》规定,商标权既可以通过注册取得,也可以通过在市场的使用而获得。

未注册商标在法律保护水平上有所差别。注册商标享有专用权,而未注册商标则不享有此专用权。

目前,大多数国家不全面适用强制注册原则,而是在极少特定商品中有此要求。我国现行《商标法》在实行自愿注册原则的同时,对某些涉及国计民生或生命安全、人身健康的特殊商品,规定必须使用注册商标。即遵循自愿注册原则为主、强制注册为辅的商标注册原则。

(二)申请在先为主、使用在先为辅原则

申请在先原则是指,两个或两个以上的申请人以相同或者近似的商标在相同或者类似商品上申请注册时,在先申请的商标申请人可获得商标专用权,在后申请的商标予以驳回。

申请在先原则是注册取得商标权方式的要求,实行注册取得商标权体制为基础,就会不可避免出现同一商标多人申请注册的情形,申请先后的时间顺序可以较公平公正的处理此问题。《商标法》第 31 条规定:"两个或者两个以上的商标注册申请人,在同一种商品或者类似商品上,以相同或者近似的商标申请注册的,初步审定并公告申请在先的商标;同一天申请的,初步审定并公告使用在先的商标,驳回其他人的申请,不予公告。"该规定明确规定我国是以申请在先原则为主,以使用在先为辅的模式。申请日不同的,申请在先的商标具有优先权,申请在后的则被驳回;申请日同一天的,优先考虑在先使用该商标的申请。而无法确定先使用人的,申请人可自行协商解决。协商不成的,可以抽签方式确定申请人。

商标注册的申请日期以商标局收到申请文件的日期为准,不分上午或下午。申请手续不齐备或者未按照规定填写申请文件的,商标局不予受理,该申请不能获得申请日。申请手续或者申请文件需要补正的,申请人在规定期限内补正并交回商标局的,保留申请日期;期满未补正或补正不符合要求的,视为放弃申请。

(三)优先权原则

优先权原则包括国际优先权与国内优先权。优先权原则可以看成是申请在先原则的例外规定。

优先权原则是《巴黎公约》所赋予成员国在工业产权申请日期上的优先权利。我国《商标法》第 25 条第 1 款规定,商标注册申请人自其商标在外国第一次提出商标注册申请之日起 6 个月内,又在中国就相同商品以同一商标提出商标注册申请的,依照该外国同中国签订的协议或者共同参加的国际条约,或者按照相互承认优先权的原则,可以享有优先权。

在上述涉及不同缔约国之间商标申请的国际优先权外,《商标法》第 26 条第 1 款还设立本国优先权制度,即商标在中国政府主办的或者承认的国际展览会展出的商品上首次使用的,自该商品展出之日起 6 个月内,该商标的注册申请人可以享有优先权。①

（四）诚实信用原则

诚实信用原则是一种具有道德内涵的法律规范，强调当事人在市场活动中应讲信用，恪守诺言，诚实不欺，在追求自己利益的同时不损害他人和社会利益。它是整个民法领域的"帝王条款"，发端于罗马法，要求民事主体在民事活动中维持双方的利益以及当事人利益与社会利益的平衡。《商标法》明确将诚实信用原则写进商标法，要求"申请注册和使用商标，应当遵循诚实信用原则"，不得以欺骗手段或者其他不正当手段取得注册。

我国《商标法》实施三十多年来，一直存在利用注册取得程序，损害未注册商标所有人正当合法权益的恶意行为。普遍认为，恶意行为是指某人在注册商标时已经知道或应当知道该商标的存在，并企图从可能发生的混淆中获取利益。《商标法》第15条第2款规定：就同一种商品或者类似商品申请注册的商标与他人在先使用的商标相同或者近似，申请人与该他人具有前款规定以外的合同、业务往来关系或者其他关系而明知该他人商标存在，该他人提出异议的，不予注册。

第二节　商标注册的申请与审查

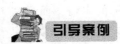

案例： 2010年6月9日，贵州茅台酒厂申请注册"国酒茅台"商标，用于果酒、葡萄酒、开胃酒、含酒精液体、酒精饮料等商品类别。2012年7月30日，茅台贴"国酒"商标通过初审。截至2012年10月20日，在3个月的商标申请公示期期间，针对"国酒茅台"4个不同图案的注册商标申请，共有了95件次异议，其中93件次"待审"，因此商标网上流程还是处于"变更异议"中。据悉，贵州茅台自2001年起曾9次向国家工商总局商标局申请注册"国酒茅台"或"国酒茅台及图"商标，均无果而终，而此次申请终于通过商标局的初审，然而却引起白酒行业的强烈反对甚至是全民对于国字号商标的征讨。② 如果有人对"国酒茅台"或者"国酒茅台及图"商标有异议可以怎么办？

---

① 商标法的本国优先权与专利法的本国优先权有着明显的不同。商标法的本国优先权是基于申请日之前特定展览会上的首次展049日，而不是像专利法那样基于在先申请日。
② 姚泓冰：《"国酒茅台"商标注册的法律问题》，载《知识产权》2013年第1期。

商标注册是指我国自然人、法人在生产经营活动中的商品,或提供的服务上需要取得商标专用权的,应向商标局提出商标注册申请及相关文件并缴纳相关费用。这是获准商标注册、取得商标权的前提和必经程序,也是整个商标管理工作的基础。商标注册的审查核准,是商标局就申请注册的商标是否符合商标法的规定所进行的一系列的活动,主要包括形式审查、实质审查、公告核准阶段。

一、商标注册的申请

商标注册的申请是指商标使用人为了取得商标专用权,在生产经营活动中,对其商品或者服务按照一定程序向商标局提交相关文件,实现在商标注册各个阶段的商标保护要求。

我国商标注册的主管机关是国家工商行政管理局商标局。与世界上大多数国家有所不同的是,由于商标与专利都属于工业产权的主要内容,许多国家的商标与专利的主管机构都合在一起,如美国、英国、意大利的专利商标局,法国的工业产权局、日本的特许厅等。

2013年《商标法》新设了"一表多类"的申请制度。商标注册申请人可以通过一份申请就多个类别的商品申请注册同一商标。新的一表多类的申请方式降低了商标申请人的注册成本,简化了商标申请程序,与国际商标注册的马德里体系保持一致。

(一) 商标注册申请人

自然人、法人或者其他组织在生产经营活动中,对其商品或者服务需要取得商标专用权的,应当向商标局申请商标注册。两个以上的自然人、法人或者其他组织可以共同向商标局申请注册同一商标,共同享有和行使该商标专用权。外国人或者外国企业在中国申请商标注册的,应当按其所属国和中华人民共和国签订的协议或者共同参加的国际条约办理,或者按对等原则办理。其中,外国人或者外国企业,是指在中国没有经常居所或者营业所的外国人或者外国企业。

我国从知识产权私权观念出发,没有规定必须有真实使用意图的申请人才可以申请商标注册,也并不要求申请人提供实际使用的证明,只是规定连续3年停止使用注册商标的,商标局可以责令限期改正或者撤销其注册商标。

申请商标注册或者办理其他商标事宜,可以自行办理,也可以委托依法设立的商标代理机构办理。但是,外国人或者外国企业在中国申请商标注册和办理其他商标事宜的,应当委托依法设立的商标代理机构办理。

(二) 商标注册申请文件

商标注册申请等有关文件,可以以书面方式或者数据电文方式提出。即申请方式有两种,一是纸质书面方式,二是电子方式。以纸质书面方式提出的,应当打字或者印刷。电子方式适应快速发展信息化社会的要求,方便商标注册申请人。

在申请商标注册中,申请人应确保所申报的事项和所提供的材料真实、准确、完整。法律规定需向商标局提交如下材料:

1. 商标注册申请书。申请商标注册,应当按照公布的商品和服务分类表按类申请。① 商标注册申请人应当按规定的商品分类表填报使用商标的商品类别和商品名称,提出注册申请。但一份申请书中不能申请两件或两件以上不同的商标,哪怕是在同一类别的商品或服务上申请也是不允许的,即一份申请书只能申请一件商标。因此,申请两件或两件以上的不同商标,必须分别提出申请。而商标注册申请人可以通过一份申请就多个类别的商品或服务申请注册同一商标,即《国际商标注册马德里协定》所明确的"一表多类"规定。

2. 商标图样。每一件商标注册申请应当向商标局提交商标图样1份;以颜色组合或者着色图样申请商标注册的,应当提交着色图样,并提交黑白稿1份;不指定颜色的,应当提交黑白图样。商标图样应当清晰,便于粘贴,用光洁耐用的纸张印制或者用照片代替,长和宽应当不大于10厘米,不小于5厘米。以三维标志申请商标注册的,应当在申请书中予以声明,说明商标的使用方式,并提交能够确定三维形状的图样,提交的商标图样应当至少包含三面视图。以颜色组合申请商标注册的,应当在申请书中予以声明,说明商标的使用方式。以声音标志申请商标注册的,应当在申请书中予以声明,提交符合要求的声音样本,对申请注册的声音商标进行描述,说明商标的使用方式。对声音商标进行描述,应当以五线谱或者简谱对申请用作商标的声音加以描述并附加文字说明;无法以五线谱或者简谱描述的,应当以文字加以描述;商标描述与声音样本应当一致。商标为外文或者包含外文的,应当说明含义。提出注册商标前,申请人应当查询有关商标登记注册情况,以避免拟注册的商标与同一或相似类别的商品或服务类别上他人已经注册或正在申请注册的商标相同或者类似,从而提升自己准备申请注册的商标被核准的可能性。

3. 其他证明文件。申请人依照《商标法》第25条第1款要求优先权的,应当在提出商标注册申请的时候提出书面声明,并且在3个月内提交第一次提出的商标注册申请文件的副本;未提出书面声明或者逾期未提交商标注册申请文件副本的,视为未要求优先权。申请人依照《商标法》第26条第1款要求优先权的,应当在提出商标注册申请的时候提出书面声明,并且在3个月内提交展出其商品的展览会名称、在展出商品上使用该商标的证据、展出日期等证明文件;未提出书面声明或者逾期未提交证明文件的,视为未要求优先权。申请注册集体商标、证明商标的,应当在申请书中予以声明,并提交主体资格证明文件和使用

---

① 目前我国商标注册申请采用的是《商标注册用商品和服务国际分类尼斯协定》第10版,共有国际分类45类,其中商品34类,服务项目11类,包含一万多个商品和服务项目。

管理规则。申请商标注册的,申请人应当提交其身份证明文件。商标注册申请人的名义与所提交的证明文件应当一致。两个或者两个以上的申请人,在同一种商品或者类似商品上,分别以相同或者近似的商标在同一天申请注册的,各申请人应当自收到商标局通知之日起30日内提交其申请注册前在先使用该商标的证据。

除了普通注册,还有几种注册:(1)另行注册。注册商标需要在核定使用范围之外的商品上取得商标专用权的,应当另行提出注册申请。(2)重新注册。注册商标需要改变其标志的,应当重新提出注册申请。[①]

（三）申请日的确定

由于我国《商标法》采用注册取得商标权的体制并采取先申请原则,申请日的确定就是商标注册申请过程中非常重要的一件事。《商标法实施条例》规定,商标注册的申请日期,以商标局收到申请文件的日期为准。申请手续齐备并按照规定填写申请文件的,商标局予以受理并书面通知申请人;申请手续不齐备或者未按照规定填写申请文件的,商标局不予受理,书面通知申请人并说明理由。可见我国《商标法》是以日为标准确定商标注册申请的时间的,并不考虑申请的具体时刻。

当两个或两个以上的申请人,在同一种商品或者类似的商品上,分别以相同或者近似的商标在同一天申请注册的,各申请人须自收到商标局通知之日起30日内提交其申请注册前在先使用该商标的证据。使用有先后的,商标局受理使用在先的人的注册申请,驳回其他人的注册申请。同日使用或者均未使用的,各申请人可以自收到商标局通知之日起30日内自行协商,并将书面协议报送商标局;不愿协商或者协商不成的,商标局通知各申请人以抽签的方式确定一个申请人,驳回其他人的注册申请。商标局已经通知但申请人未参加抽签的,视为放弃申请,商标局应当书面通知未参加抽签的申请人。

商标注册申请人自其商标在外国第一次提出商标注册申请之日起6个月内,又在中国就相同商品以同一商标提出商标注册申请的,依照该外国同中国签订的协议或者共同参加的国际条约,或者按照相互承认优先权的原则,可以享有优先权。商标在中国政府主办的或者承认的国际展览会展出的商品上首次使用的,自该商品展出之日起6个月内,该商标的注册申请人可以享有优先权。《巴黎公约》第4条规定,凡已在《巴黎公约》一个成员国内正式提出申请专利、实用新型、工业品外观设计或商标注册的人,或其权利合法继承人,在专利和实用新

---

① 对于"注册商标需要变更注册人的名义、地址或者其他注册事项,应当提出变更申请"。2013年《商标法》将变更注册由原来在"第二章商标注册的申请"中规定修改为在"第四章注册商标的续展、变更、转让和使用许可"中规定。这一修改意味着变更注册应属于在商标使用过程中的事宜。

型提出第一次申请之日起的12个月内、工业品外观设计和商标提出第一次申请之日起的6个月内享有在《巴黎公约》其他成员国内提出申请的优先权,即以在一国第一次申请的申请日作为在另一国再次申请的申请日。我国《商标法》不仅规定了外国优先权,而且还参照《专利法》的规定规定了本国优先权。和外国优先权类似,享有本国优先权的,以商标在中国政府主办的或者承认的国际展览会展出的商品上首次使用之日为申请日。

二、商标注册的审查与核准

商标审查是决定授予商标专用权的关键程序。商标局对申请注册的商标,应当自收到商标注册申请文件之日起9个月内审查完毕,符合《商标法》有关规定的,予以初步审定公告。我国对申请注册的商标采取全面审查原则,既要进行形式审查,又要进行实质审查。在审查过程中,商标局认为商标注册申请内容需要说明或者修正的,可以要求申请人作出说明或者修正。申请人未作出说明或者修正的,不影响商标局作出审查决定。这是世界大部分国家所采用的做法。还有一少部分国家对于商标注册申请只进行形式审查,而不进行实质审查。

(一)审查

1. 形式审查。形式审查是指商标局对商标注册申请的文件、手续是否符合《商标法》的规定进行审查,主要对申请书的填写是否属实、准确、清晰,有关手续是否完备进行审查。通过形式审查决定商标注册申请能否受理。其中主要包括:

(1)申请人资格。主要审查申请人是否具有申请注册商标的主体资格和申请人申请商标所指定保护的商品或服务是否符合法律规定。

(2)申请文件填写与格式。审查申请文件是否齐全、填写是否规范、签字或者印章是否缺少;同时申请人的名义与印章、营业执照是否一致;申请人的地址是否准确;申请人指定的商品或服务填写是否规范、具体,分类是否准确;审查商标及商标图样的规格、数量是否符合要求。

(3)商标及商标图样的规格、数量是否符合要求,应提交的证明文件是否完备,委托事项是否符合要求。

(4)商标注册申请是否缴纳规费。

商标注册的申请日期,以商标局收到的申请书件的日期为准。申请手续不齐备或者未按照规定填写申请书件的,予以退回,申请日期不予保留。申请手续基本齐备或者申请书件基本符合规定,但是需要补正的,限期内补正并交回商标局的,保留申请日期;未作补正或者超过期限补正的,予以退回,申请日期不予保留。也就是说,申请日就是商标局收到复核形式要求的申请材料的日期,实际上也是商标局发给的《受理通知书》上载明的日期。

2. 实质审查。实质审查是指经形式审查后，商标局对商标的内容是否符合注册条件进行审查。申请注册的商标，不得违反法律规定，同时有显著特征，便于识别，并不得与他人在先取得的合法权利相冲突。实质审查主要分为绝对条件审查和相对条件审查。

（1）绝对条件审查。绝对条件的审查包括以下内容：① 法定构成要素。注册商标必须能够将自然人、法人或者其他组织的商品与他人的商品区别开来，主要包括文字、图形、字母、数字、三维标志、颜色组合和声音等。② 显著性。申请注册的商标，应当有显著特征，便于识别。作为商标必须具备让消费者区分商品与服务的标识功能，即标识功能和区别功能，不然就失去商标存在的意义。③ 禁止条款。商标禁止性条款是与公共利益相冲突，既不能作为商标注册，也不能使用。这些规定主要分布在《商标法》的以下条款中：其一，关涉国家名称、军队标志、国际组织标志、红十字、红新月、民族歧视性、欺骗性、有害于道德风尚及不良影响、有关县级区划的地名等；其二，关涉商品或服务的通用名称、图形、型号、叙述商品或服务特点的标志、以及缺乏显著性的标志；其三，关涉地理标志保护的规定等。尽管均为禁止条款，但《商标法》第10条和第11条所规定的禁止情形是不同的。《商标法》第10条规定的禁止是绝对的，这些标志不仅不能注册，而且不能使用。而《商标法》第11条规定的禁止情形则是相对的，即这些标志最初是禁止注册的，但却可以使用。对于那些描述性的商标，如果通过使用而获得了显著性，仍然是可以注册的。④ 功能性。以三维标志申请注册商标的，仅由商品自身的性质产生的形状、为获得技术效果而需有的商品形状或者使商品具有实质性价值的形状，不得注册。

拓展贴士

声音商标：

2013年《商标法》增加了能与他人商品区分开的声音可以作为商标，为与其相匹配删去了"可视性"条件。商标注册行为是一种确立私权的行为，商标法应尽量为申请人申请注册商标提供多样化的选择，这样也可以增加商标注册的覆盖面。[①] 因此，从商标注册构成要素的发展来看，总的趋势是不断扩大可以申请注册的构成要素的范围，这既符合商标使用的实际需要，也反映了国际商标领域的发展趋势。

[①] 冯晓青：《〈商标修正案（草案）〉评审与修改建议》，载《知识产权》2013年第2期。

(2) 相对条件审查。《商标法》第9条第1款后半段规定,申请注册的商标不得与他人在先取得的合法权利相冲突。第32条规定,申请商标注册不得损害他人现有的在先权利,也不得以不正当手段抢先注册他人已经使用并有一定影响的商标。在先权利是指在商标申请注册之前即已存在并合法有效的权利,既包括他人已经使用并有一定影响的在先商标,也包括其他在先权利,如人身权中的姓名权和肖像权、著作权、外观设计专利权、企业名称权、知名商品的特有名称包装装潢权、地理标志权、特殊标志权、奥林匹克标志权及世界博览会标志权等。

(二) 初步审定、公告与商标异议

凡是经过实质审查,商标局认为注册申请符合《商标法》的有关规定,需要在《商标公告》上予以初步审定公告。初步审定公告的内容有审定号、申请日期、商标、指定使用商品或服务、申请人的姓名与地址。公告初步申请商标的目的是为了已经注册的商标权人、申请在先的申请人以及其他在先权利人提供发现并维护其权利的机会,也帮助商标局更好履行相关审查工作。

2014年《商标法实施条例》增加了分割申请的规定,其第22条规定,商标局对一件商标注册申请在部分指定商品上予以驳回的,申请人可以将该申请中初步审定的部分申请分割成另一件申请,分割后的申请保留原申请的申请日期。需要分割的,申请人应当自收到商标局《商标注册申请部分驳回通知书》之日起15日内,向商标局提出分割申请。商标局收到分割申请后,应当将原申请分割为两件,对分割出来的初步审定申请生成新的申请号,并予以公告。

初步审定不等于核准注册,还需要经过公告异议程序才能决定是否核准注册。对于初步审定的商标,自在《商标公告》上公布之日起3个月内,法定异议主体可以向商标局提出反对意见,要求驳回初步审定的商标注册申请,不予注册,这就是商标异议程序。异议程序只是一个在商标申请注册过程中被人提出异议的时候采取的补救程序,因此并非每个商标申请都会经过,但任何一个商标注册申请都要经过3个月的异议期才能获准注册。

商标异议是我国商标注册程序中的重要组成部分,在有利于当事人维护自己权益的同时,也有效补充了商标局实质审查工作,而且也提高了商标局工作的透明度,方便社会公众对于商标局工作的监督。同时,商标异议程序的存在影响商标申请人及时获得商标注册。有的商业竞争对手为拖延申请人注册商标的时间,或者为尽可能长时间地使用与他人相同或近似的商标并避免承担可能产生的侵权责任而提出异议。甚至有一些人恶意提起商标异议以索取高额费用。

商标异议分为绝对条件异议和相对条件异议两种类型。相对条件异议主体限定为在先权利人或利害关系人,大大缩小了可以异议的主体范围,有利于遏制恶意异议的现象。相对条件的异议主体限定为在先权利人、利害关系人,异议理由限定为违反《商标法》第13条第2款和第3款、第15条、第16条第1款、第30条、第31条以及第32条的规定。绝对条件的异议主体资格可以是任何人,异议理由限定为违反《商标法》第10条(合法性)、第11条(显著性)、第12条(功能性)规定。比如,引导案例中,如果认为"国酒茅台"或"国酒茅台及图"商标会导致引人误解的宣传效果,任何人都可以向商标局提出商标异议。

对初步审定公告的商标提出异议的,商标局应当听取异议人和被异议人陈述事实和理由,经调查核实后,自公告期满之日起12个月内作出是否准予注册的决定,并书面通知异议人和被异议人。有特殊情况需要延长的,经国务院工商行政管理部门批准,可以延长6个月。对于商标注册申请异议,商标局不能针对商标异议进行审查并对异议是否成立作出裁定,只能在法定的期限内对商标异议申请审查后直接作出准予或者不准予授予商标权的决定。①

商标局作出准予注册决定的,发给商标注册证,并予公告。异议人不服的,可以向商标评审委员会请求宣告该注册商标无效。商标局作出不予注册决定,被异议人不服的,可以自收到通知之日起15日内向商标评审委员会申请复审。

(三) 商标注册申请的驳回

对于不符合《商标法》规定的申请,由商标局驳回。商标注册申请的驳回分为全部驳回与部分驳回。全部驳回是指商标局依法对所有商品或服务上申请注册的商标整体作出的不予注册的行为,部分驳回是指商标局依法对部分商品或服务上申请注册的商标作出了不予注册的行为。如有人曾在第33类类似群组"混凝土搅拌机"及第34类类似群组的"起重机、升降设备"等商品注册"高尔"文字商标,但因为"起重机、升降设备"上的"高尔"文字商标他人已经在先申请,商标局就驳回在第34类类似群组上"起重机、升降设备"的注册申请,保留第33类类似群组上"混凝土搅拌机"的申请。

(四) 核准注册

申请注册的商标公告期满且无异议的,商标局应予以核准注册,发给商标注册证,并予公告。经审查异议不成立而准予注册的商标,商标注册申请人取得商标专用权的时间自初步审定公告3个月期满之日起计算。这一规定主要是为了商标申请人不因不能成立的商标异议而影响商标核准注册的时间,这样商标注册申请一经初步审定公告,不论异议人提出的异议是否经过复审裁定或司法审

---

① 2013《商标法》以前的异议制度规定在异议人提出异议的情况下,如果一方当事人对异议决定不服,可以申请异议复审,对异议复审结果不服,还可以提出行政诉讼。因此,难免造成申请注册商标程序冗长、效率低下的问题。

查,也不论耗费多长时间,只要异议不成立,注册申请人取得商标专用权的时间与在3个月异议期无异议的商标注册申请一样,均从初步审定公告3个月期满之日起计算。

自该商标公告期满之日起至准予注册决定作出前,对他人在同一种或者类似商品上使用与该商标相同或者近似的标志的行为不具有追溯力;但是,因该使用人的恶意给商标注册人造成的损失,应当给予赔偿。

第三节 注册商标的无效

 引导案例

> 案例:ELEE杂志是法国出版公司编辑出版的一份刊物,创刊于1945年。该杂志一直领导着妇女服装和生活杂志的潮流,ELLE牌服装于1949年开始投放市场,而且该商标在法国外的其他许多国家注册成功。中国纺织品进口公司湖南分公司自1989在服装上注册了ELLE商标,此后一直在国内外市场上使用该注册商标。法国出版公司发现湖南分公司的ELLE商标后即向商标评审委员会提出请求,认为其ELLE商标为驰名商标应予特殊保护,湖南分公司的ELLE商标应予以撤销。湖南分公司认为,其ELLE商标注册程序合法,法国出版公司的ELLE与其商标相同使用范围不同,不应享受特殊保护。ELEE杂志可以通过什么程序解决?

注册商标无效,是指已经核准注册的商标因违反商标法的有关核准注册条件的规定而被宣告无效。注册商标宣告无效有两种程序,一是商标局依职权自行宣告注册商标无效。二是商标评审委员会应请求而宣告注册商标无效。

一、注册商标无效的分类

根据注册商标无效的理由,注册商标无效可以分为相对无效与绝对无效。

(一)相对无效

相对无效是侵犯他人相关权利而由在先权利人或利害关系人提出宣告无效的请求的注册商标无效。文字图形等标志的非物质性决定了它们可在同一时间里被不同主体以不同的方式利用,从而导致权利冲突。解决权利冲突的基本原则之一是尊重在先合法权利。[①]《商标法》第 45 条规定,已经注册的商标,违反《商标法》第 13 条第 2 款和第 3 款(驰名商标)、第 15 条(被代表人被代理人商标)、第 16 条第 1 款(地理标志)、第 30 条(在先商标)、第 31 条(同时申请)、第 32 条(在先权利和有一定影响的商标)规定的,自商标注册之日起 5 年内,在先权利人或者利害关系人可以请求商标评审委员会宣告该注册商标无效。对恶意注册的,驰名商标所有人不受 5 年的时间限制。对于注册商标的相对无效,因其侵害的是相关权利人或者利害关系人的合法权益,因此应由相关当事人提出无效宣告的请求,商标局或者商标评审委员会均不能主动依职权宣告这类商标无效。在引导案例中,根据 2001 年之前的《商标法》的规定,ELEE 杂志可以请求商标评审委员会撤销湖南分公司的 ELEE 服装商标,而根据现行《商标法》的规定,ELEE 杂志可以请求商标评审委员会宣告湖南分公司的 ELEE 服装商标无效。

在相对无效的理由中,明确规定抢注他人未注册商标的行为也在禁止之列,其意义不仅仅在于规范违反诚实信用的行为,也明确了对于未注册商标权人合法权益的保护。

(二) 绝对无效

绝对无效与相对无效不同,绝对无效主要危害公共利益,并且违反公序良俗的原则,请求主体不受限制并且商标局也可以依法自行宣告注册商标无效。《商标法》第 44 条规定,已经注册的商标,违反《商标法》第 10 条(合法性)、第 11 条(显著性)、第 12 条(功能性)规定的,或者是以欺骗手段或者其他不正当手段取得注册的,由商标局宣告该注册商标无效;其他单位或者个人也可以请求商标评审委员会宣告该注册商标无效。

"以欺骗手段取得注册"主要是指用虚构、隐瞒事实真相或者伪造申请书件及有关文件进行注册。"以其他不正当手段取得注册"的规定主要是出于保护公共利益和注册秩序,一般不能用于保护相对人的权益,而应在确有充分证据证明商标注册人明知或者应知其商标注册行为违反了诚实信用原则,损害了公平竞争的市场秩序的情形下,才能作出无效裁定。

二、注册无效的效力

注册商标一旦被宣告无效,该注册商标专用权视为自始即不存在。因此,无效商标的专有权归于消灭,相关的权利义务也归于无效。注册商标被宣告无效,对于宣告无效前人民法院作出并已执行的侵犯商标权案件的判决、裁定、调解书和工商行政管理部门作出并已执行的侵犯商标权案件的处理决定以及已经履行的商标转让或者使用许可合同不具有追溯力。但是,因商标注册人的恶意给他

[①] 杨雄文:《知识产权法总论》,华南理工大学出版社 2013 年版,第 144 页。

人造成的损失,应当给予赔偿。如果上述情况不返还侵犯商标权赔偿金、商标转让费、商标使用费,明显违反公平原则的,应当全部或者部分返还。如此规定既有利于维护相对人的合法权利,也有利于稳定有序的市场秩序,并注意了法律惩恶扬善的功能,确保公平合理地处理当事人之间的关系。

三、注册商标无效与注册商标撤销、商标异议的异同

（一）注册商标无效与注册商标撤销的异同

注册商标无效与注册商标撤销在形式上具有一些共同点:二者针对的对象均是已经存在的注册商标,均是使已经获准注册的商标权归于消灭;二者均可以由商标主管机关依职权进行或者根据有关当事人的申请作出。但在实质上,这是两种性质完全不同的制度:(1)启动的原因不同。注册商标无效是因为该注册商标在注册时即存在不符合法律规定的情形,而商标管理程序中撤销的商标在注册时是符合法律规定的,但其在使用中因违反法律规定而予以撤销。(2)设置的目的不同。注册商标无效的设置是一种对存在不应注册事由的不当注册的事后补救措施,撤销是为了规范商标的使用行为。(3)期限不同。除了恶意注册的以外,注册商标无效争议应该在法定的除斥期间内作出;而撤销的作出,除了持续不使用商标需要达到法定的期间外,其他情况下不受除斥期间的限制。(4)效力不同。注册商标无效的商标其专用权视为自始即不存在,而在管理程序中被撤销的商标撤销的效力只面向未来,不溯及既往,商标专用权自撤销决定生效时丧失。

（二）注册商标无效与商标异议的异同

商标异议与注册商标无效宣告的理由基本是相同的,而且在不同理由所对应的主体条件要求方面也基本相同。但是两者具有不同的功能:(1)商标异议的对象是商标局初步审定并公告的商标,该商标尚未具有商标专用权;而被请求宣告无效的商标是已经核准注册的商标,只要在商标评审委员会或者人民法院作出商标权无效的裁决生效之前,该商标的专有权仍受到法律的保护。(2)两种程序对于实现的要求是不同的。商标异议的期限是自初步审定公告之日起3个月内。商标争议则区分不同的情形作出了不同的时限规定。(3)注册商标无效的绝对无效的情形,相对于商标异议的绝对条件而言,多出了"以欺骗手段或者其他不正当手段取得注册的"的规定。

第四节 商标评审

商标评审制度能弥补审查制度的不足,起到监督与纠错的救济功能。商标评审程序的复审性质,使其能在一定程度上弥补商标局在审查和注册过程中的疏失错漏,有助于商标局规范自身的行政行为,给予当事人合法权利的救济可能

性。该制度并不是商标审批流程的一个必经程序,而是一个具有监督性质的法律程序,并受到司法最终审查原则的约束。

一、商标评审的概念和性质

国务院工商行政管理部门设立商标评审委员会,负责处理商标争议事宜。商标评审委员会与商标局同属国家工商行政管理总局下设的行政执法机构,两者并无隶属关系,但两者的工作既相互关联、又相互制约。

商标评审是商标评审委员会依照法律授权对当事人商标争议进行裁决的行政程序。商标评审委员会并不是商标局行政决定的复议机构,而是根据商标法的授权专门处理商标争议事宜的行政裁决机构。

当事人对商标评审委员会作出的决定或裁定不服,可以在法定期限向人民法院起诉。

二、商标评审组织

负责商标评审工作的组织是商标评审委员会,是我国商标确权程序中最高的行政机构。商标评审委员会虽然是由国务院工商行政管理部门设立的评审机构,但却是与商标局平行的独立机构,相互并无隶属关系。

商标评审委员会由主任委员、副主任委员、委员组成,由国家工商行政管理总局任命。

三、商标评审事由

依据《商标法》和《商标法实施条例》的规定,商标评审委员会负责处理下列商标评审案件:

(一)不服商标局驳回商标注册申请的决定,依据《商标法》第34条规定申请复审的案件(以下简称"驳回复审案件");

(二)商标异议中商标局作出不予注册决定,被异议人不服的,根据《商标法》第35条第3款规定申请复审的案件(以下简称"不予注册复审案件")[①];

(三)对已经注册的商标,依据《商标法》第44条、第45条规定对无效宣告请求裁定的案件(以下简称"无效复审案件");

(四)不服商标局作出撤销或者维持注册商标的决定,依据《商标法》第54条规定申请复审的案件(以下简称"撤销复审案件")。

[①] 2013年《商标法》之前,不服商标局异议裁定的异议人和被异议人均可以申请复审,2013年《商标法》修正调整为只有被异议人不服异议裁定可以向商标评审委员会申请复审,而异议人只能向商标评审委员会请求宣告注册商标无效。

四、商标评审程序

(一) 商标评审程序的一般规定

1. 商标评审案件的受理

申请商标评审,应符合下列法定条件:

(1) 申请人必须有合法的主体资格。依据商标评审案件的类型不同,对商标评审申请人主体资格的要求也有所不同。如驳回复审案件申请人须是经商标局驳回的原商标注册申请人;依据《商标法》第 44 条第 1 款规定提出争议的主体可以是任何单位和个人;依据《商标法》第 45 条第 1 款规定提出争议的主体应为商标所有人或利害关系人,利害关系人包括注册商标使用许可合同的被许可人、注册商标财产权利的合法继承人等。

(2) 在法定期限内提出。对于异议复审案件,商标局作出不予注册决定,被异议人不服的,可以自收到通知之日起 15 日内向商标评审委员会申请复审。当事人对商标局作出宣告注册商标无效的决定不服的,可以自收到通知之日起 15 日内向商标评审委员会申请复审。已经注册的商标,违反《商标法》第 13 条第 2 款和第 3 款、第 15 条、第 16 条第 1 款、第 30 条、第 31 条、第 32 条规定的,自商标注册之日起 5 年内,在先权利人或者利害关系人可以请求商标评审委员会宣告该注册商标无效。对恶意注册的,驰名商标所有人不受 5 年的时间限制。

(3) 提交符合规定的申请书及有关证据材料。依据《商标法》等有关规定,当事人提出商标评审申请或答辩后可以补充有关证据材料。

(4) 有具体的评审请求和事实依据。

(5) 属于商标评审委员会的评审范围。

(6) 依法缴纳评审费用。

商标评审委员会收到商标评审申请书之日起 30 日内,按照上述条件进行审查,经审查符合受理条件的,应当向申请人发出《受理通知书》。不符合受理条件的不予受理,书面通知申请人并说明理由。需要补正的,通知申请人自收到通知之日起 30 日内补正。经补正仍不符合规定的,商标评审委员会不予受理,书面通知申请人并说明理由;期满未补正的,视为撤回申请,商标评审委员会应当书面通知申请人。

评审申请有被申请人的,商标评审委员会受理后,应当及时将申请书副本及有关证据材料送达被申请人,限其自收到申请书副本之日起 30 日内向商标评审委员会提交答辩书,并按照申请人的数量提交相应份数的副本;期满未提交或逾期提交的,视为放弃答辩。期满未答辩的,不影响商标评审委员会的评审。

申请人撤回商标评审申请的,不得以相同的事实和理由再次提出评审申请。商标评审委员会对商标评审申请已经作出裁定或者决定的,任何人不得以相同的事实和理由再次提出评审申请。但是,经不予注册复审程序予以核准注册后向商标评审委员会提起宣告注册商标无效的除外。

2. 审理

商标评审委员会审理复审案件,应当针对商标局的决定和申请人申请复审的事实、理由、请求以及评审时的事实状态进行评审。商标评审委员会作出复审决定前应当听取申请人的意见。

商标评审委员会审理商标评审案件应当组成合议组进行审理。合议组由商标评审人员3人以上的单数组成。商标评审委员会一般采用书面审理的方法进行评审案件,但是当事人可以请求进行公开评审。商标评审委员会根据当事人的请求或者实际需要,可以决定对评审申请进行公开评审。

当事人或者利害关系人可以对商标评审人员提出回避申请的,被申请回避的商标评审人员在商标评审委员会作出是否回避的决定前,应当暂停参与本案的审理工作。

在商标评审委员会审查商标过程中,有些当事人以侵犯其外观设计专利权、著作权等在先权利为由提起的,如果对所涉及的在先权利存在争议,正处于人民法院审理或者有关行政机关审理过程,商标评审委员会的审查程序需要中止,待人民法院或有关行政机关、对相关在先权利争议案件作出判决或处理决定后,再恢复审查程序。

在商标评审案件的审理中,如果发生以下情形,评审程序终止:(1)申请人死亡或者终止后没有继承人,或者继承人放弃评审权利的。(2)当事人撤回评审申请的。但是,商标评审委员会在作出决定、裁定以后才收到申请人的撤回评审申请的,不影响评审决定、裁定的有效性。申请人撤回商标评审申请的,不得以相同的事实和理由再次提出评审申请。(3)被请求裁定撤销的商标已经丧失专有权的。(4)其他应当终止评审的情形。

3. 裁决

经商标评审委员会审理作出的决定书、裁定书载明下列主要内容:(1)评审请求、争议的事实和理由;(2)决定或者裁定认定的事实、理由和适用的法律依据;(3)决定或者裁定结论;(4)可供当事人选用的后续程序和时限;(5)决定、裁定作出的日期。决定书、裁定书由合议组成员署名,加盖商标评审委员会印章。当事人对商标评审委员会的裁定、决定不服的,可以自收到通知之日起30日内向人民法院起诉。商标评审委员会作出的决定、裁定裁决书自签发之日起30日内,当事人未向人民法院起诉的,即发生法律效力。

(二) 驳回复审案件程序

申请人对驳回申请、不予公告的商标不服的,可以自收到通知之日起15日内向商标评审委员会申请复审。商标评审委员会应当自收到申请之日起9个月内作出决定,并书面通知申请人。有特殊情况需要延长的,经国务院工商行政管理部门批准,可以延长3个月。

商标评审委员会审理不服商标局驳回商标注册申请决定的复审案件,应当针对商标局的驳回决定和申请人申请复审的事实、理由、请求及评审时的事实状态进行审理。

商标评审委员会审理不服商标局驳回商标注册申请决定的复审案件,发现申请注册的商标有违反《商标法》第10条、第11条、第12条和第16条第1款规定情形,商标局并未依据上述条款作出驳回决定的,可以依据上述条款作出驳回申请的复审决定。商标评审委员会作出复审决定前应当听取申请人的意见。

(三) 不予注册复审案件程序

商标异议程序中,商标局作出不予注册决定,被异议人不服的,可以自收到通知之日起15日内向商标评审委员会申请复审。商标评审委员会应当自收到申请之日起12个月内作出复审决定,并书面通知异议人和被异议人。有特殊情况需要延长的,经国务院工商行政管理部门批准,可以延长6个月。

商标评审委员会审理不服商标局不予注册决定的复审案件,应当针对商标局的不予注册决定和申请人申请复审的事实、理由、请求及原异议人提出的意见进行审理。

商标评审委员会审理不服商标局不予注册决定的复审案件,应当通知原异议人参加并提出意见。原异议人的意见对案件审理结果有实质影响的,可以作为评审的依据;原异议人不参加或者不提出意见的,不影响案件的审理。

(四) 无效复审案件程序

在商标取得注册后,任何人认为违反绝对条件或在先权利人认为违反相对条件,可以向商标评审委员会请求宣告注册商标无效。商标异议人对于准予注册决定不服的也只能以违反绝对或相对条件申请宣告无效。请求的主体和事由不同,商标评审委员会的评审时间和程序有所差异。

任何单位或个人请求商标评审委员会宣告注册商标无效的情况下,商标评审委员会收到申请后,应当书面通知有关当事人,并限期提出答辩。商标评审委员会应当自收到申请之日起9个月内作出维持注册商标或者宣告注册商标无效的裁定,并书面通知当事人。有特殊情况需要延长的,经国务院工商行政管理部门批准,可以延长3个月。

而在先权利人或者利害关系人可以请求商标评审委员会宣告该注册商标无效的情况下,商标评审委员会收到宣告注册商标无效的申请后,应当书面通知有关当事人,并限期提出答辩。商标评审委员会应当自收到申请之日起12个月内作出维持注册商标或者宣告注册商标无效的裁定,并书面通知当事人。有特殊情况需要延长的,经国务院工商行政管理部门批准,可以延长6个月。

（五）撤销复审案件程序

商标注册人在使用注册商标过程中，有自行改变注册商标、注册人名义、地址或者其他注册事项的，连续 3 年不使用的等违反《商标法》相关规定的情形发生，商标局可以撤销该注册商标。对商标局撤销或者不予撤销注册商标的决定，当事人不服的，可以自收到通知之日起 15 日内向商标评审委员会申请复审。商标评审委员会应当自收到申请之日起 9 个月内作出决定，并书面通知当事人。有特殊情况需要延长的，经国务院工商行政管理部门批准，可以延长 3 个月。

司考链接

1. 甲于 1999 年 3 月 1 日开始使用"建华"牌商标，乙于同年 4 月 1 日开始使用相同的商标。甲、乙均于 2000 年 5 月 1 日向商标局寄出注册"建华"商标的申请文件，但甲的申请文件于 5 月 8 日寄至，乙的文件于 5 月 5 日寄至。商标局应初步审定公告谁的申请？（2003 年卷三 12 题，单选）

A. 同时公告，因甲、乙申请日期相同

B. 公告乙的申请，因乙申请在先

C. 公告甲的申请，虽然甲、乙同时申请，但甲使用在先

D. 由商标局自由裁定

答案：B

2. 某县的甲公司未经漫画家乙许可，将其创作的一幅漫画作品作为新产品的商标使用，并于 2003 年 3 月 3 日被核准注册。乙认为其著作权受到侵害，与甲发生纠纷。乙应当采取下列哪种方式保护自己的合法权益？（2008 年卷三 22 题，单选）

A. 向甲公司所在地基层法院提起侵犯著作权之诉

B. 向有管辖权的法院提起撤销甲公司的注册商标之诉

C. 请求商标评审委员会裁定撤销甲公司的注册商标

D. 请求商标局裁定撤销甲公司的注册商标

答案：C

3. 商标注册申请人自其在某外国第一次提出商标注册申请之日起 6 个月内，又在中国就相同商品以同一商标提出注册申请的，依据下列哪些情形可享有优先权？（2010 年卷三 64 题，多选）

A. 该外国同中国签订的协议

B. 该外国同中国共同参加的国际条约

C. 该外国同中国相互承认优先权

D. 该外国同中国有外交关系

答案：ABC

4. 个体经营户王小小从事理发服务业,使用"一剪没"作为未注册商标长期使用,享有较高声誉。王小小通过签订书面合同许可其同一城区的表妹张薇薇使用"一剪没"商标从事理发业务。后张薇薇以自己的名义申请"一剪没"商标使用于理发业务并获得注册。下列哪一说法是正确的?(2011年卷三18题,单选)

A. 该商标使用许可合同自双方签字之日起生效
B. 该商标使用许可合同应当报商标局备案
C. 王小小有权自"一剪没"注册之日起5年内请求商标评审委员会撤销该注册商标
D. 王小小有权自"一剪没"注册之日起5年内请求商标局撤销该注册商标

答案:C

5. 甲公司将其生产的白酒独创性地取名为"逍遥乐",并在该酒的包装、装潢和广告中突出宣传酒名,致"逍遥乐"被消费者熟知,声誉良好。乙公司知道甲公司没有注册"逍遥乐"后,将其作为自己所产白酒的商标使用并抢先注册。该商标注册申请经商标局初步审定并公告。下列哪些说法是错误的?(2012年卷三65题,多选)

A. 甲公司有权在异议期内向商标局提出异议,反对核准乙公司的注册申请
B. 如"逍遥乐"被核准注册,甲公司有权主张先用权
C. 如"逍遥乐"被核准注册,甲公司有权向商标局请求撤销该商标
D. 甲公司有权向法院起诉请求乙公司停止使用并赔偿损失

答案:BCD

推荐阅读

1. 彭学龙:《寻求注册与使用在商标确权中的合理平衡》,载《法学研究》2010年03期。

2. 冯晓青:《商标法修正案(草案)》评述与修改建议,载《知识产权》2013年02期。

第五章　注册商标的利用

要点提示

本章重点掌握的知识：1. 注册商标使用许可的概念和类型；2. 注册商标转让的概念和限制；3. 注册商标质押的概念和程序。

本章知识结构图

注册商标的利用
- 注册商标的使用许可
  - 注册商标使用许可的概念和意义
  - 商标使用许可的类型和内容
  - 商标使用许可的程序
  - 商标许可人的质量控制义务
  - 转让不破许可以及许可人的商标维持义务
  - 商标无效宣告与商标使用许可的关系
- 注册商标的转让
  - 注册商标转让的概念
  - 注册商标转让合同
  - 注册商标转让的程序、限制条件和效力
  - 注册商标转让与在先的许可合同的关系
- 注册商标的质押和其他利用
  - 注册商标的质押
  - 注册商标的其他利用

　　商标权属于民事权利。因此，如同其他民事权利一样，是可以将它作为一项财产来利用的。例如，可以将它转让，利用它的价值设定质押，将它作为向公司出资的标的，以及将之许可给他人。如同民事权利的典型代表——所有权一样，商标权也有诸如使用、收益、处分的权能，这些权能使得对于商标权的利用成为可能。本章所指的注册商标的利用，是指通过法律行为对商标权进行利用，尤其是通过有偿、双务的合同对商标权进行利用，区别于通过事实行为对商标进行的利用，后者常常是指商标权人自己使用商标，以及被许可人使用商标，以及由于继承或权利义务承受（继承和承受统称为继受）的事实发生，从而导致的商标权在被继受人与继受人之间的移转。

第一节 注册商标的使用许可

> **案例1**：甲是"虹美"注册商标的专用权人。2004年甲将商标许可给乙使用，约定乙享有独占许可使用权，期限为3年，该合同经过商标局备案。2006年，甲自己在其生产的同种商品上使用"虹美"商标。同年，甲与丙签订合同，许可丙在同种商品上使用"虹美"商标。同年，丁未经甲的许可，在同种商品上使用"虹美"商标。问乙可否对甲有所请求，理由为何？可否对丙有所请求，理由为何？可否对丁有所请求，理由为何？
>
> **案例2**：甲有"星球"注册商标，于2012年5月与乙签订商标使用许可合同，约定期限3年，每年支付使用费若干。经乙同意，甲又于2013年6月与丙签订商标转让合同，将商标转让给丙，并已办理转让手续。2014年7月，甲之商标被宣告无效。问，乙能否请求退还使用费，丙能否请求退还转让费？

在商标权的内容中，一个重要的方面就是专有使用权，即商标权人享有在核定使用的商品或服务上使用核准注册的商标的权利。注册商标的使用有两种基本方式，一是商标权人自己使用，二是许可他人使用。注册商标的使用包括将注册商标用于商品本身、商品的包装、容器及商品交易文书上、或者商品的广告宣传、展览或其他业务中。可见，商标权的使用不限于使用在商品上，还可以延伸到与推销商品有关的活动中。本节讲解商标权人许可他人使用其注册商标的相关知识。

一、注册商标使用许可的概念和意义

注册商标的使用许可，是指注册商标所有人，通过订立许可使用合同，允许他人使用其注册商标的一种制度。注册商标使用许可制度在法律上的意义在于：实现商标权人的收益权能，并且可以借此维持商标权的效力。其在经济上的意义则在于：迅速实现某一品牌商品的产量扩张，借以扩大市场占有率。

二、商标使用许可的类型和内容

（一）商标使用许可的类型

注册商标的使用许可,依其性质,可分为独占使用许可、排他使用许可和普通使用许可三种类型。根据最高人民法院《关于审理商标民事纠纷案件适用法律若干问题的解释》(以下简称《商标纠纷解释》)第 3 条的规定,独占使用许可,是指商标注册人在约定的期间、地域和以约定的方式,将该注册商标仅许可一个被许可人使用,商标注册人依约定不得使用该注册商标。排他使用许可,是指商标注册人在约定的期间、地域和以约定的方式,将该注册商标仅许可一个被许可人使用,商标注册人依约定可以使用该注册商标但不得另行许可他人使用该注册商标。普通使用许可,是指商标注册人在约定的期间、地域和以约定的方式,许可他人使用其注册商标,并可自行使用该注册商标和许可他人使用其注册商标。其中独占使用许可和排他使用许可的不同是商标注册人在商标许可合同期间是否可以使用被许可使用的注册商标,在独占使用许可的情况下,商标注册人不能使用被许可的注册商标。在不同的商标使用许可中被许可人的诉讼地位是不同的,根据《商标纠纷解释》第 4 条第 2 款的规定,在发生注册商标专用权被侵害时,独占使用许可合同的被许可人可以向人民法院提起诉讼;排他使用许可合同的被许可人可以和商标注册人共同起诉,也可以在商标注册人不起诉的情况下,自行提起诉讼;普通使用许可合同的被许可人经商标注册人明确授权,可以提起诉讼。《商标纠纷解释》之所以如此规定是因为独占使用许可合同的被许可人所拥有权利类似于物权,尤其是考虑到,在这种情形,商标权人通过许可合同已经获得了收益,使用商标进行经营的风险几乎全部归于被许可人。第三人侵犯该商标,受损的主要也是被许可人,因此有必要赋予独占使用许可的被许可人一种能够对抗第三人的效力。

（二）商标使用许可合同的内容

1997 年的《商标使用许可合同备案办法》第 6 条规定,商标使用许可合同至少应当包括下列内容:(1)许可使用的商标及其注册证号;(2)许可使用的商品范围;(3)许可使用期限;(4)许可使用商标的标识提供方式;(5)许可人对被许可人使用其注册商标的商品质量进行监督的条款;(6)在使用许可人注册商标的商品上标明被许可人的名称和商品产地的条款。该条中虽然声称"至少应当"包括下列内容,但现在一般将之理解成是一种宣示性、提醒性质的规定。除以上各项以外,商标许可使用合同往往还包括许可使用的性质的条款,即究竟是独占性使用许可、排他性使用许可还是普通使用许可;许可费的数额或计算方式、支付时间以及支付方式;使用许可的地域范围;违约责任条款等等。

三、商标使用许可的程序

根据《商标法》第 43 条第 3 款的规定,许可他人使用其注册商标的,许可人应当将其商标使用许可报商标局备案,由商标局公告。关于备案的程序,根据有关法律法规的要求,备案工作由许可人负责,许可人应当自商标使用许可合同签订之日起 3 个月内将合同副本报送商标局备案。申请商标使用许可合同备案,应当提交下列书件:(1) 商标使用许可合同备案表;(2) 商标使用许可合同副本;(3) 许可使用商标的注册证复印件。另外,人用药品商标使用许可合同备案,应当同时附送被许可人取得的卫生行政管理部门的有效证明文件。卷烟、雪茄烟和有包装烟丝的商标使用许可合同备案,应当同时附送被许可人取得的国家烟草主管部门批准生产的有效证明文件。外文书件应当同时附送中文译本。备案事项可以委托代理人进行。

商标使用许可合同备案书件齐备,符合《商标法》及《商标法实施条例》有关规定的,商标局予以备案。已备案的商标使用许可合同,由商标局向备案申请人发出备案通知书,并集中刊登在每月第二期《商标公告》上。对已备案的商标使用许可合同,任何单位和个人均可以提出书面查询申请。结合以上规定可见,备案起到了公示的作用,这也是经过备案的商标使用许可权可以对抗第三人的原因。

根据 2013 年《商标法》第 43 条第 3 款和《商标纠纷解释》第 19 条的规定,使用许可合同的备案不影响商标许可使用合同本身的效力,但商标使用许可合同未在商标局备案的,不得对抗善意第三人。这里所谓的"不得对抗善意第三人",如果所授予的商标使用许可是独占性的或者排他性的,之后善意第三人又与商标权人签订独占性的或者排他性的商标使用许可,则根据该解释,第一个独占使用许可人或者排他使用许可人不得向第三人(即第二个独占使用许可人或者排他使用许可人)主张他的优先效力。在善意第三人与商标权人签订普通使用许可的情形亦同。但是,如果善意第三人与商标权人签订独占性的或者排他性的商标使用许可,并经过备案,那么,该善意第三人能否主张第一个独占使用许可或者排他使用许可无效。就此,法律以及司法解释并未作出规定,所以可以说此处存在一个"法律漏洞"。在案例 1 中,2004 年甲将商标许可给乙使用,约定乙享有独占使用许可权,期限为 3 年,该合同经过商标局备案。2006 年,甲自己在其生产的同种商品上使用"虹美"商标。甲的这一行为构成违约,乙可以向甲主张实际履行合同,并作出违约损害赔偿。甲与丙签订合同,许可丙在同种商品上使用"虹美"商标。乙的独占使用许可权经过备案,具有类似物权的效力,可以向丙主张停止侵权,并要求损害赔偿。丁未经甲的许可,在同种商品上使用"虹美"商标。除了甲可以向丁主张侵权损害赔偿之外,乙也可以向丁主张侵权损害赔偿。

四、商标使用许可中许可人的质量控制义务

由于商标具有质量保证功能,商标法赋予商标注册人和使用人一定的质量义务。《商标法》第 43 条规定,在商标使用许可中,许可人应当监督被许可人使用其注册商标的商品质量,被许可人应当保证使用该注册商标的商品质量。商标法在商标许可合同中关于商品质量义务的规定和一般合同不同。在一般情况下,合同双方的义务是对应的,即一方的义务,往往是另一方的权利。但在质量保证和质量控制上,许可人和被许可人均是承担义务的主体,即使使用许可合同中不做约定,许可方和被许可方也需承担上述义务。《商标法》之所以如此规定,其根本原因是商标保护不仅涉及商标注册人和竞争对手的利益,同时还涉及消费者的利益,为了维护消费者的利益,《商标法》在商标许可中不仅赋予许可人以质量控制的义务,而且赋予被许可人质量保证的义务。商标许可人的质量控制义务和被许可人的质量保证义务可以确保使用同一商标的商品具有大致相同的品质,有利于商标质量保证功能的发挥,在维护许可人的商业信誉和商品声誉的同时,也保护消费者的利益。另外,经许可使用他人注册商标的,必须在使用该注册商标的商品上标明被许可人的名称和商品产地。这同样是维护消费者利益在商标法中的体现。

五、转让不破许可以及许可人的商标权维持义务

商标权人将商标许可给他人使用之后,能否再将商标予以转让?对这一问题的回答是肯定的。没有理由限制商标权人利用商标的方式。《商标纠纷解释》第 20 条已经对此作出明确规定。但是,商标权人应当将此等情况对双方告知,即告知被许可人的同时也告知受让人。受让人取得注册商标后,他还需接受转让人与被许可人签订的商标使用许可合同的制约。

许可人将注册商标许可给他人使用,是以商标权的存续为前提的。因此,在许可合同期限内,许可人应该维持商标权的存续,具体包括:不得申请注销注册商标,不得放弃续展注册,积极应对第三人提出的商标无效之申请等。这一义务虽然并无法律明确规定,但应作此解释。

六、商标权宣告无效与商标使用许可合同的关系

许可人将注册商标许可给他人使用,是以商标权的持续有效为前提的。因此,若在许可期内,注册商标被宣告无效,则许可合同的基础丧失,合同嗣后履行不能,当事人应可以解除合同。鉴于注册商标的无效视为该商标自始不存在[①],我们认为,基于合同解除应当恢复原状的理论,被许可方已经支付的许可使用费应当得到返还。但若许可合同已经履行完毕,嗣后发生注册商标无效,此时应当如何处理?关于该问题,《商标法》第47条第2、3款规定:宣告注册商标无效的决定或者裁定,对宣告无效前人民法院作出并已执行的侵犯商标权案件的判决、裁定、调解书和工商行政管理部门作出并已执行的侵犯商标权案件的处理决定以及已经履行的商标转让或者使用许可合同不具有追溯力。但是,因商标注册人的恶意给他人造成的损失,应当给予赔偿。依照前款规定不返还侵犯商标权赔偿金、商标转让费、商标使用费,明显违反公平原则的,应当全部或者部分返还。上述条款,系兼顾了法的正义要求与安定性要求,折冲平衡之后的产物。首先是安定性的要求起作用,如果使用许可合同已经履行完毕,则不再赋予当事人要求恢复原状的权利。然后是正义的要求,如果不返还商标使用费明显违反公平的,则全部或部分返还。在案例2中,甲于2012年5月与乙签订商标使用许可合同,约定期限3年,每年支付使用费若干。经乙同意,甲又于2013年6月与丙签订商标转让合同,将商标转让给丙,并已办理转让手续。2014年7月,甲之商标被宣告无效。根据现行法,由于甲的注册商标被宣告无效时,甲与丙的转让合同已经履行完毕,故丙不能请求退还转让费。甲与乙的使用许可合同尚处于履行期,故乙可以解除合同,要求退还已经支付的许可使用费。

实务指引

案情回放: 在何素琴等诉芜湖光华集团有限公司注册商标使用许可合同纠纷案[②]中,法院查明:2001年1月1日,被告芜湖光华集团有限公司与案外人安徽丽光科技股份有限公司签订《商标使用许可合同》一份,约定由被告芜湖光华集团有限公司将其所有的"丽光"商标许可安徽丽光科技股份有限公司无偿使用,使用期限为2001年1月1日至2008年1月1日。2005年9月30日,被告芜湖光华集团有限公司作出《关于收回丽光商标使用权的函复》,决定收回"丽光"商标使用权,自2005年10月1日起终止与安徽丽光科技股份有限公司于2001年元月1日签订的《商标许可使用合同》,安徽丽光科技股份有限公司即日起不得再以任何形式使用"丽光"商标。因安徽丽光科技股份有限公司尚有部分合同需要履行,该公司于2005年9月30日又向被告芜湖光华集团有限公司提交《关于丽光商标使用权收回期延期的报告》一份,要求将收回"丽光"商标使用

---

① 《商标法》第47条第1款规定:依照本法第44条、第45条的规定宣告无效的注册商标,由商标局予以公告,该注册商标专用权视为自始即不存在。
② 安徽省芜湖市中级人民法院(2007)芜中民三初字第001号民事判决。

权的期限延续至妥善解决时为止,被告同日即在延期报告上签署了同意意见。此情节,被告在通过安徽长江产权交易所公开挂牌出让其所拥有的"LG""丽光"商标独占许可使用权时未予披露。

原告何素琴符合竞买受让条件,后以 375 万元的价格竞得"丽光"商标独占许可使用权。2005 年 11 月 14 日,原告何素琴与被告芜湖光华集团有限公司签订了《商标使用许可合同》。2005 年 11 月 15 日,被告向安徽丽光科技股份有限公司发出《关于停止使用丽光商标的函》,要求该公司从即日起停止使用"丽光"商标,待被告与新芜区国资办、原告何素琴三方协商后妥善处理。此后,原、被告双方并未就安徽丽光科技股份有限公司的"丽光"商标库存产品的销售问题达成一致意见。

安徽丽光科技股份有限公司分别于 2005 年 11 月 16 日、18 日向王宝生、潮家敏销售"丽光"太阳能热水器 9 台、56 台。2005 年 11 月 19 日,原告何素琴委托律师向被告芜湖光华集团有限公司发出律师函一份,该函认为 2005 年 11 月 18 日被告擅自销售"丽光"牌太阳能热水器的行为已构成违约,要求被告停止侵权之销售、提供库存商品的清单、督促合同单位停止加工、生产或销售,并要求留置应支付的首期商标许可使用费待侵权事件处理后再酌情支付。同年 11 月 21 日,原告何素琴与案外人钱广芳、孙启安合资成立了芜湖美丽阳光能源科技有限公司。同日,原告何素琴将上述《商标使用许可合同》设定的权利义务转让给原告芜湖美丽阳光能源科技有限公司,原告芜湖美丽阳光能源科技有限公司又与被告芜湖光华集团有限公司签订了《商标使用许可合同》。原告芜湖美丽阳光能源科技有限公司与被告芜湖光华集团有限公司签订的《商标使用许可合同》。后原告按照合同的约定向被告分期支付了首期商标许可使用费 150 万元,被告向国家工商总局就"LG""丽光"商标的许可使用办理了备案手续。

原告何素琴、芜湖美丽阳光能源科技有限公司于 2006 年 11 月 27 日诉至本院,认为被告向原告许诺商标的独占许可使用权,却故意隐瞒事实骗取原告支付了巨额对价,作出违背其本意的意思表示,显属欺诈行为,所立合同具备撤销的条件。被告理应退还其已收取的价款,并就造成的被告损失据实赔偿。

判决要旨:法院认为,原告与被告签订的《商标使用许可合同》合法有效。虽被告在此前许可安徽丽光科技股份有限公司使用"丽光"商标的信息披露不完整,但安徽丽光科技股份有限公司此后的擅自销售行为是侵害原告商标独占许可使用权的主要原因,并非被告故意隐瞒"丽光"商标库存产品销售和市场供应的真实情况,不能据此认定被告的行为构成欺诈行为。对原告要求撤销双方之间的《商标使用许可合同》、返还已给付的首期 150 万元的商标许可使用费的诉讼请求不予支持。被告在安徽长江产权交易所挂牌出让"丽光"商标许可使用权时,对商标使用权延期收回的报告及同意延期的意见等相关信息没有予以充分披露,此后,被告未就安徽丽光科技股份有限公司相关的"丽光"商标库存产品的销售与原告达成妥善处理的一致意见,故已经影响到原告对该商标的独占许可使用权的充分行使,其行为已违反我国《商标法》及相关司法解释的规定,构成对原告商标独占许可使用权的侵害,被告应当承担相应的赔偿责任。遂判决被告芜湖光华集团有限公司于本判决生效后10日内赔偿原告芜湖美丽阳光能源科技有限公司经济损失40万元。

第二节 注册商标的转让

 引导案例

> **案例**:2000年,唯冠国际控股有限公司(下称"唯冠控股")子公司唯冠科技(深圳)有限公司(下称"深圳唯冠")在中国大陆申请注册了两个"IPAD"文字商标和文字图形结合商标,并于2001年获得商标局核准注册,之后深圳唯冠将该商标使用在其自行研发的液晶显示器等电子产品上。2001年至2004年,唯冠控股另一子公司唯冠电子股份有限公司(下称"台湾唯冠")在欧盟、韩国、墨西哥、新加坡等国家共获得8个"iPad"相关注册商标专用权。
>
> 2005年前后,苹果公司策划相关产品进入欧洲市场之时,得知iPad商标归台湾唯冠所有。2009年12月,在英国设立的英国IP公司(下称"IP公司")在台湾与台湾唯冠签署IPAD商标整体转让协议,协议对价3.5万英镑。2010年4月3日,苹果公司iPad平板电脑产品在美国上市。4月7日,苹果公司与英国IP公司签订转让协议,以10英镑价格受让包括涉案商标在内的所有商标。
>
> 2010年下半年,苹果公司联合IP公司在深圳中院起诉深圳唯冠,请求法院确认两IPAD商标专用权归苹果公司所有。
>
> 问:两IPAD商标专用权是否已经转让?

一、注册商标转让的概念

注册商标转让是指注册商标所有人通过合同将其注册商标专用权转让给他人所有。注册商标转让是商标注册人将其注册商标通过合同转让给受让人的法律行为,转让人必须是商标注册人,否则转让就是无效的。引导案例中商标注册人是深圳唯冠,而转让人则是台湾唯冠,尽管深圳唯冠和台湾唯冠均属于唯冠控股的子公司,具有紧密的关联关系,但二者是独立的法人主体。台湾唯冠只能转让属于自己的注册商标,因此其转让属于深圳唯冠的在中国注册的 IPAD 商标的行为是无效的。注册商标转让的意义在于:在维持该商标所蕴含的价值的基础上变更商标权的主体。参考世界各国商标立法,可知在商标转让上,大致有两种原则:一是连同营业转让原则;二是自由转让原则。前者要求注册商标必须随同营业一起转让。后者主张,注册商标专用权既可以连同营业一起转让,也可以单独转让。按照 Trips 协议的要求,其成员国的立法应允许商标不连同营业一道转让。[①] 商标连同营业转让原则成为历史。

二、注册商标转让合同

注册商标转让合同一般属于双务有偿合同,性质上类似于买卖合同。注册商标转让合同一般包含以下条款:待转让的注册商标及其注册证号;转让价款、支付时间以及支付方式;办理商标转让手续的有关规定;在同一种商品上注册的近似的商标,或者在类似商品上注册的相同或者近似的商标一并转让的约定;受让人应当保证使用该注册商标的商品质量的约定;违约责任条款等等。

三、注册商标转让的程序、限制条件和效力

关于注册商标转让的程序,2013 年《商标法》第 42 条第 1 款规定:转让注册商标的,转让人和受让人应当签订转让协议,并共同向商标局提出申请。对于转让人一方而言,其基本义务是转移商标权于受让人,因此,它必须配合受让人完成核准手续。根据《商标法实施条例》第 31 条,转让注册商标的,转让人和受让人应当向商标局提交转让注册商标申请书。转让注册商标申请手续由受让人办理。商标局核准转让注册商标申请后,发给受让人相应证明,并予以公告。受让人自公告之日起享有商标专用权。

注册商标转让的限制条件包括:(1)受让人应当保证使用该注册商标的商品质量。这是商标的品质保证功能的体现。(2)转让注册商标的,商标注册人对其在同一种商品上注册的近似的商标,或者在类似商品上注册的相同或者近似的商标,应当一并转让。不如此,则近似的商标归于不同的商标所有者,容易导致消费者的混淆。(3)对容易导致混淆或者有其他不良影响的转让,商标局不予核准,书面通知申请人并说明理由。这是对商标转让限制条件的兜底性规定,即,注册商标的转让,如会导致混淆或有其他不良影响,则不应允许。

注册商标转让的效力,即受让方获得注册商标,转让方失去注册商标。至于

---

① 参见 Trips 协议第 21 条。

受让方获得注册商标的时点,根据规定,转让注册商标经核准后,予以公告。受让人自公告之日起享有商标专用权。

注册商标转让需要商标局的核准,此点受到诟病。按照现行法律,核准的目的主要在于审查商标注册人对其在同一种或者类似商品上注册的相同或者近似的商标,是否一并转让,以及,商标转让是否可能会产生误认、混淆或者其他不良影响的。其实,即便是为了实现上述目的,也可以将此设计成合同无效的情形。以行政机关的"核准"来决定注册商标转让生效与否,容易被看成是行政机关过度干预民事主体的意思自由,是不必要的。

四、注册商标转让与在先的许可合同的关系

在转让合同与在先的商标使用许可合同的关系上,《商标纠纷解释》第20条规定,注册商标的转让不影响转让前已经生效的商标使用许可合同的效力,但商标使用许可合同另有约定的除外。在此,借鉴了"买卖不破租赁"的原则。[1]

第三节 注册商标的质押和其他利用

除却使用许可和转让之外,注册商标还有其他利用方式,例如注册商标权的质押,以及将注册商标权用作对于公司的出资。

一、注册商标的质押

债权人为保障实现其债权,可以要求债务人提供担保。可以分为人的担保与物的担保,物的担保即指设立担保物权。在现代经济社会中,担保物权是非常重要的一种担保方式。所谓担保物权,通俗的说,就是指在债务人不履行到期债务或者发生当事人约定的实现担保物权的情形,依法享有就担保财产优先受偿的权利。

虽然其名称为担保物权,但就可得提供担保的客体而言,并不限于狭义上的物。例如权利质权,其客体就是可让与之权利,例如,票据权利、股权、债权以及知识产权中的财产权等。商标权是纯粹的财产权,自得为权利质权的客体。

就注册商标权设定质权,需要订立质押合同,并办理质权登记。

(一)商标权质押合同

商标权质押合同为要式合同。[2] 质押合同一般包含以下内容:出质人、质权

---

[1] 关于买卖不破租赁的法律规定,参见《合同法》第229条:租赁物在租赁期间发生所有权变动的,不影响租赁合同的效力。

[2] 《物权法》第227条。

人的姓名(名称)及住址;被担保的债权种类、数额;债务人履行债务的期限;出质注册商标的清单;担保的范围。

(二)商标权质押登记

《物权法》第227条第1款规定:以注册商标专用权、专利权、著作权等知识产权中的财产权出质的,当事人应当订立书面合同。质权自有关主管部门办理出质登记时设立。因此,订立质押合同只是设立质权的先决条件,还需办理质押登记,债权人才能在注册商标上设立质权。

质押登记申请应由质权人和出质人共同提出。根据《注册商标专用权质权登记程序规定》,申请商标权质押登记,应向国家工商行政管理总局商标局提交下列文件:(1)申请人签字或者盖章的《商标专用权质权登记申请书》;(2)出质人、质权人的主体资格证明或者自然人身份证明复印件;(3)主合同和注册商标专用权质权合同;(4)直接办理的,应当提交授权委托书以及被委托人的身份证明;委托商标代理机构办理的,应当提交商标代理委托书;(5)出质注册商标的注册证复印件;(6)出质商标专用权的价值评估报告。如果质权人和出质人双方已就出质商标专用权的价值达成一致意见并提交了相关书面认可文件,申请人可不再提交;(7)其他需要提供的材料。

权利质权支配标的物之交换价值,本质上为价值权。[①] 于债务人不履行到期债务或者发生当事人约定的实现质权的情形,质权人可以与出质人协议以质押财产折价,也可以就拍卖、变卖质押财产所得的价款优先受偿。因此,若债权人实现商标权上的质权,将导致商标权主体的变更,此点与商标权转让的效果类似。因此,为免产生混淆的不良后果,如同商标权转让一样,办理注册商标专用权质押登记,出质人应当将在相同或者类似商品/服务上注册的相同或者近似商标一并办理质押登记。

(三)质押与转让、许可的关系

根据《物权法》第227条第2款的规定,知识产权中的财产权出质后,出质人不得转让或者许可他人使用,但经出质人与质权人协商同意的除外。出质人转让或者许可他人使用出质的知识产权中的财产权所得的价款,应当向质权人提前清偿债务或者提存。

二、注册商标的其他利用

财产的利用方式原则上无法穷尽列举。因此,注册商标还有其他种法律不禁止的利用方式,除了以上利用方式外,比较常见的方式还有:

[①] 谢在全:《民法物权论》,中国政法大学出版社1999年版,第801页。

(一) 商标权出资

所谓商标权出资,可以理解为将出资人拥有的注册商标投入公司,变为公司财产,换取公司股权的行为。在这一过程中,出资人丧失注册商标,公司以赋予出资人股权为代价,获得注册商标。因此,商标权出资与商标权转让类似。

(二) 商标权信托

信托,是指委托人基于对受托人的信任,将其财产权委托给受托人,由受托人按委托人的意愿以自己的名义,为受益人的利益或者特定目的,进行管理或者处分的行为。注册商标作为一种财产,当然可以成为信托的标的。2000年5月15日,最高人民法院在广东省轻工业品进出口集团公司与TMT贸易有限公司商标权属纠纷中首次认定双方公司形成事实上的商标信托关系,承认商标权可以成为信托财产。①

司考链接

甲公司通过签订商标普通许可使用合同许可乙公司使用其注册商标"童声",核定使用的商品为儿童服装。合同约定发现侵权行为后乙公司可以其名义起诉。后乙公司发现个体户萧某销售假冒"童声"商标的儿童服装,萧某不能举证证明该批服装的合法来源。下列哪些说法是正确的?(2011年卷三64题,多选)

A. 乙公司必须在"童声"儿童服装上标明乙公司的名称和产地
B. 该商标使用许可合同自备案后生效
C. 乙公司不能以其名义起诉,因为诉权不得约定转移
D. 萧某应当承担停止销售和赔偿损失的法律责任

答案:AD

甲公司在食品上注册"乡巴佬"商标后,与乙公司签订转让合同,获5万元转让费。合同履行后,乙公司起诉丙公司在食品上使用"乡巴佬"商标的侵权行为。法院作出侵权认定的判决书刚生效,"乡巴佬"注册商标就因有"不良影响"被依法撤销(现行法为宣告无效)。下列哪些说法是错误的?(2009年卷三65题,多选)

A. "乡巴佬"商标权视为自始不存在
B. 甲公司应当向乙公司返还5万元
C. 撤销(宣告无效)"乡巴佬"商标的裁定对侵权判决不具有追溯力
D. 丙公司可以将"乡巴佬"商标作为未注册商标继续使用

答案:BCD

---

① 最高人民法院(1998)知终字第8号民事判决书。

甲公司为其牛奶产品注册了"润语"商标后,通过签订排他许可合同许可乙公司使用。丙公司在其酸奶产品上使用"润雨"商标,甲公司遂起诉丙公司停止侵害并赔偿损失,法院判决支持了甲公司的请求。在该判决执行完毕后,"润语"注册商标因侵犯丁公司的著作权被依法撤销(现行法为宣告无效)。下列哪些选项是错误的?(2008年卷三66题,多选)

A. 甲公司和乙公司可以作为共同原告起诉丙公司

B. 甲公司与乙公司的许可合同应当认定为无效合同,乙公司应当申请返还许可费

C. 甲公司获得的侵权赔偿费构成不当得利,应当返还给丙公司

D. 甲公司获得的侵权赔偿费应当转付给丁公司

答案:BCD

推荐阅读

1. 刘红霞:《商标资产管理研究》,中国工商出版社2009年版,第四章。

2.〔美〕德雷特勒:《知识产权许可》(上/下),王春燕等译,清华大学出版社2003年版。

第六章 商 标 管 理

要点提示

本章重点掌握的知识:1. 商标管理的概念和商标管理机关;2. 商标使用的概念;3. 注册商标和未注册商标的使用管理;4. 商标印制管理。

本章知识结构图

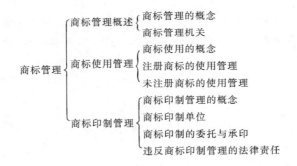

第一节 商标管理概述

一、商标管理的概念

商标管理,指的是商标行政管理部门对市场主体的商标商业性使用行为进行日常监督管理,查处商标违法行为,调处商标民事纠纷的具体行政行为。商标是在商业活动中被利用而具备价值的,因此为维护一个健康的市场竞争环境,对商业活动中的商标行为进行日常检查、规范就显得十分必要。

二、商标管理机关

商标管理机构和商标注册机构是不同的,因为商标注册的效力覆盖全国,因此商标注册只能由国务院工商行政管理总局商标局来进行,而商标管理涉及的则是当事人的具体行为,可以由各级工商行政管理部门负责。《商标法》第 2 条规定,国务院工商行政管理部门商标局主管全国商标注册和管理的工作,第 7 条第 2 款规定,各级工商行政管理部门应当通过商标管理,制止欺骗消费者的行为。可见,我国商标管理机构是商标局和地方各级工商行政管理部门,其中商标局是商标管理的主管部门,地方各级工商行政管理部门是商标管理的主要执行机构,负责对各级各辖区内的商标使用、商标印制、侵犯商标权行为进行日常管理。

商标管理的内容可以分成商标使用管理、商标印制管理等两个方面。管理手段包括检查、调处纠纷、对违规行为进行行政处罚、对违法行为采取相应的强制措施。

第二节 商标使用管理

一、商标使用的概念

商标的使用,是指将商标用于商品、商品包装或者容器以及商品交易文书上,或者将商标用于广告宣传、展览以及其他商业活动中,用于识别商品来源的行为。可以这样说,只要是将标识运用于商业活动以区别商品或服务来源,就是商标使用。其中,商品商标的使用主要是附着于商品本身或商品外包装进行,或显示于合同、招投标书、宣传册、媒体广告等宣传、展览场所;服务商标无商品附着,主要是在服务提供场所的显著位置标明,在提供服务的工具上标明,在交付消费者的商业文书标明,或者以其他让消费者了解服务提供者的方式来使用。我国《商标法》实行自愿注册原则,商标所有人欲取得商标专用权的才应申请注册;否则不需申请注册。也就是说,人们可以使用注册商标与未注册商标。商标管理机关对所有商标使用行为均进行管理。

二、注册商标的使用管理

(一)商标注册人有使用商标的义务

如果商标注册人没有正当理由连续 3 年不使用注册商标,商标局可以依任何单位或个人申请撤销该注册商标。

(二)商标注册人或被许可使用人应在核定使用的商品或服务上使用核准注册的商标

商标注册人在使用注册商标过程中,不得自行改变注册商标,不得超商品或服务范围使用注册商标。改变注册商标,或扩大注册商标使用范围的,应另行向商标局提出注册申请。否则,由地方工商行政管理部门责令限期改正;期满不改正的,由商标局撤销其注册商标;构成侵权的,还应承担相应的侵权责任。

(三)商标注册人不得自行改变注册人名义、地址或者其他注册事项

商标注册人在使用注册商标的过程中,自行改变注册商标、注册人名义、地

址或其他注册事项的,经地方工商行政管理部门查明并责令限期改正,期满不改正的,可由商标局撤销其注册商标。

(四)商标注册人应妥善维持商标的显著性

当注册商标成为其核定使用的商品的通用名称时,该注册商标即丧失了其最初获得商标注册的基础,商标局可予以撤销。所以,商标注册人在使用商标时,应有意区分商标与其所标识的商品或服务本身,如明确在商标左上方或左下方加注"注册商标"字样、®、注等注册标记或 TM(TRADEMARK 简写)标志,或以文字直接注明"某公司为××商标的持有者",在商业宣传用语里强调是"××牌的××商品",而尽量避免直接以品牌代称商品或服务。

(五)商标注册人及被许可使用人应保障使用商标的商品或服务质量

各级工商行政管理部门通过商标管理,制止欺骗消费者的行为。以往《商标法》还专门规定,使用注册商标,其商品粗制滥造,以次充好,欺骗消费者的,由各级工商行政管理部门分别不同情况,责令限期改正,并可以予以通报或者处以罚款,重则由商标局撤销其注册商标。2013 年《商标法》修正充分认识到商标具有表彰商品质量的功能,消费者对商标的热爱程度本身反映着对商品的评价,行政管理部门如果因为商标所标识的商品质量问题而对商标进行撤销,实质干扰了市场自身评价系统,实无必要,由此删节了因产品质量问题而撤销商标的规定,仅在总则部分强调商标使用人应当对其使用商标的商品质量负责。

此外,他人经许可使用注册商标的,依《商标法》第 43 条第 2 款要求,必须在使用该注册商标的商品上标明被许可人的名称和商品产地。

三、未注册商标的使用管理

现实生活中充斥着大量的未注册商标。形成未注册商标最直接的原因是,商标使用人临时起用商标,并不考虑立即注册取得商标专用权。比如一些地产地销、试产试销的产品、短期经营的产品使用商标多不申请注册。另外,申请注册未被核准的商标及到期未续展却仍在使用的注册商标,也构成部分未注册商标。再有,由于只要能够将自己的商品与他人的商品区别开来的标志就是商标,而许多特有商品名称、知名商品外包装、装潢等商业标志能形成并发挥区别产源的功能,成为实质意义上的商标。这些商标也都是未注册商标。

未注册商标可以使用,并不享有专用权,反而因保障注册商标专用权而受到相应约束,接受商标管理机关的管理。

(一)不得使用法律禁止使用为商标的标识

即不得使用《商标法》第 10 条所列标志作为商标使用,不得使用复制、摹仿或者翻译于驰名商标的商标,不得以误导公众方式使用含地理标志的商标等。否则,将受到商标管理机关的制止或处罚,还会遭到相关权利人追究侵权责任。

《商标法》第52条规定,未注册商标违反《商标法》第10条规定的,由地方工商行政管理部门予以制止,限期改正,并可以予以通报,违法经营额5万元以上的,可以处违法经营额20%以下罚款,没有违法经营额或者违法经营额不足5万元的,可以处1万元以下的罚款。

（二）不得使用与他人已注册商标相同或近似的商标

未经许可,在相同或类似商品上使用与他人已注册商标相同或近似的商标,容易导致混淆的,构成侵犯商标权行为,应被禁止,被要求承担侵权责任。

（三）禁止在法律、行政法规规定必须使用注册商标的商品上使用未注册商标

我国在实行自愿注册原则的同时,商标法对极少数商品仍保留了强制注册的办法。《商标法》第6条规定,法律、行政法规规定必须使用注册商标的商品,必须申请商标注册,未核准注册的,不得在市场销售。第51条规定,违反《商标法》第6条的,地方工商行政管理部门责令限期申请注册,违法经营额5万元以上的,可以处违法经营额20%以下罚款,没有违法经营额或者违法经营额不足5万元的,可以处1万元以下的罚款。目前要求必须使用注册商标的商品是烟草制品。

（四）未注册商标不得冒充注册商标使用

未注册商标使用人故意或过失在商标上标注"注册商标"字样或®、㊟等注册标记,冒充注册商标,扰乱商标管理秩序的,依《商标法》第52条进行制止与处罚。

以上对注册商标与未注册商标的管理规则之外,现行《商标法》还禁止生产者、经营者利用"驰名商标"进行广告宣传。这是法律对我国驰名商标制度认识误区的纠正。过去很长一段时间里,驰名商标在我国是由行政机关认定的,许多经营者把它作为一种行政奖励来获取,获取后再拿到市场来宣传、夸耀,吸引消费者。这歪曲了驰名商标的本来面目——驰名商标源于消费者公认、是用以在侵权案件中确立给予知名度较高商标以更宽保护范围的查明事实举措。立法者希望通过禁止经营者利用"驰名商标"字样做广告宣传,来让人们回到正确认识驰名商标保护制度的轨道上来。作为配套的强制措施,《商标法》第53条规定,如果使用"驰名商标"字样做宣传的,由地方工商行政管理部门责令改正,处10万元罚款。

第三节 商标印制管理

一、商标印制管理的概念

商标印制管理是指商标管理机关依法对商标印制行为进行监督和检查,并对非法印制商标标识的行为予以查处的活动的总称。其中,商标印制是指印刷、制作带有商标的包装物、标签、封签、说明书、合格证等商标标识的行为。商标标

识是指与商品配套一同进入流通领域的带有商标的有形载体,包括注册商标标识和未注册商标标识。

除商品本身外观构成的立体商标外,可视性平面商标均须专门印制物质载体。许多商标的物质载体印制与商品生产是分开的,这给了不法者利用商标印制环节漏洞制造假冒产品的机会。20世纪80年代起,我国商标管理机关根据当时市场经济发展情况,先后出台了1983年《商标印制管理规定》和1985年《商标印制管理暂行办法》,就印制商标企业资质、委托人委托手续、印制单位承接、审核及存档商标印制业务行为进行了规范。2004年正式颁行实施了《商标印制管理办法》,使商标印制管理制度得以进一步完善。

二、商标印制单位

商标印制单位是指依法登记从事商标印制业务的企业和个体工商户。根据2001年颁布的《印刷业管理条例》的规定,商标标识属于包装装潢印刷品,取得相应资质的企业或个体工商户均可成为商标标识印制的承接单位。

三、商标印制的委托与承印

(一)对委托人的要求

委托印制单位印制商标的,应当出示或提供证明文件。首先,应当出示营业执照或者合法的营业证明或者身份证明。其次,委托印制注册商标的,应当出示"商标注册证"或者由县级工商行政管理局签章的"商标注册证"复印件,并提供复印件;注册商标被许可人委托时,还须出示商标使用许可合同文本及提供复印件,有明确的印制商标的授权书或合同条款,提供的标识样稿应当标明被许可人的企业名称和地址等。委托印制未注册商标的,要求所印制的商标不得违反《商标法》,不得标注"注册商标"字样或者使用注册标记。

(二)承印单位的核查、登记建档、出入库登记责任

1. 核查责任。商标印制单位应当对商标印制委托人提供的证明文件和商标图样进行核查。商标印制委托人未提供规定的证明文件,或者其要求印制的商标标识不符合规定的,商标印制单位不得承接印制。

2. 登记建档义务。商标印制单位承印符合规定的商标印制业务的,商标印制业务管理人员应当按照要求填写"商标印制业务登记表",载明商标印制委托人所提供的证明文件的主要内容,"商标印制业务登记表"中的图样应当由商标印制单位业务主管人员加盖骑缝章。

商标标识印制完毕,商标印制单位应当在15天内提取标识样品,连同"商标印制业务登记表""商标注册证"复印件、商标使用许可合同复印件、商标印制授权书复印件等一并造册存档。

3. 出入库登记责任。商标印制单位应当建立商标标识出入库制度，商标标识出入库应当登记台账。废次标识应当集中进行销毁，不得流入社会。

商标印制档案及商标标识出入库台账应当存档备查，存查期为两年。

四、违反商标印制管理的法律责任

1. 商标印制单位违反规定，未尽核查、登记建档、出入库登记责任的，由所在地工商行政管理局责令其限期改正，并视其情节予以警告，处以非法所得额3倍以下的罚款，但最高不超过3万元，没有违法所得的，可以处以1万元以下的罚款。

2. 擅自设立商标印刷企业或者擅自从事商标印刷经营活动的，由所在地或者行为地工商行政管理局依照《印刷业管理条例》的有关规定予以处理。

3. 商标印制单位违反规定承接印制业务，且印制的商标与他人注册商标相同或者近似的，属于《商标法实施条例》第75条所述的侵犯商标权行为，由所在地或者行为地工商行政管理局依《商标法》的有关规定予以处理。构成犯罪的，所在地或者行为地工商行政管理局应及时将案件移送司法机关追究刑事责任。

司考链接

甲公司通过签订商标普通许可使用合同许可乙公司使用其注册商标"童声"，核定使用的商品为儿童服装。合同约定发现侵权行为后乙公司可以其名义起诉。后乙公司发现个体户萧某销售假冒"童声"商标的儿童服装，萧某不能举证证明该批服装的合法来源。下列哪些说法是正确的？（　　）(2011年卷三64题，多选)

A. 乙公司必须在"童声"儿童服装上标明乙公司的名称和产地

B. 该商标使用许可合同自备案后生效

C. 乙公司不能以其名义起诉，因为诉权不得约定转移

D. 萧某应当承担停止销售和赔偿损失的法律责任

答案：AD

第七章 侵犯商标权行为的构成与认定

要点提示

本章重点掌握的知识：1. 混淆理论；2. 混淆的分类；3. 侵犯商标权的判断标准；4. 商标相同与近似；5. 商品相同与类似；6. 侵犯商标权行为的具体形式。

本章知识结构图

```
                           ┌ 侵犯商标权的判断标准 ┬ 混淆理论与侵犯商标权的判断
                           │                      ├ 混淆的基本分类
                           │                      └ 我国《商标法》上侵犯商标权的判断标准
侵犯商标权行为的构成与认定 ┤
                           │                      ┌ 侵犯商标权的判断主体
                           ├ 侵犯商标权行为的认定 ┼ 商标相同与近似的认定
                           │                      ├ 商品相同与类似的认定
                           │                      └ 判断侵犯商标权行为的其他因素
                           └ 侵犯商标权行为的具体形式
```

第一节 侵犯商标权的判断标准

 引导案例

> **案例1**：中粮公司所生产的"长城"牌葡萄酒享誉国内外，深得消费者的喜爱。中粮公司的"长城"商标也成为驰名商标。北京嘉裕东方葡萄酒有限公司在其生产和销售的葡萄酒上使用了"嘉裕长城"的标识，这种行为是否侵犯了中粮公司就"长城"商标所享有的商标权？
>
> **案例2**：北京方太新怡华食品销售有限公司在其生产销售的食用醋上注册使用了"贵妃"这一商标。长沙杨氏公司在其生产和销售的食用醋上使用了"杨氏贵妃醋"的标识，"杨氏"二字的字体明显偏小，"贵妃醋"三字的字体明显突出和醒目。杨氏公司的行为是否侵犯了北京方太新怡华食品销售有限公司就"贵妃"商标所享有的商标权？

案例 3：原告陈永祥于 2004 年取得第 3546349 号"老坛子"注册商标专用权。注册类别为商品第 29 类。包括泡菜、酸菜、腌制蔬菜、咸菜等。被告统一公司在其生产的"老坛酸菜牛肉面"系列产品上使用老坛子图文作为商品名称和包装装潢。统一公司的行为是否构成对原告陈永祥"老坛子"注册商标专用权的侵犯？

商标的基本功能在于标示商品（或服务）的来源，使市场中的消费者能够在琳琅满目的商品中认牌购物，通过商标选购到自己心仪的商品；同时也使使用商标、投资于商品生产或销售的厂商获得利润。因此，只有市场中的商标相互区分，消费者不对商标发生混淆误认，市场正常的经营活动才能展开，消费者和厂商才能够通过商标各得其所。

商标的基本功能决定了商标法要以防止消费者混淆为中心。商标法的基本任务，就在于通过打击市场中极有可能造成消费者混淆误认的侵犯商标权行为，确保商标标示商品来源的基本功能的正常发挥，让消费者能够放心地依赖于商标去选购商品，准确地购买到自己满意的商品，让厂商通过消费者的购买行为获得利润，激发厂商维持或提高商品质量和服务水平的积极性。为此，商标法确立了以混淆可能性为核心的侵犯商标权的判断标准，通过分析被诉人使用他人标识的行为是否极有可能造成消费者混淆来判断被诉人的行为是否构成侵犯商标权。

一、混淆理论与侵犯商标权的判断

随着市场经济的发展，商品的品种日渐丰富，商品自身的属性和功能也日趋复杂，消费者很难在购物之前通过检测商品的性能辨别出商品的来源，作出符合其意愿的购物决策。当商品不易在购买前予以检测、不易获得其来源信息时，商标的重要性就凸显出来。商标能够直接告诉消费者其所标示的商品来自于哪个企业，从而使得消费者能够轻松地判断出商品的来源。举例而言，市场上有许多啤酒类商品，如果不给定具体的啤酒商标，消费者仅凭啤酒的口感很有可能无法加以分辨，但是如果给定具体的啤酒商标，消费者便能很快地意识到该商标所标示的啤酒的来源、属性等有关信息，通过该商标准确地找到其所需要购买的啤酒商品。如当给定"青岛啤酒"商标时，消费者就能够了解到标示"青岛啤酒"商标的啤酒来自于哪个公司、大致的价格、啤酒的口感、以前饮用所产生的回忆等，消费者也能很快在琳琅满目的啤酒柜台找到该品牌的啤酒。这就表明，"品牌名称"是相关商品信息的集中地，商标的使命就在于引导消费者确定商品的来源，使消费者作出符合其意愿的购物决策。

　　由于某些商品的质量和服务较好,其在市场中会受到消费者的青睐,积累较高的商誉,标示这些商品的商标就成为侵权者仿冒的目标。侵权者为了谋取暴利,会模仿商标权人的商标,在相同或相类似的商品上,使用与商标权人商标相同或近似的标识,以使消费者发生混淆,使消费者购买到与商标权人不存在任何联系的侵权产品。

　　造成消费者发生混淆的侵权行为损害了商标标示商品(或服务)来源的能力,导致消费者无法根据商标进行购物,厂商维护产品质量和服务水平的积极性也会受到影响。一方面,混淆侵权使消费者无法依据商标权人的商标进行认牌购物。商标在市场中主要发挥着标示来源的作用,如果商标能够标示其来源,不存在相互混淆的情况,消费者就能够放心地依赖于商标去购物。而当侵权人仿冒了商标权人的商标之后,商标权人的商标和侵权人的标识就共同存在于市场之中,消费者很可能会将侵权人使用的标识误认为就是商标权人的商标或与商标权人的商标存在关联关系,从而购买到自己本不会去购买的侵权人的商品。因此,商标混淆严重违背了消费者的消费意愿,直接导致消费者对商标发生混淆误认,使消费者付出了精力、时间和金钱等成本,却购买到了自己本不愿去购买的侵权商品。更严重的是,侵权人为了谋取暴利,其生产的仿冒商品往往质量低劣,远远不及被仿冒的商标权人提供的商品,这有可能会导致消费者人身和其他财产利益遭受损失。另一方面,商标混淆还会直接损害商标权人的利益,导致其商誉受损,正常的经营行为被打乱。在市场中,侵权人为了获得暴利,往往会提供质量低劣或质量参差不齐的仿冒品。当侵权人的商品质量低劣或出现与商标权人商品质量不一致的波动时,由于消费者发生了混淆,就会误认为是商标权人生产了质量低劣或质量不一致的商品,将这种质量水准的不一致归咎于商标权人,导致其对商标权人商标评价的降低。长此以往,当越来越多的消费者发生混淆,对商标权人商标的评价降低后,商标权人商标的"品牌资产"就会受到损失,商标权人商标的形象就会在消费者的心中大打折扣,导致商标权人的商誉遭受损害,商标权人就不再有积极性维护商标的声誉。

　　由此可见,商标法的基本任务就在于确保商标标示商品或服务的来源,引导消费者认牌购物的功能的正常发挥,防止消费者对商品或服务的来源发生混淆,避免消费者和商标权人的利益受到损害。一旦他人在与商标权人商品相同或类似的商品上,使用与商标权人商标相同或近似的标识,导致消费者极有可能对商标的来源发生混淆,就构成商标直接侵权。例如,"KAO花王"为日本花王株式会社使用在香皂、肥皂商品上的注册商标。如果其他日化公司未经商标权人许可,在相同商品(如香皂、肥皂)或类似商品(如洗发水、护发素)上使用与商标权人商标"KAO花王"相同或相近似的标识,极有可能导致消费者对商品的来源发生混淆,就构成侵犯商标权。反之,如果其他日化公司在相同或类似商品上使用了与商标权人商标"KAO 花王"并不相同或相近似的"霸王"标识,没有导致消费者将标示"霸王"商标的商品误认为来自于"KAO 花王"或与"KAO 花王"存在联系,则日化公司的行为就不构成侵犯商标权。

在引导案例 1 中,嘉裕公司未经中粮集团的许可,擅自在同类商品上使用了与中粮集团注册商标近似的商标,极有可能导致消费者混淆,构成了侵犯注册商标专用权,应当依法承担民事责任。在引导案例 2 中,杨氏公司在其含醋商品上使用的瓶贴显示为"杨氏贵妃醋"5 个字,呈纵向排列,"杨氏"二字的字体明显偏小,"贵妃醋"三字的字体明显突出和醒目。杨氏公司使用"杨氏贵妃"商标时,非常明显地将"贵妃"2 个字突出使用,与方太公司持有的"贵妃"注册商标在字形、读音、含义等方面已构成相近似,极有可能导致消费者混淆,构成侵犯商标权。在引导案例 3 中,被告统一公司主要是在老坛酸菜牛肉方便面之中的老坛酸菜风味包中使用了"老坛",法院认为调味包虽然是商品或商品之一部分,但密封在包装袋内,在消费者选购商品时不具有识别商品来源的功能。一般消费者不会发生混淆,将统一公司的酸菜调味包误认为是原告陈某或由其许可的企业所生产,故而统一公司的行为不构成侵犯商标权。

值得注意的是,只要他人对商标权人商标的使用"极有可能"导致消费者对商品或服务的来源发生混淆,就构成直接侵犯商标权的行为。商标权人并不需要证明相关消费者在市场中实际发生了混淆。换言之,商标权人能否在侵犯商标权之诉中获胜,主要是看被告的行为是否极有可能导致消费者混淆,至于现实中消费者是否真的发生了混淆,法院并不去探究。之所以如此规定,主要是因为在侵犯商标权诉讼中,证明消费者已经发生了混淆是十分困难的。由于消费者与商标权人并不存在直接的联系,许多消费者在发生混淆,购买到侵权商品后也不会联系商标权人进行举报和投诉,甚至根本不知道自己购买的是侵权商品。此外,如果侵权人刚刚将侵权商品推向市场,实际的混淆可能并未发生,商标权人也无法举证证明消费者发生了实际混淆。因此,在侵犯商标权的判断中,需要考察的是被诉侵权人的行为,是否极有可能导致消费者对商品或服务的来源发生混淆,而不需要考察消费者是否实际发生了混淆。这里的"极有可能",在商标法中并非指消费者对商品或服务的来源有一般的发生混淆的可能性,而是指消费者对商品或服务的来源有发生混淆的"极大的盖然性""明显的可能性""具有较大现实性的可能性"。一旦被诉侵权人的行为造成消费者具有发生混淆的很大的可能性,就构成商标直接侵权。当然,实际混淆的证据并非在侵犯商标权诉讼中没有意义。如果被侵权人能够举出消费者在市场中实际发生了混淆的证据,则更加能够说明相关的消费者存在发生混淆的极大可能性,其胜诉的可能性就会提高。

拓展贴士

对于商标来说,商标是一种符号,是由能指和所指所组成的符号结构。能指是商标的有形标记,是外在的消费者可以感知和识别的存在,而商标中的对象是指该商标所代表的某类商品,商标的所指一般是指商品的出处来源和提供该商品的企业商誉。由于对象可纳入所指之中,商标的结构就是由能指和所指构成。商标的本质就是由外在的消费者可以感知和识别的符号形态与该符号形态所代表的信息所组成的用以传递和表达商品相关信息的标志。从符号学的角度而言,对侵犯商标权的判断就是看他人是否使用了近似于商标权人商标的符号,很容易或很有可能让消费者误认为其所标示的是在先商标的出处或者认为二者所标示的出处间有某种关联。

Barton Beebe, The Semiotic Analysis of Trademark Law, 51 UCLAL. Rev. 621 (2004).
彭学龙:《商标法基本范畴的符号学分析》,载《法学研究》2007年第1期。
王太平:《商标概念的符号学分析——兼论商标权和侵犯商标权的实质》,载《湘潭大学学报》2007年第3期。

二、混淆的基本分类

(一)直接混淆与间接混淆

传统商标法理论认为,混淆是指消费者对商品(或服务)的来源所发生的混淆,亦即消费者误认为他人使用的与商标权人商标相同或近似的标识所标示的商品来自于商标权人,这是所谓的直接混淆。当他人使用商标权人的商标,造成消费者发生这种直接混淆时,就构成侵犯商标权。

随着社会实践的发展,商标法上逐渐产生了间接混淆理论。当他人使用商标权人的商标,造成消费者发生间接混淆时,同样构成侵犯商标权的行为。间接混淆,也称之为关联关系混淆,是指他人未经商标权人许可,在相同或类似的商品之上,使用与商标权人商标相同或近似的标识,虽然并没有造成消费者误认为他人的商品来自于商标权人,但是消费者会误认为他人与商标权人之间存在着控制、许可、主办等关联关系。1988年,美国国会修订其商标法《兰哈姆法》,将关联关系混淆纳入侵犯商标权判定之中。美国《兰哈姆法》第43条第1款明确规定,对未注册商标的侵权包括主办、从属、关联等混淆形态。美国《第三次不正当竞争法重述》也指出,混淆可能性标准适用于一切形式的混淆,包括认证、从属、特许、代理、分销及许可等。① 与美国的做法相仿,德国商标法中也有直接混淆和间接混淆的概念,大致对应于来源混淆与关联关系混淆。② 德国法中的间接混淆,又称为广义混淆,是指公众并非对商品的来源或企业的同一性产生混淆,而是误以为行为人与商标所有人之间存在某种联系。这种联系可以是业务上的,也可以是组织上或经济上的。③

在我国,《商标法》并没有明确规定间接混淆或关联关系混淆。但是,最高人民法院的司法解释涉及了间接混淆或关联关系混淆的规定。《商标纠纷解释》第11条第1款规定:《商标法》第52条第1项④规定的类似商品,是指在功能、用途、生产部门、销售渠道、消费对象等方面相同,或者相关公众一般认为其存在特定联系、容易造成混淆的商品。这里的"相关公众一般认为其存在特定联系",实际上可以理解为相关公众所发生的关联关系混淆。一旦消费者发生这种混淆,被诉人的行为即构成侵犯商标权。例如,"佳能"是日本佳能公司在我国的注册商标,主要使用于照相机、镜头等照相器材之上。如果某一公司未经佳能公司许可,将佳能公司的"佳能"商标使用于胶卷之上,未导致消费者误认为该胶卷来自于佳能公司,但极有可能导致消费者误认为生产该胶卷的公司与佳能公司之间存在控制、许可、赞助等关联关系,则消费者很可能发生的就是间接混淆或关联关系混淆,该公司的行为同样构成侵犯商标权。

(二) 售前混淆、售中混淆与售后混淆

早期商标法理论所针对的混淆类型相对单一,仅限于消费者在购买之时极有可能发生的对商品或服务的来源所发生的直接混淆,即售中混淆。在商标权人的推动之下,立法和司法实务逐渐确定,混淆并不限定于消费者购买之时,而可以延伸至消费者购买之前和消费者购买之后,商品销售之前或之后所发生的混淆也应成为商标法规制的对象,这就是商标售前混淆和商标售后混淆。⑤

商标售前混淆指侵权商标造成消费者在购买之前发生了商品或服务来源的混淆,造成消费者的注意力和购买兴趣发生转移,即便消费者在购买之时将这种混淆排除,消费者仍有可能接受侵权商标标示之商品或服务,使商标权人丧失本应具有的交易机会,造成商标权人损害。美国与欧盟司法实践均承认他人行为造成消费者发生初始兴趣混淆构成直接侵犯商标权的行为。比如,A饭店在高速公路出口处打出标牌,前方出口有B饭店,消费者原以为高速公路出口处真有

---

① Restatement(Third) of Unfair Competition, §20(1)(1995).
② 彭学龙:《商标法的符号学分析》,法律出版社2004年版,第209页。
③ 邵建东:《德国反不正当竞争法研究》,中国人民大学出版社2001年版,第252页。
④ 该解释中指的《商标法》第52条第1项为2001年《商标法》,在2013年《商标法》中为第57条第2项。
⑤ 彭学龙:《商标混淆类型分析与我国侵犯商标权制度的完善》,载《法学》2008年第5期。

B饭店，从而便从这个出口出去就餐，但消费者出去之后却发现出口处并没有B饭店，而只有A饭店，消费者也知道B饭店和A饭店的不同。但不管什么原因，消费者就在A饭店就餐了。此时就存在初始兴趣混淆。在这种情况下，即便购买或消费时混淆已经消除，售前混淆也可能是可诉的。

所谓售后混淆，是指在所有人购买产品时不存在混淆，但在使用时却在那些看到侵权商标的人之间发生的混淆。亦即购买或潜在购买商品的消费者并没有发生混淆，当消费者购买之后，旁观者（observers）在看到该商品时极有可能会发生混淆。可见，售后混淆主要是旁观者、非购买者或一般公众（general public）的混淆形态。比如某人购买了假的茅台酒，买酒时卖酒的销售者明确告知购买者酒是假的，因此，此时购买者并不存在混淆。但是当买假酒的人用其所购买的假茅台酒请客或者送礼时，被请的客人或接受礼品的人却并不知道酒是假的，仍然会把假酒当做真酒来消费，这种行为当然会降低被请的客人或接受礼品的人对茅台酒的评价。因此，售后混淆仍然是侵犯商标权的行为。目前，美国绝大多数法院承认售后混淆。

我国的《商标法》并没有明确规定售前混淆和售后混淆，但是，作为混淆的基本分类，了解售前混淆和售后混淆的基本原理和内涵也有助于我们在实践中对侵犯商标权的判定。

（三）正向混淆与反向混淆

传统商标混淆所指的混淆类型主要是正向混淆。正向混淆，指的是他人未经商标权人许可，在其提供的商品上使用与商标权人商标相同或类似的标识，极有可能造成消费者发生混淆，误以为他人使用的标识是商标权人的商标或者与商标权人的商标存在关联关系。亦即，正向混淆中消费者是误将在后的他人标识误认为是在先的商标权人的商标或者与商标权人的商标存在关联关系。而反向混淆恰恰相反，反向混淆是指由于他人在后的标识的存在，使消费者误认为在先的商标权人的商标来源于在后的使用者或者与其存在关联关系。

在反向混淆案件中，商标权人的商标往往知名度并不高，在市场上影响较小，这样，当他人未经商标权人的许可，在较大的范围内高密度地使用与商标权人商标相同或近似的标识，就可能导致消费者发生反向混淆，误认为商标权人的商标来自于在后使用者或者与在后使用者存在关联关系。

我国曾经发生过有关反向混淆的案例。在这个案件中，原告是"蓝色风暴"商标的权利人，该商标使用在啤酒、矿泉水等软饮料上。2005年，原告发现被告百事可乐公司在促销活动中广泛地使用"蓝色风暴"这一标识。由于百事可乐是全球著名的饮料厂商，其在销售中大量使用"蓝色风暴"标识，很有可能导致消费者误认为原告的注册商标"蓝色风暴"所标示的商品来自于百事可乐公司或者与百事可乐公司存在关联关系。这样，原告的品牌实际上成为了被告百事可乐公司的附庸,不再具有独立的存在价值。原告遂将百事可乐公司诉至法院,要求法院判定百事可乐构成侵犯商标权。法院认为,被告百事可乐公司对原告"蓝色风暴"商标的使用,会使消费者误认为"蓝色风暴"是百事可乐的商标,这样,原告就无法正常地控制和使用本属于自己的商标。据此,法院认定百事可乐公司构成侵犯商标权,要求其停止使用、消除影响,并赔偿原告的损失。

拓展贴士

侵犯商标权判定的混淆标准确立之后,其范围一直处于扩张之中。在混淆的主体方面,商标法所假设的理性消费者的标准在不断降低,混淆所针对的消费者群体不仅包括购买者,还扩大到了潜在的购买者、旁观者甚至一般公众。与此相应,在混淆的类型方面,关联关系混淆、售前混淆、售后混淆、反向混淆等各种消费者混淆类型被纳入到商标法所规制的混淆范围之中。无论是直接混淆或间接混淆、正向混淆或反向混淆、售前混淆或售后混淆,规制的基础都在于他人对相关标识的使用,是否容易导致消费者发生混淆误认。

Richard L. Kirkpatrick, Likelihood of Confusion in Trademark Law, Practising Law Institute 810 Seventh Avenue, NY, USA, 2010, §1:4.

彭学龙:《商标混淆类型分析与我国侵犯商标权制度的完善》,载《法学》2008年第5期。

三、我国《商标法》上侵犯商标权的判断标准

(一)我国《商标法》上侵犯商标权的判断标准的历史演变

我国1982年制定《商标法》,该法第38条第1项规定:"未经注册商标所有人的许可,在同一种商品或者类似商品上使用与其注册商标相同或者近似的商标的",属于侵犯注册商标专用权。根据该规定,我国的侵犯商标权的判断标准是"商标相同或近似+商品相同或类似标准"标准。自1982年《商标法》直到2001年《商标法》,历经两次修改,尽管《商标法》所规定的侵犯商标权行为种类有所丰富,但《商标法》上的侵犯商标权的判断标准的规定却一直保持不变。

尽管如此,我国商标法中的侵犯商标权的判断标准却随着商标实践的发展而悄悄地改变着。1988年,《商标法实施细则》第41条第2项规定:"在同一种或者类似商品上,将与他人注册商标相同或者近似的文字、图形作为商品名称或者商品装潢使用,并足以造成误认的",属于侵犯注册商标专用权的行为。1994年,国家工商行政管理局发布《关于执行〈商标法〉及其〈实施细则〉若干问题的通知》(工商标字[1994]第329号),其中第7条将这里的"足以造成误认"进一步解

释为"会造成对商品来源产生误认,或者产生当事人与商标注册人之间存在某种特殊联系的错误认识。"自此我国商标法上的侵犯商标权判断标准已经引入了混淆可能性。1999年,国家工商行政管理局发布《关于解决商标与企业名称中若干问题的意见》,其中第4条规定:"商标中的文字和企业名称中的字号相同或者近似,使他人对市场主体及其商品或者服务的来源产生混淆(包括混淆的可能性,下同),从而构成不正当竞争的,应当依法予以制止。"至此,混淆可能性正式明确地引入到我国商标法之中。

如果说此前商标法的相关规定还仅仅限于商标的特殊形态或者特殊利用形式的话,1999年国家工商行政管理局发布《关于商标行政执法中若干问题的意见》(工商标字[1999]第331号)全面引入混淆可能性标准,该《意见》第5条第2款规定:"近似商标是指两商标相比较,文字的字形、读音、含义,或者图形的构图及颜色,或者文字与图形的整体结构相似,易使消费者对商品或者服务的来源产生混淆。"至此,在商标近似的情况下,只要"易使消费者对商品或服务来源产生混淆",即存在混淆可能性,就存在侵犯商标权。换言之,商标近似已经将混淆可能性包含其中。

2001年《商标法》进行第二次修正,其第13条第1款规定:"就相同或者类似商品申请注册的商标是复制、摹仿或者翻译他人未在中国注册的驰名商标,容易导致混淆的,不予注册并禁止使用。"从而使得混淆可能性第一次进入《商标法》之中,尽管混淆可能性仅仅适用于未注册的驰名商标的保护。

2002年,最高人民法院发布《商标纠纷解释》,其第9条第2款、第11条第1款、第2款和第3款分别规定"商标近似,是指被控侵权的商标与原告的注册商标相比较,其文字的字形、读音、含义或者图形的构图及颜色,或者其各要素组合后的整体结构相似,或者其立体形状、颜色组合近似,易使相关公众对商品的来源产生误认或者认为其来源与原告注册商标的商品有特定的联系","类似商品,是指在功能、用途、生产部门、销售渠道、消费对象等方面相同,或者相关公众一般认为其存在特定联系、容易造成混淆的商品","类似服务,是指在服务的目的、内容、方式、对象等方面相同,或者相关公众一般认为存在特定联系、容易造成混淆的服务","商品与服务类似,是指商品和服务之间存在特定联系,容易使相关公众混淆"。至此,在最高人民法院的解释下,混淆可能性已经全面进入我国商标实践。

2013年修订的《商标法》正式在法律层面修改了侵犯商标权的判断标准。其第57条规定:有下列行为之一的,均属侵犯注册商标专用权:(一)未经商标注册人的许可,在同一种商品上使用与其注册商标相同的商标的;(二)未经商标注册人的许可,在同一种商品上使用与其注册商标近似的商标,或者在类似商品上使用与其注册商标相同或者近似的商标,容易导致混淆的……据此,2013

年《商标法》第 57 条第 1 项、第 2 项对 2001 年《商标法》第 52 条第 1 项进行了修订,其将 2001 年《商标法》第 52 条第 1 项中的"未经商标注册人的许可,在同一种商品或者类似商品上使用与其注册商标相同或者近似的商标的"拆分为两种类型的需要商标法进行规制的侵权行为。第一种是在未经商标权人许可,在同一种商品上使用与其注册商标相同的商标。例如,某一商标权人在"牙膏"这一商品类别上的注册商标是"黑妹",只要他人未经商标权人许可,将与商标权人注册商标"黑妹"相同的标识使用在与商标权人商品类别"牙膏"相同的商品上即为侵权。第二种是他人未经商标注册人的许可,在相同的商品类别上使用与其注册商标近似的商标,或者在类似的商品类别上使用与其注册商标相同或者近似的商标,容易导致混淆的。例如,他人未经商标权人许可,将商标权人使用在"牙膏"商品类别上的注册商标"黑妹"相近似的标识(如"黑妞")使用在"牙膏"商品上,或者在与"牙膏"商品类别相近似的商品(如"牙刷")上,使用与注册商标相同的标识"黑妹"或相近似的标识如"黑妞",并且容易导致消费者混淆的。

由此可见,2013 年《商标法》至少在第二种侵权类型中增加了"容易导致混淆的"规定,实际上就将消费者是否会发生混淆纳入了侵犯商标权行为的判定之中。在 2013 年《商标法》第 57 条第 2 项描述的行为中,如果该行为并未导致消费者容易发生混淆,则其行为也将不构成侵犯商标权。例如,即便他人未经商标权人许可,将商标权人使用在"牙膏"商品类别上的注册商标"黑妹"相近似的标识(如"黑妞")使用在"牙膏"商品上,只要该行为并没有造成消费者混淆误购,亦即,消费者在市场中购物时能够清楚地区分商标权人的"黑妹"牙膏和他人提供的"黑妞"牙膏,则他人的行为就不构成侵犯商标权。

在前述原告陈永祥和被告统一公司老坛酸菜牛肉面一案中,陈永祥于 2004 年取得第 3546349 号"老坛子"注册商标专用权。被告统一公司在其生产的"老坛酸菜牛肉面"系列产品,尤其是在老坛酸菜调味包上使用老坛子图文作为商品名称和包装装潢。表面看来,似乎被告统一公司是在与原告商品类别相同的商品上使用了与原告商标相似的标识,应当构成侵犯商标权。但法院明确指出,统一公司将坛子图形和"老坛"用于方便面商品的装潢的时间要早于原告陈某"老坛子"商标的注册时间,相关消费者并不会将统一公司的酸菜调味包误认为是陈某所生产或由陈某许可所生产,因此,消费者不会发生混淆,统一公司的行为不构成侵犯商标权行为。显然,法院已经将消费者是否极有可能发生混淆作为认定侵犯商标权是否成立的核心标准。而原告与被告商标的相同或相似、商标所标示的商品的类别相同或相似,仅仅是认定侵犯商标权行为的参考因素。

(二)现行《商标法》规定的侵犯商标权的判断标准

我国 2013 年《商标法》在第七章第 57 条规定了侵犯商标权的条款。其第 1、2 项规定,有下列行为之一的,均属侵犯注册商标专用权:(一)未经商标注册人的许可,在同一种商品上使用与其注册商标相同的商标的;(二)未经商标注册人的许可,在同一种商品上使用与其注册商标近似的商标,或者在类似商品上使用与其注册商标相同或者近似的商标,容易导致混淆的。根据该规定,我国现行《商标法》将混淆可能性作为侵犯商标权的判断标准。

首先,未经商标注册上许可,在同一种商品上使用与其注册商标相同的商标直接构成侵犯商标权行为。Trips 协议第 16 条的规定,在相同商品或服务使用相同标识的情况下,应当推定具有混淆的可能性。事实上,许多国家商标法规定,在同一种商品上使用与其注册商标相同的商标直接构成侵犯商标权行为,无需混淆的可能性。比如欧盟《商标指令》规定,这种情况下的商标保护是绝对的,不需要混淆可能性。当商标权人和被诉侵权人所使用的商标相同、商品类别亦相同的情况下,被诉侵权人就完全抄袭和复制了商标权人商标和商品的特征,消费者几乎不可能不发生混淆。因此,法律直接规定在商标相同、商品类别相同的情况下被告的行为构成侵权,简化了原告的举证责任,有利于提高诉讼的效率。但是,即便双方所使用的商标和商品相同,从理论上说,消费者还是有可能区分出这两种商品的不同来源,避免发生混淆。例如,如果商品的价格十分昂贵,购买此类商品的消费者就可能会为了避免经济上的风险,进行更加细致入微的调查,或者请专业鉴定人进行评测鉴定,这样就可能避免混淆。对于该类商品来说,反而不容易发生消费者混淆的情况。只是在商标相同、商品相同的情况下,出现消费者不发生混淆这种情况的可能性十分之小,仅具有理论上的可能性。从这个意义上说,在系争双方所使用的商标和商品都相同的情况下,被诉侵权人的行为几乎不可能不造成消费者混淆,因此法律为简化举证责任直接规定这种行为构成侵犯商标权行为。

其次,当行为人未经商标注册人的许可,在同一种商品上使用与其注册商标近似的商标,或者在类似商品上使用与其注册商标相同或者近似的商标,2013年《商标法》明确规定需要导致消费者混淆可能性,行为人的行为才构成侵犯商标权。2013 年《商标法》第 57 条第 2 项规定,只要未经商标注册人的许可,在同一种商品上使用与其注册商标近似的商标,或者在类似商品上使用与其注册商标相同或者近似的商标,容易导致混淆的,他人行为构成侵犯商标权。在实践之中,行为人未经许可使用商标权人商标的情形多种多样。有时行为人使用的并非是与商标权人商标相同的标识,而是使用与商标权人商标相似的标识。有时行为人不会在与商标权人商标所使用的商品类别相同的商品上使用商标权人的商标,而是在与商标权人商品类别类似的商品上使用商标权人的商标。在这些场合,2013 年《商标法》第 57 条第 2 项明确规定了要"容易导致混淆",行为人的行为才构成侵犯商标权。因此,混淆可能性是在这几种情况下判定侵犯商标权是否成立的核心标准。根据 2013 年《商标法》第 57 条第 2 项的规定,这一条款所涉及的侵犯商标权具体情形可以细分为三种:行为人和商标权人的商标标识相同,所使用的商品类别类似;行为人和商标权人的商标标识相似,所使用的商品类别相同;行为人和商标权人的商标标识相似,所使用的商品类别类似。在这三种情形下,一旦行为人的行为容易导致消费者混淆,则其行为就构成侵犯商标权。

拓展贴士

　　商标相同或相似、商品相同或类似,可能导致消费者发生混淆,但是消费者发生混淆,还会受到其他因素的影响。而消费者发生了混淆,表明商标很可能相同或相似、商品很可能相同或类似,但并不必然如此。在其他因素的作用下,即便不满足商标相同或相似、商品相同或类似的要求,也可能导致消费者发生混淆。亦即,商标和商品两个条件,仅是判断消费者混淆可能性的考量因素,而非必然决定消费者混淆的发生。反之,消费者发生了混淆,也并不必然是因为商标相同或相似、商品类别相同或类似。商标的相似性、商品的类似性,应当在侵犯商标权判定中占据重要的地位,是法院据以判断混淆可能性的主要考量因素,但并不决定侵犯商标权的成立与否。
　　邓宏光:《论侵犯商标权判断标准——兼论我国〈商标法〉第52条的修改》,载《法商研究》2010年第1期。

第二节　侵犯商标权行为的认定

　　根据我国2013年《商标法》的规定,未经许可在相同商品上使用相同商标的或者在相同或类似的商品上使用与商标权人商标相同或者近似商标并容易导致消费者混淆的构成侵犯商标权。那么,在具体的案件中,应当如何判定他人的某一行为构成侵犯商标权呢?本节将主要介绍侵犯商标权行为的具体判断,包括侵犯商标权的判断主体、商标相同或近似、商品相同或类似在侵犯商标权判定中的作用、以及其他能够认定侵犯商标权行为的有关因素。

一、侵犯商标权的判断主体

　　商标法的目的在于通过赋予经营主体以商标权,打击侵犯商标权行为,使市场中商标能够相互区分,防止消费者发生混淆。一旦消费者在市场中发生了混淆误购,则消费者就无法依赖于商标去认牌购物,商标权人的合法权益也无法得到维护。商标法判断侵犯商标权的基本标准是消费者是否极有可能发生混淆,亦即,消费者是否存在混淆可能性。因此,在侵犯商标权行为的判断中,首先需要确定系争案件中的消费者。

相关消费者一般限于正在购买商标所标示的商品的消费者或潜在有购买可能的消费者,"范围过度注重于购买关系,有时可能不够广泛"[①]。"购买过程中消费者的混淆是最常见的。但是,一些人的混淆,也可能影响到消费者。"[②]故而,除了相关消费者之外,商标混淆的主体应还包括一些相关消费者之外的其他极有可能发生混淆的主体。据此,商标混淆的主体可以概括为"相关公众"。相关公众一词,在多国或地区立法之中都有所体现,只是用词略有不同。在欧洲,欧盟1993年12月通过的《欧洲共同体商标条例》以及2004年对《条例》的修订,都规定欧盟商标权人有权阻止"在公众中"能引起混淆的使用行为。[③] 我国2013年《商标法》第13条、第14条、《商标法实施条例》第76条中都使用了"相关公众"或"公众"一词。《商标纠纷解释》第1条在界定侵犯商标权时也使用了"容易使相关公众产生误认的"。可见,立法为避免相关消费者涵盖的范围不够广泛,已将商标混淆的主体界定为"相关公众"。这里的相关公众就成为一个以相关消费者为主,包括其他相关主体的广义的概念。包括真正购买或可能购买特定商标所标示的商品或服务的消费者,还包括与特定商标的商标权人有直接经济上往来和联系的主体。

首先,商标混淆的主体一般是正在购买某一商标所标示的商品的消费者和有潜在购买可能的消费者。亦即,市场中真正接触到并正在购买或可能购买特定商标所标示的商品的主体。只有正在或可能购买特定商标所标示的商品,才能够成为该商标真正的或潜在的消费者,而只有正在接触和购买特定商标所标示的商品的消费者或潜在有可能购买的消费者,才会去识别该特定商标,才有可能在市场中因该商标被他人仿冒而发生混淆。相反,某一消费者对其根本不可能购买的商品发生的混淆,如一般消费者对大型碎石机、大型采矿机的商标发生的混淆,就不属于混淆可能性所指的混淆,商标法就没有介入的必要性。

其次,不仅相关的消费者应当纳入商标混淆可能性判断的对象范围,一些与特定商标的商标权人有直接经济上往来和联系的各类主体也应属于混淆可能性针对的对象。这是因为,目前市场中的经济活动日趋复杂,商标权人不仅面对的是最终的消费者,而且要在市场中与各种经济主体如借贷人、出租者、投资者、经销商、批发商、零售商进行交易。借贷人、出租者、投资者、经销商、批发商等发生

---

① 刘孔中:《商标法上混淆之虞之研究》,五南图书出版公司1997年版,第10页。
② Shashank Upadhye, Trademark Surveys: Identifying the Relevant Universe of Confused Consumers, 8 Fordham Intell. Prop. Media & Ent. L. J., p.580.
③ 参见黄晖:《商标法》,法律出版社2004年版,第313—317页。

的混淆,会直接影响到商标权人,并且会造成上述主体在作出投资、购买等经济决策时因混淆而作出错误的判断,影响其获利。例如,投资者如果对不同商品的提供者发生了混淆,就可能作出错误的投资决策,而如果投资者清楚不同商品提供者的区别,就不会作出这种投资决策。而且,在混淆状态下作出错误的投资,很有可能因该商品提供者不佳的市场表现而带来更大的损失。可见,上述主体的混淆与最终消费者发生的混淆并无本质区别,所不同的也只是其发生在市场交易的中间环节。按照商标法的规范意旨,这种类型的混淆为自由和公平的市场经济所不容,同样需要商标法加以防范。

二、商标相同与近似的认定

系争双方的商标是否相同或相似、商标所使用的商品类别是否相同或相似,是侵犯商标权判断中需要考察的重要环节和因素。那么何谓商标的相同或者近似呢?所谓商标相同,是指系争标识与商标权人的商标相比,两者在文字、图形或者其组合,在视觉上基本无差异。在商标相同的情况下,如果双方使用的商品类别又相同或者类似,则消费者很容易对商品的来源发生混淆误购。所谓商标近似,是指系争标识与商标权人的商标相比,其文字的字形、读音、含义或者图形的构图及颜色,或者其各要素组合后的整体结构相似,或者其立体形状、颜色组合近似。因此,认定商标的近似主要从商标的形、音、义出发,对系争商标进行对比。例如,在字形方面,文字商标"大金"和"太金"、"康师傅"和"康帅傅"、"乐百氏"和"乐白氏"。由于"大"与"太"、"师"和"帅"、"百"和"白"在消费者看来只有细微的差别,在字形上两者构成近似商标。如果这两个标识又使用在相同或者类似的商品之上,则容易导致消费者发生混淆误认。在读音方面,如"凤凰"和"凤皇",两者读音相同、并且字形也相似,两个商标应构成近似商标,如果使用在相同或者类似的商品类别上,则容易导致消费者发生混淆。在字义方面,比如英文商标或英文缩写商标和对应的中文商标构成的相似,如"DELL"和"戴尔""HP"和"惠普"。由于"DELL"和"HP"的对应中文为"戴尔"和"惠普",则"DELL"和"戴尔""HP"和"惠普"尽管在字形上不构成近似商标,但是其含义相同,已经构成近似商标,如果这两个标识使用在相同或者类似的商品类别之上,则容易使消费者发生混淆误认。

判断商标之间是否近似的主要方法包括隔离观察法、显著部分比较法和整体观察比较法。隔离观察法,是指在判断商标是否构成相似时,不能够将两个商标放在一起进行比较。这是因为,消费者在市场中一般并不会同时遇到系争的两个商标。消费者很可能先是对商标权人的商标有大致的印象,凭借对该商标的印象在市场中购物,然后再遇到在后的被诉商标。因此,当两个商标具有相似的特征时,由于消费者并不是同时遇到两个商标,能够对两个商标的特征进行比较,消费者在市场中就很容易发生混淆。在判断商标相似时,应当采取隔离观察法,单独对比系争商标,看其是否具有相似的特征,足以导致消费者在购物的环境下发生混淆。例如,对于"台电科技"和"台电技术"而言,如果将两个商标放在一起进行对比观察,则消费者很容易发现两者之间的差异。但是,消费者在市场中有可能并不会同时遇到这两个商标所标示的商品。在"台电科技"和"台电技术"用词相似,表达的意义也相似的情况下,消费者很容易在市场中发生混淆误购。

显著部分比较法,是指在判断商标近似时,应当比较两个商标最为显著、给人留下最深印象的部分。这是因为,消费者在购物环境中,不可能对一个商标进行精确的记忆。随着大脑记忆的遗忘,消费者往往只能记住一个商标基本的、主要的和最为显著的特征,并凭借对商标的主要印象在市场中购物。因此,如果某一标识与商标权人的商标的主要和最为显著的部分相同,则即便其他次要的标识构成要素并不相同,这两个商标也构成近似商标,很有可能导致消费者发生混淆误认。因此,在对商标是否近似进行判断时,应当归纳出两个商标最为显著、给人印象最为深刻的部分,看这两个部分是否相同或相似。

整体观察比较法,是指在判断商标近似时,应当比较两个商标给人的整体的、主要的印象。这是因为,消费者在购物环境中,往往会对一个商标形成总体的、大致的印象。这一印象往往会引导消费者在市场中购物。一旦两个商标在整体上较为近似,则很有可能导致消费者发生混淆误购。例如,商标权人在一种功能饮料上使用的商标是"脉动",侵权人在相同的功能饮料上使用了"永动"一词,并且仿造了"脉动"商标的字体、字形。这样,尽管"脉"和"永"两个字的差异较为明显,但由于"脉动"和"永动"字体、字形相似,在整体上给人近似的印象,同时两个商标又都使用在相同的功能饮料商品上,则很容易导致消费者发生混淆误购。

三、商品相同与类似的认定

判断系争商标所标示的商品是否相同或类似同样是侵犯商标权判断过程中的重要环节和因素。侵权人为了更好地欺骗消费者,使消费者发生混淆误购,往往会将侵权的标识使用在与商标权人商品类别相同或者相似的商品之上。例如,耐克商标是美国著名的运用品牌商标,使用在运动服饰、运动鞋等商品类别之上。侵权人为了使消费者更容易发生混淆误购,就很可能将仿冒的耐克商标使用在运动服饰、运动鞋之上。因此,系争商标所标示的商品是否相同或类似,是认定侵犯商标权的重要因素。

商品相同比较好判断。例如,如果商标权人商标所标示的商品类别是手机,则他人未经许可,将商标权人的商标使用在手机商品之上,则构成商品相同。这里主要介绍商品类似的判断。所谓商品类似,是指在功能、用途、生产部门、销售渠道、消费对象等方面相同,相关公众一般认为其存在特定联系的商品。同理,服务类似,是指服务的目的、内容、方式、对象等方面相同,或者相关公众一般认为存在特定联系的服务。英国法院认为,判断商品的类似,可以参考:(1) 商品或服务的用途;(2) 商品或服务的用户;(3) 商品或服务的性质;(4) 商品或服务的销售渠道;(5) 商品的摆放位置;(6) 商品或服务相竞争的程度。我国台湾地区在实践中认为,判断商品的类别,要依一般的社会通念、市场交易情形、并参酌该商品之制造、原料、用途、功能或销售场所等各种相关因素判断之。[1] 由此可见,系争的商品或服务之间是否在功能、用途、销售渠道、消费对象等方面有相同或相似的特征,应是判定商标或服务是否类似的主要依据。例如,手机与手机电池、笔记本电脑与笔记本鼠标,在销售渠道、消费对象方面,都具有相同或相似之处,两者构成商品类似。再比如,美容服务与美发服务,在服务的目的、内容、方向、服务对象方面,也有相同或相似之处,应构成服务类似。除了商品或服务类似之外,还有可能发生商品与服务的类似。例如,汽车与汽车维修服务,软件与软件服务。

在商标注册过程中为了确定商标所使用的商品类别,大部分国家参考使用了《商标注册用商品和服务国际分类尼斯协定》,该分类将商品分为34个类别,服务分为11个类别。我国国家工商行政管理局商标局曾制定过自己的《商标注册用商品和服务分类表》和《类似商品和服务区分表》,但于1994年8月9日加入尼斯联盟之后开始使用《尼斯协定》的分类。值得注意的是,无论是《商标注册用商品和服务国际分类尼斯协定》,还是我国曾制定的《商标注册用商品和服务分类》和《类似商品和服务区分表》,均是运用于商标注册程序之中,主要适用于确定注册商标使用的商品类别,以明确注册商标的使用权范围。因此,《商标注册用商品和服务国际分类尼斯协定》《商标注册用商品和服务分类》和《类似商品和服务区分表》都不能够作为侵犯商标权判断的主要依据。换言之,在侵犯商标权判定中,上述分类表可以用于判断系争商标所使用的商品是否构成类似,但是仅仅是一种参考,并不具有决定性的证据效力。《尼斯协定》第2条第1款就明确规定:在任何特定的商标提供保护的范围方面,本分类对各国不具有约束力。北京高院在实践中认为,判断类似商品一般首先应当参考《类似商品和服务区分表》或者权威部门作出的规定或批复等,但有相反证据足以推翻上述结论的,可以不予参考。《商标纠纷解释》第12条也规定:人民法院依据2001年《商标法》第52条第1项2013年《商标法》第57条第1、2项的规定,认定商品或者服务是否类似,应当以相关公众对商品或者服务的一般认识综合判断;《商标注册用商

---

[1] 黄晖:《商标法》,法律出版社2004年版,第123页。

品和服务国际分类表》《类似商品和服务区分表》可以作为判断类似商品或者服务的参考。

四、判断侵犯商标权行为的其他因素

除了商标相同与近似、商品相同与类似之外,商标法之中还有一些因素可以用于判断侵犯商标权是否成立。这些因素主要包括商标权人商标的显著性(Strength of the senior mark)、实际混淆(Actual confusion)、消费者的注意程度(Degree of care of the consumers)等。欧盟《商标指令》就指出,消费者是否存在混淆可能性取决于多种因素,特别是,取决于商标的市场知名度,使用的标识与注册的商标之间形成的联想,商标与标识以及所使用的商品或者服务之间的近似或者类似的程度。同样,美国法院在实践中也总结出了一套判定消费者混淆可能性是否存在的方法,通过对商标的相似性、商品的类似性、商标权人商标的显著性、实际混淆等方面的考察,评估消费者是否会发生混淆,进而判断侵犯商标权是否成立。在我国司法实践中,法院认定消费者混淆、进而判断侵犯商标权是否成立也需要综合考虑多种因素。"在侵犯商标权涉及的混淆可能性的认定中,需要根据案件情况,在综合考虑商标的显著性、商品的关联程度、标识本身在客观上的近似性、是否有实际混淆的证据、销售渠道以及所涉商品的功能、用途、价格、质量等多种因素,作出裁量。"①

显著性是商标保护的灵魂,②是商标法正常运行的枢纽。③ 显著性在混淆可能性的判定中得到了广泛的运用,是除商标和商品这两个因素之外最重要的侵犯商标权判定考量因素。所谓显著性,"也叫做商标的识别性或区别性,具体是指该标志使用在具体的商品或服务时,能够让消费者觉得,它应该或者实际与商品或服务的特定出处有关。"④从商标的功能角度来看,显著性就是商标标示商品来源,并与其他商品相区分的属性。

显著性与消费者是否发生混淆具有内在的联系,是混淆可能性判定的重要考量因素之一。相对于那些显著性程度不高的商标,具有较高显著性的商标更容易使消费者发生混淆。亦即,在其他条件不变的情况下,商标权人商标的显著性越强,消费者混淆发生的可能性越大,而如果显著性越弱,则消费者混淆发生的可能性越小。如果系争商标权人的商标显著性很强,则对商标相似性、商品类似性的要求就较低,而如果系争商标权人商标的显著性较弱,则对商标相似性和商品类似性的要求都会提高。

---

① 孔祥俊:《商标与反不正当竞争法原理与判例》,法律出版社 2009 年版,第 295 页。
② 参见黄晖:《驰名商标和著名商标的法律保护》,法律出版社 2001 年版,第 11 页。
③ See Barton Beebe, The Semiotic Analysis of Trademark Law, 51 UCLA L. Rev. 621(2004).
④ 黄晖:《商标法》,法律出版社 2004 年版,第 56 页。

我国法院在商标案件的审理中,也注意到了显著性在侵犯商标权判定中的重要意义。在南京利源"百家湖"一案中,被告金兰湾公司使用了原告注册的"百家湖"标识。法院在案件审理中认为消费者不会发生混淆,其中的原因之一即是,南京地区的普通公众对"百家湖"的第一印象首先是地名或湖名,根据再审阶段的随机调查了解,知道"百家湖"商标者极少,说明"百家湖"至少在争议发生之前知名度不高或没有,其显著性较弱或不存在。① 在北京嘉裕长城葡萄酒一案中,最高人民法院也指出,本案讼争的商标"长城"或"长城牌"文字部分因有着较高的使用频率而具有较强的识别力,在葡萄酒市场上与中粮公司的葡萄酒形成了固定的联系。因中粮公司"长城"或"长城牌"文字部分具有的驰名度和显著性,足以使相关公众将使用含有"长城"文字的"嘉裕长城及图"商标的葡萄酒与中粮公司的长城牌葡萄酒产品相混淆。② 在北京 xyc 杏叶村一案中,北京市高级人民法院同样认为,由于"xyc 杏叶村"与著名酒类品牌"杏花村"相似,鉴于"杏花村"具有较高的知名度,消费者容易对两者发生混淆。③

消费者注意程度,是指消费者在购物过程中对商标以及与商标相关的商品、商业环境等所施加的辨别力。消费者自身注意程度的高低会影响到其是否发生混淆。如果消费者的注意程度较低,在购物中较为匆忙、随意,其更容易发生混淆。反之,如果消费者的注意程度较高,在购物中较为仔细、认真,则其可能会发现不同厂商的不同之处,从而避免混淆。可见,消费者的注意程度会影响到消费者对判断来源的判断,是侵犯商标权判断中可以考虑的因素之一。《商标纠纷解释》第 10 条规定:人民法院依据《商标法》第 52 条第 1 项的规定,认定商标相同或者近似按照以下原则进行:(一)以相关公众的一般注意力为标准……由于我国《商标法》以商标的相似性和商品的类似性作为侵权判定的标准,该条文实际上就规定了法院在侵犯商标权的判定中要考虑系争消费者的注意程度,以相关公众一般的注意力为标准。在司法实践中,我国法院在侵犯商标权判定中对消费者注意程度也有所考虑。例如,在深圳香榭里花园一案中,深圳某房地产公司在深圳开发了名为"香榭里花园"的楼盘,并注册了香榭里商标。而上海某房地产公司在上海也开发了名为"香榭里花园"的楼盘。深圳公司认为上海公司侵犯了其商标权,遂诉至法院。法院在审理中就认为,在不动产买卖中,消费者的注意程度较高,会关注楼盘的品质、周边环境、开发商的实力和信誉等,而且商品房

---

① 江苏省高级人民法院[2002]苏民三终字第 056 号民事判决书;江苏省高级人民法院[2004]苏民三再终字第 001 号民事判决书。
② 最高人民法院[2005]民三终字第 5 号民事判决书。
③ 薛红深:《混淆还是联想——也评"xyc 杏叶村"商标确权案》,载《中国工商管理研究》2005 年第 11 期。

的销售要签订书面合同。因此,消费者不会产生混淆。[1] 可见,法院在该案中将消费者的注意程度作为了侵犯商标权判定的主要考量因素之一,认为商品房对于消费者来说,是价格较高的商品,具有较大的经济风险,消费者在这种情况下就会施加更高的注意力,从而会避免混淆。在南京利源"百家湖"一案中,被告金兰湾公司使用了原告注册的"百家湖"标识。法院在审理该案中也认为,一般说来,商品的价值越高,消费者购买时就越谨慎,产生误认的可能性就越小。相关公众在选购商品房时更为谨慎。因此,金兰湾公司为销售商品房之需使用"百家湖"之地名,不会使相关公众对该商品的来源产生混淆和误认。[2]

所谓实际混淆,是指是否有任何人因为系争双方商标的相似性而在事实上对被告商品的来源发生了混淆。在《商标法》中,被告要构成侵犯商标权,商标权人需要证明被告的行为极有可能造成消费者混淆,但是并不需要证明消费者发生了实际混淆。然而,如果商标权人能够证明相关消费者在市场中发生了实际混淆,则更能说服法官相信,相关消费者存在着混淆可能性。因此,在混淆可能性的判定中,实际混淆是可以考量的因素之一。但需要强调的是,商标权人能否在侵犯商标权之诉中获得救济,主要是看被告的行为是否极有可能导致消费者混淆。因此,《商标法》并不要求商标权人在侵犯商标权之诉中举证证明消费者发生了实际混淆,而只需要证明消费者存在混淆可能性,至于现实中消费者是否真的发生了混淆,法院并不去探究。实践中一般实际混淆的证据包括:消费者实际发生的混淆误购的事例、消费者因为发生混淆而误打电话、因发生混淆而错误投递邮件等。

第三节 侵犯商标权行为的具体形式

未经商标权人许可,将与商标权人商标相同或近似的商标,使用在相同或类似的商品之上,导致消费者发生混淆误购,只是一种形式的侵犯商标权行为。侵犯商标权还存在着其他的表现形式,本节将对侵权商标权行为的各种具体形式进行分析。

第一种侵权形式即最为典型的侵权行为,即未经商标权人许可,将与商标权人注册商标相同或近似的商标,使用在相同或类似的商品之上,导致消费者容易发生混淆误购。我国2013年《商标法》第57条第1项、第2项为此做了规定。

---

[1] 参见上海市第一中级人民法院民事判决书(2003)沪一中民五(知)初字第170号。王迁教授对本案有较为详细的点评。参见王迁:《知识产权法教程》,中国人民大学出版社2009年版,第491页。
[2] 江苏省高级人民法院[2002]苏民三终字第056号民事判决书;江苏省高级人民法院[2004]苏民三再终字第001号民事判决书。关于本案也可参见孔祥俊:《商标与反不正当竞争法原理与判例》,法律出版社2009年版,第294页。

本书前面的章节已经做过介绍。值得注意的是，如果未经商标权人许可，在相同的商品或服务上，使用与商标权人商标相同的标识，可以直接认定构成侵犯商标权。不仅如此，这种行为严重的侵害了商标权人和消费者的利益，还可能导致刑事处罚。2013年《商标法》第67条第1款规定，未经商标权人许可，在同一种商品上使用与其注册商标相同的商标，构成犯罪的，除赔偿被侵权人的损失外，依法追究刑事责任。

第二种侵权形式是未经商标权人许可，在同一种或者类似商品上，将与他人注册商标相同或者近似的标志作为商品名称或者商品装潢使用，误导公众的。《商标法实施条例》第76条对此作了规定。实践中，一些侵权人往往并不是将与商标权人注册商标相同或近似的标识用作自己的商标，而是将这些标识作为侵权人所提供的商品的名称或者商品装潢。消费者在市场中往往并不能很好地区分商标、商品名称或商品装潢，当侵权人将与商标权人注册商标相同或相似的标识用于侵权商品之上，作为商品名称或商品装潢时，也容易导致消费者发生混淆误认。举例而言，某一电器厂的注册商标是"正泰"，使用于开关、插座、配电电器、控制电器等电器电路产品上。行为人在其提供的电器电路产品上使用了标识"泰山"，与"正泰"注册商标相比并不构成商标的相同或近似。但是，行为人在电器电路的外包装上，用大号字体印刷上"正泰电器、品质保证"这样的字样，将正泰电器的商品装潢用于自己的商品，这就很容易导致消费者发生混淆，误认为这种电器电路产品来源于正泰公司，或与正泰公司存在关联关系。行为人的这种行为同样构成侵犯商标权。

第三种侵权形式是未经商标权人许可，将与他人注册商标相同或者相近似的文字作为企业的字号在相同或者类似商品上突出使用，容易使相关公众产生误认的。2013年《商标法》58条对此作了规定。在实践中，一些侵权人除了将与商标权注册商标相同或近似的标识作为商品名称、商品装潢使用，还可能将之作为侵权人企业的字号来使用。我国就多次发生过这方面的案例。2004年发生的天上人间案就是一例。在该案中，原告长青泰餐饮娱乐公司系"天上人间"注册商标权利人，被告为上海宁都酒楼公司，将其字号改为天上人间娱乐有限公司，原告将被告诉至法院，最终上海市高级人民法院认定被告构成侵权。这一案件中，被告很明显利用了原告"天上人间"的商标，将之作为本企业的字号，并在经营场所突出使用，很容易造成消费者混淆，构成侵犯商标权。

第四种侵权形式是将与他人注册商标相同或者近似的文字注册为域名，并且通过该域名进行相关商品交易的电子商务，容易使相关公众产生误认的。《商标纠纷解释》第1条第3项对此作了规定。随着计算机和网络技术的发展，电子商务逐步蓬勃兴起，一些不法商人就借助于互联网，将他人商标注册为网络域名，并通过该域名进行相关商品交易，这很容易导致消费者发生混淆误购，是一种侵犯商标权行为。例如,未经商标权人许可,将日本索尼公司的注册商标"SONY"注册为www.sony.com.cn,并通过该网址出售与索尼公司产品相关的电子产品,就很容易导致消费者认为www.sony.com.cn是日本索尼公司在中国所设的官方销售网站,从而导致消费者误买误购,上当受骗。这种行为显然也需要得到商标法的规制。

第五种侵权行为是擅自更换他人商品上的注册商标,并将更换商标的商品又投入市场之中,容易导致消费者混淆的行为。我国2013年《商标法》第57条第5项对此进行了规定。实践中,一些人会将原商标权人的商标从商品上去除,更换上自己的商标,并重新投入市场,销售给消费者。这种行为割裂了原商标权人商标与其商品之间的联系,使得消费者无法通过购买商标权人所生产的商品来认识和熟悉商标权人的商标,商标权人也就无法通过商品的生产和销售来累积商誉。毋宁说,这种行为是一种寄生行为,是在他人的商品之上贴附上自己的商标,通过他人的商品来为自己的品牌谋取利益。我国也发生过这方面的案例。在枫叶诉鳄鱼一案中,被告将原告北京服装一厂生产的"枫叶"西裤上的商标撕下,换上新加坡鳄鱼公司的商标"卡帝乐"进行高价销售,被北京服装一厂诉至法院,法院最终认定被告行为构成不正当竞争。[①] "枫叶"案的主审法官认为,对本案被告的"行为既可以适用《商标法》,又可以适用《反不正当竞争法》来调整。原告是以侵犯商业信誉和不正当竞争起诉的,故法庭依照《民事诉讼法》规定的当事人请求原则进行审理"[②]。2001年《商标法》修订时,"枫叶"案涉及的反向假冒行为被规定进《商标法》。

第六种侵权行为是销售侵犯注册商标专用权的商品,容易导致消费者混淆的行为。销售侵犯注册商标专用权的商品,也会造成消费者混淆误购,导致商标权人和消费者利益的受损,自然也构成侵犯商标权。我国2013年《商标法》第57条第3项对此有所规定。

实践中,不仅上述六种行为直接构成侵犯商标权,而且为这六种行为提供帮助的行为,同样构成侵权。只是为直接侵犯商标权的行为提供帮助,从行为的性质上来看是一种间接侵权行为。我国2013年《商标法》第57条第4项、第6项规定:伪造、擅自制造他人注册商标标识或者销售伪造、擅自制造的注册商标标识的、故意为侵犯他人商标专用权行为提供便利条件,帮助他人实施侵犯商标专用权行为的,属于侵犯注册商标专用权的行为。显然,为他人实施侵犯商标权行为提供帮助,伪造、擅自制造或者销售伪造的、擅自制造的他人注册商标标识的行为,并不属于前文所述六种商标权直接侵权行为,但是却为这六种商标权直接

---

① 参见北京市第一中级人民法院(1994)中经知初字第566号民事判决书。
② 罗东川:《审理"枫叶"诉"鳄鱼"案的几个问题》,《中华商标》1998年第4期。

侵权行为提供了帮助,使得侵权人可以实施商标权直接侵权行为。故而,伪造、擅自制造他人注册商标标识或者销售伪造、擅自制造的注册商标标识的、故意为侵犯他人商标专用权行为提供便利条件,帮助他人实施侵犯商标专用权行为的,都构成侵犯商标权。除此之外,还包括故意为侵犯他人注册商标专用权的行为提供仓储、运输、邮寄、隐匿等便利条件,也构成间接侵犯商标权。

值得注意的是,根据侵权法基本原理,一般侵权行为原则上实行过错责任原则,只有在法律有明确规定之时,才实行无过错原则。这里的过错责任和无过错责任,都是在损害赔偿的意义上而言的。亦即,行为人的行为构成侵权,其主观上有过错的,需要承担损害赔偿责任,主观上没有过错的,不需要承担损害赔偿责任,但是依然构成侵权,需要承担停止侵害、赔礼道歉、消除影响等侵权责任。商标权直接侵权的构成并不要求行为人主观上具有过错。亦即,只要行为人的行为在客观上表现为上述六种直接侵犯商标权的行为,容易导致消费者发生混淆,就构成侵犯商标权。行为人在主观上即便已经尽到了注意义务,在主观上没有过错,同样要为其导致消费者混淆的行为承担停止侵害、赔礼道歉、消除影响等民事责任。而要构成商标权间接侵权,仅仅有客观上伪造、擅自制造商标权人注册商标等的行为是不够的,还要求行为人主观上具有过错。举例而言,对于商标的印刷企业来说,明知道委托人意图通过印刷企业来印刷商标实施直接侵权行为,还接受委托,擅自制造他人注册商标标识,就构成间接侵犯商标权行为。但是如果印刷企业已经履行了合理的注意义务,对商标印制委托人的营业执照、商标注册证书等相关证明文件进行了审查,印刷企业就尽到了自身的注意义务。此时,如果商标印制的委托人是通过欺骗的方式使印刷企业信以为真,接受委托,则即便在客观上印刷企业擅自制造了他人注册商标标识,则由于其主观上并无过错,尽到了注意义务,其行为也不构成间接侵犯商标权行为。

实务指引

案情回放: 中粮公司是中国国资委所属大型国有企业,企业构架集贸易、金融、信息、科研和服务为一体,产业链横跨农产品、食品、酒店、房地产等众多领域,1994年以来,一直名列美国《财富》杂志全球500强企业。1974年7月20日,中国粮油食品进出口公司天津分公司核准注册了70855号"长城牌"商标,使用商品为第33类葡萄酒等。1998年4月8日,商标专用权人变更为原告中粮公司。2000年9月21日,中粮公司核准注册了1447904号"长城"商标,使用商品为第33类米酒等。2004年11月,国家工商总局认定"长城"为驰名商标。江西南昌开心糖酒副食品公司与中粮集团曾签有产品经销协议书,长期经销"长城牌"葡萄酒。1999年5月,开心公司向国家商标局申请了"嘉裕长城"商标,中粮集团针对该商标提出异议,现该商标处在异议程序中。2001年2月,北京嘉裕东方葡萄酒公司成立,开心公司许可嘉裕公司使用"嘉裕长城"商标。2001年12月,中粮集团向国家工商局公平交易局投诉嘉裕长城仿冒其长城商标。2004年9月,中粮集团将嘉裕公司和开心公司告上法庭。

判决要旨:此案一直上诉至最高人民法院。最高人民法院对该案进行了详细调查后认为,中粮集团拥有的第70855号"长城牌"注册商标因其注册时间长、市场信誉好等,而具有较高的市场知名度,被国家工商行政管理部门认定为驰名商标。该商标组合要素中的"长城"或"长城牌"文字部分因有着较高的使用频率而具有较强的识别力,在葡萄酒市场上与中粮集团的葡萄酒产品形成了固定的联系,故"长城"或"长城牌"文字显然具有较强的识别中粮集团葡萄酒产品的显著性,构成"长城牌"注册商标的主要部分。"嘉裕长城及图"虽由文字和图形组合而成,且其文字部分另有"嘉裕"二字,但因中粮集团的第70855号"长城牌"注册商标中的"长城"或"长城牌"文字部分具有的驰名度和显著性,足以使葡萄酒市场的相关公众将使用含有"长城"文字的"嘉裕长城及图"商标的葡萄酒产品与中粮集团的长城牌葡萄酒产品相混淆,至少容易认为两者在来源上具有特定的联系。因此,嘉裕公司的"嘉裕长城及图"商标使用了中粮集团的第70855号"长城牌"注册商标最具显著性的文字构成要素,并易于使相关公众产生市场混淆。据此可以认定,未经中粮集团许可,嘉裕公司在同类商品上使用与中粮集团第70855号"长城牌"注册商标近似的"嘉裕长城及图"商标构成了对中粮集团注册商标专用权的侵犯,应当承担相应的民事责任。

推荐阅读

1. 孔祥俊:《商标与反不正当竞争法原理和判例》,法律出版社2009年版,第257—274页。

2. 彭学龙:《商标法的符号学分析》,法律出版社2007年版,第186—213页。

3. 王太平:《商标侵权的判断标准:相似性与混淆可能性之关系》,载《法学研究》2014年第6期。

第八章 侵犯商标权的抗辩事由

要点提示

本章重点掌握的知识：1. 商标权用尽的概念、构成条件与平行进口；2. 商标正当使用的概念、类型和条件；3. 侵犯商标权的其他抗辩，如自己商标权抗辩、善意销售抗辩、先用权抗辩、时效抗辩。

本章知识结构图

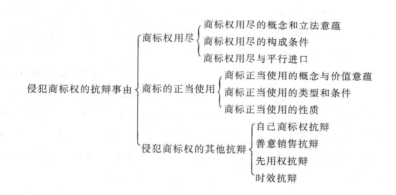

由于罗马法对抗性诉讼及其区分控和辩的思维方式的影响[1]，法律在赋予原告以诉权的同时，也赋予被告针对原告的诉讼主张进行抗辩的权利。就其字面意义而言，所谓抗辩就是对抗并说明对抗的理由。但在法律上尤其是在诉讼中，抗辩[2]是能够对抗对方当事人主张的法律事由。在商标法上，普通民事诉讼中的抗辩在侵犯商标权诉讼中同样也可以运用，比如普通民事诉讼中的管辖权异议、时效抗辩、合同抗辩等在侵犯商标权诉讼中同样可以提出。在商标法上，只要能够对抗商标权人的侵权指控的主张都可以作为抗辩事由，比如违反商标法所规定的商标权取得的绝对条件和相对条件、违反商标权取得的程序条件、商

---

[1] 〔德〕迪特尔·梅迪库斯：《德国民法总论》，邵建东译，法律出版社2000年版，第92页。
[2] 在法律上，严格地说，抗辩可以分为抗辩和抗辩权，二者的主要区别是，在诉讼中，抗辩权必须由享有抗辩权的人提出法院才能审查，而抗辩可以由法院主动审查。本书不严格区分二者，而是采广义的抗辩概念。

标因不使用或不当使用而应被撤销、属于商标权效力所不及等等。[①] 本章的重点放在以下几种抗辩事由,主要包括:商标权用尽;商标的正当使用;其他抗辩事由,如自己商标权抗辩、善意销售抗辩、先用权抗辩和时效抗辩。

第一节　商标权用尽

引导案例

案例1: 1999年10月28日,广东省佛山市东鹏集团受让并取得东鹏商标专用权,2000年8月,尚未核准注册的诺可可瓷砖有限公司与元兴公司签订委托加工协议,约定诺可可公司为元兴公司加工腰线、花片,同年11月,元兴公司再次委托诺可可公司加工腰线。2000年8月,诺可可公司购买没有任何图案和花纹的东鹏瓷砖24690块。广东省佛山市中级人民法院的法官认为,商标权权利穷竭原则适用的前提是在商品没有任何变化的条件下,使用注册商标的商品被商标权人或经其许可的其他人投放到市场后,商标权利用尽。本案被告购买了东鹏瓷片后进行加工,改变了东鹏公司商品的原有形态,该行为已超出商标权权利穷竭理论的适用前提。因此,本案不能适用商标权权利穷竭理论作为判案依据。那么,商标权用尽的构成条件是什么?像商品分装后销售、商品经过加工后销售、旧商品翻修等商品的物理条件发生了部分改变后,这种情况下是否不适用商标权用尽原则?

案例2: "力士"香皂案:1986年中外合资企业上海利华有限公司(以下称"上海利华")成立,外方为荷兰联合利华有限公司(以下称"荷兰利华")。1997年9月,荷兰利华与上海利华签订《联合利华商标许可合同》,1998年10月双方对合同进行修订,根据该合同,上海利华是"LUX"(力士)商标产品在中国内地唯一的生产、销售和进口权人。1999年5月28日,中国广州海关下属的佛山海关发现并扣留了一批由广州经济技术

[①] 美国《兰哈姆法》第33条(b)款所列举的抗辩事由包括:(1)商标的注册或不可否认的使用权是以欺骗手段取得的;(2)该商标已被注册人放弃;(3)使用该商标错误表示来源;(4)在描述意义上使用商标;(5)该商标的有限的地域效力;(6)被告在先注册;(7)商标违反反托拉斯法;(8)商标具有功能性;(9)衡平原则,包括(对行使权利的)疏忽、禁止翻供和默认。See, Jane C. Ginsburg, Jessica Litman, Mary L. Kevlin, Trademark and Unfair Competition Law: Case and Materials, New York, Foundation Press, 4th Edition, 2007, 443—445.

开发区商业进出口贸易公司进口的泰国产"LUX 力士"香皂。上海利华有限公司随即指控广州经济技术开发区商业进出口公司侵犯了其对"LUX"(力士)商标独占许可使用权,2000 年初,广州市中级人民法院认定被告侵犯了原告对"LUX"以及"LUX 力士"商标的独占使用权,并要求被告停止进口、公开道歉以及赔偿损失。这是典型的平行进口问题,该案的问题在于,如果被告进口的产品确实是由商标持有人荷兰利华或者其在国外的被许可人生产呢? 这种情况下,这种进口是否仍然侵犯上海利华在中国内地的独占使用权呢? 是否侵犯荷兰利华在中国的商标权呢?

商标权用尽是侵犯商标权诉讼中一种重要的抗辩事由,它主要用于针对商标权所有人不正当控制其商品流通而提起的侵犯商标权诉讼。我国《商标法》尽管没有明确规定这一制度,但商标实践还是承认这种抗辩事由的。由于商标权具有地域性,商标权用尽的地域范围的不同又决定了平行进口是否合法,因此,商标权用尽和平行进口有着紧密的联系。

一、商标权用尽的概念和立法意蕴

商标权用尽,又称为一次销售、权利穷竭,是指当拥有商标权的商品被合法售出之后,拥有商标权的商品被受让人再次销售时商标权人无权禁止转卖人(即原受让人)继续使用原商标标志。许多国家或地区的商标法规定了商标权用尽。比如,《欧共体商标条例》第 13 条规定了"共同体商标的权利耗尽",该条第 1 款规定:"共同体商标所有人无权禁止由其、或经其同意,已投放共同体市场标有该商标的商品使用共同体商标。"《德国商标法》第 24 条、《英国商标法》第 12 条、《法国知识产权法典》第 713-4 条、《丹麦商标法》第 6 条均规定了商标权用尽等等。保护知识产权联合国际局(BIRPI)颁布的《BIRPI 发展中国家示范法》第 20 条也规定了商标权用尽原则,该条规定:"商标的注册不应授予注册所有人以排除第三人在标有注册商标的商品在本国合法销售以后在该商品上使用同一商标的权利,但以所售出的商品没有任何变化为条件。"

商标法上之所以规定商标权用尽是为了建立统一市场的考虑。统一市场建立的必要条件是商品能够不受限制地自由流通,如果没有商标权用尽原则就意味着商标权人可以从生产、批发、零售等环节的无限控制,意味着商标权人可以随意控制其商品在不同地区、商品流通的不同环节进行完全的控制,其结果便是统一市场的人为分割。因此,为了建立统一市场,世界各国商标法大多规定了商标权用尽原则,即便是那些《商标法》没有明确规定商标权用尽原则的国家或地区,商标法理论和商标法实践也均是承认这一原则的。比如《日本商标法》,尽管其并未明确规定商标权用尽原则,但是有关商标法的判例和学说中,已经形成了商标机能论、重复得利机会论、流通阻害防止论、默示许可论等几种理论来说明商标品让渡后的使用行为的合法性。[①]

二、商标权用尽的构成条件

世界各国商标法在规定商标权用尽原则的同时往往又对该原则的适用施加了一定的限制,一般是对转售时的商品进行限制。如《欧共体商标条例》第 13 条在于第 1 款规定了商标权用尽原则的同时,第 2 款又规定:"共同体商标所有人有合法理由反对商品继续销售的,尤其是商品在投放市场后,商品质量发生变化或损坏的,上述第 1 款不适用。"《德国商标法》第 24 条第 2 款、《英国商标法》第 12 条第 2 款、《法国知识产权法典》第 713-4 条第 2 款、《丹麦商标法》第 6 条第 2 款均有类似规定,不过这些国家对商标权用尽的限制条件似乎比《欧共体商标条例》更为严格,如《德国商标法》规定的限制条件是"商品的状况发生了变化或损害"、《英国商标法》规定的限制条件是"商品的条件已发生变化或发生损害"、《法国知识产权法典》规定的限制条件是"商品投放市场后有所变化或改动"、《丹麦商标法》规定的限制条件是"商品投放市场后商品状况已经改变或受到损害",这些规定并未限制为商品质量。当然,所有国家或地区的商标法还均笼统地规定商标权人有合法的理由反对的,商标权也例外地不用尽。那么,这里的商标权用尽到底要遵循什么条件呢?本书认为,由于商标权用尽主要是从限制商标权的角度出发的,主要涉及有商标商品转售时是否能够使用原商标的问题,世界各国或地区商标法主要是从商品角度来限定商标权用尽的适用范围的。但由于商标包括商标标志与商品信息两个方面,是两个方面的统一体,商标权用尽也应该考虑这两个方面。因此,尽管在商标权用尽理论中,商品是适用商标权用尽的最主要条件,商标标志也会所有涉及。具体而言,商标权用尽主要包括以下两个条件:

(一)除商标标志之外的商品本身的条件没有发生变化,至少是没有变劣。这也是世界各国或地区商标法所规定的内容。不过,由于商品流通形态千差万别,商品本身的"条件没有变化"仍需要清晰界定。比如,商品分装后销售、商品经过加工后销售、旧商品翻修等,这些情况下商品的物理条件发生了部分改变,这种情况下是否不适用商标权用尽原则?商品本身的物理条件没有发生变化,但商品的说明改变了,这种情况下是否适用商标权用尽?本书认为,商标法之所以规定在商品发生变化之后不适用商标权用尽是因为此时的商品事实上已经不

[①] 〔日〕渋谷達紀:《知的財産法講義》(第三册),有斐閣 2005 年版,第 287—288 页,转引自李扬:《日本商标法对商标权效力的限制》,载易继明主编:《私法》,华中科技大学出版社 2014 年版。

再是商标权人的商品,严重影响了商标权人对其商品质量的控制权,最终可能会损害商标本身的存续,最终破坏商标权人与消费者之间就商品信息的通讯系统和通讯过程。

(二)商标对商品信息的传递功能能够正常发挥。只要商标仍然正常发挥着传递商品信息的功能,上述各种情况就不属于侵犯商标权行为,反之就属于侵犯商标权行为。

因此在这一原则下我们分析以上各种情况:

首先,看商品分装。商品分装存在着不同的情况。有些商品分装后对商品质量没有任何影响,这种情况下,商品本身没有任何变化,运用原商标并不会影响商标传递商品信息的功能,因此,不属于侵犯商标权行为。而有的分装则可能会影响商品质量,甚至完全改变商品的品质,这种情况下,商品本身发生了变化,因此运用原商标就会影响商标传递商品信息的功能,这种分装就属于侵犯商标权的行为。

其次,看加工。如前述案例1,被告购买了原告东鹏公司的瓷片后进行加工,改变了商品的原有形态,法官认为该行为已超出商标权权利穷竭理论的适用前提,这是否意味着对商品进行加工后就不适用权利穷竭原则,就会侵犯商标权呢?这并不能一概而论。从商品的流转形态来看,商品总是从最初的原材料状态经过不同的加工程序最终成为满足消费者需求的状态的,不同的加工程序是增加商品附加值、提高商品性能、满足消费者需求的重要手段。事实上,社会的整个经济体系也是如此构造的。如果不允许加工,整个社会经济体系就无法构造与运转。加工过程中也必定会涉及商标的使用问题,因为除了最上游的加工者外,任何加工者可能都是在已有产品基础上的加工,这就意味着其加工的"原材料"是有商标的。本书认为,只要加工者正确表明了其加工者的身份以及所用"原材料"的"身份"即商标,加工行为就不会侵犯商标权。此时不允许加工者使用"原材料"的商标是不公平的,加工者就会处于一种两难困境:不指出"原材料"的商标面临着反向假冒行为的侵犯商标权指控,指明"原材料"的商标则会面临假冒的侵犯商标权指控。当然,对于加工的产品而言,加工者的身份或者商标与"原材料"的商标必须正确标示,必须使消费者或者购买者能够清楚地通过商品上加工者和"原材料"的商标的标志认识到商品中所蕴含加工信息和原材料信息,那些故意隐藏加工者信息而突出"原材料"的加工行为当然构成侵犯商标权的行为。

再次,看商品翻新或者修理。商品的翻新或者修理问题在专利法上也能碰到,不过这里的翻新或者修理与专利法中的翻新或者修理的情形则既有相同之处,也有区别。其相同之处在于,专利法中的某些翻新或者修理实质上是名为修理实为再造,事实上当然是侵犯他人专利权的行为。尽管商标法中的这种类型的翻新或者修理并不多见,但理论上是有这种可能的,这种情况下的名为修理实为再造当然属于侵犯他人商标权的行为。与专利法中不同的是,专利法中完全允许正常的修理,但在商标法中,正常修理或者翻新虽然也并不禁止,但是不正常的标示则有可能侵犯商标权,即有商标商品的修理者或者翻新人必须标明其修理或者翻新的情况,如果由于未正确标示而导致修理或者翻新的商品被视为新的产品,则这种情况显然构成侵犯商标权的行为。

最后,是商品本身未变但商品说明发生了改变。商标当然属于商品说明的一部分,因为其主要目的就是传递有关商品的信息,但商品上的商品说明不仅仅有商标,除此之外还有产品成分、原料、规格、型号等信息。对于这些说明信息,一般情况下在运用原商标的情况下,这些信息是不能改变的,如将低等级商品标为高等级商品加以出卖就属于这种情况,这当然属于侵犯商标权。当然,为了产品的正确运用而在原有说明基础上附加的说明并不侵犯商标权。

三、商标权用尽与平行进口

商标法上的平行进口行为,又称为真正商品平行进口行为,是指在国际贸易中当某一商标获得两个或两个以上的国家的保护,且这两个或两个以上的国家的商标权属于同一个商标权人所有或者商标权人之间有许可或控制关系,未经进口国商标所有人或者其授权人的许可,第三人进口并销售使用注册商标的商品的行为。由于平行进口中涉及的商品既不是违法假冒的黑色市场商品,也不同于完全不存在商标权争执的白色市场商品,在进口国市场上销售的平行进口商品又被称为灰色市场商品。出现灰色市场商品和平行进口问题的主要原因是进口国与出口国的同一种商品存在着价格差,从而在进口国可以获得高于在出口国销售同一种商品的利润。

商标的平行进口问题与商标权的地域性和商标权用尽原则有着紧密的联系,坚持绝对的地域性原则会导致绝对禁止平行进口,商标权只在一国范围内用尽,商标权仍然能够阻止外国商品的进口,坚持相对的地域性原则会导致允许某些类型的进口,商标权可能在一定范围内用尽,如欧盟基本上采用的就是商标权欧盟范围内用尽,完全取消地域性原则会导致允许所有的平行进口,商标权在全球用尽,商标权不能阻止国外商品的进口。

表面上属于商标法问题的平行进口问题本质上却涉及一个国家的对外贸易政策,国家往往将商标的平行进口作为执行对外贸易政策的工具,越强调商标的地域性的国家是贸易保护越严重的国家,因为强调商标的地域性就意味着商标可以成为阻止进口的工具。在加入世界贸易组织之前,我国税率相对较高,加之对外贸进出口进行管制,没有外贸进出口权的进口商还要支付委托代理费用,从而使进口商无利可图,平行进口也就没有产生的现实基础。但是随着我国加入世界贸易组织以来关税的逐步降低,阻碍平行进口产生的成本问题逐步消除,平行进口会日益增多,我国对平行进口采取何种政策成为一个必须解决的问题。

引导案例2就是典型的平行进口,我国《商标法》没有明确规定商标权用尽,更没有明确规定平行进口的灰色商品是否构成商标侵权,这种平行进口是否构成侵权仍有待权威机构最终确定。从法理上来看,既然《专利法》第69条第1项已经明确承认了专利产品平行进口的合法性,商标法承认商标商品平行进口的合法性更为可取。

第二节 商标的正当使用

 引导案例

案例:《家庭》杂志社经国家商标局核准注册了"家庭"文字商标后,其依法享有对该商标的专用权。里肯咨询公司创办的《家庭OTC》杂志,在名称中包含有"家庭"二字。里肯咨询公司的《家庭OTC》是否侵犯《家庭》杂志社的"家庭"文字商标的商标权?

商标正当使用(fair use)是对商标权效力的重要限制,是保障商业活动中言论自由的重要工具,构成侵犯商标权的重要抗辩事由。因此,世界各国或地区商标法大多有明确规定,如《欧共体商标条例》第12条、《德国商标法》第23条、《兰哈姆法》第33条(b)款第(4)项、日本《商标法》第26条等的规定。我国2013年《商标法》将原《商标法实施条例》中规定的商标正当使用明确规定于第59条第1款。该款规定:注册商标中含有的本商品的通用名称、图形、型号,或者直接表示商品的质量、主要原料、功能、用途、重量、数量及其他特点,或者含有的地名,注册商标专用权人无权禁止他人正当使用。

一、商标正当使用的概念与价值意蕴

商标的正当使用是指竞争者以其本来意义使用某些已经成为他人商标权的保护对象的标志以描述他自己的产品而不构成侵犯商标权的行为。《日本商标法》第26条规定的正当使用的范围最为详细而全面:该条规定商标权的效力不及于下列商标(含构成其他商标的一部分者):(1)以普通方式用自己的肖像或自己的姓名、名称,或著名的雅号、艺名或笔名及其上述著名的略称所表示的商标;(2)以普通方式用该指定商品或其类似商品的通用名称、产地、销售地、品质、原材料、功能、用途、数量、形态(含包装的形状,以下各款同)、价格,或生产、使用的方法或时期,以及与该指定商品相类似的服务的通用名称、提供的场所、质量、提供服务用的物

品、功能、用途、数量、形态、价格,或提供的方法或时期所表示的商标;(3) 以普通方式用该指定服务或类似服务的通用名称、提供的场所、质量、提供服务用的物品、功能、用途、数量、形态、价格,或提供的方法或时期,或与该指定服务相类似的商品的通用名称、产地、销售地、品质、原材料、功能、用途、数量、形态、价格,或生产、使用的方法或时期所表示的商标;(4) 在该指定商品或指定服务上,或与其相类似的商品或服务上所惯用的商标;(5) 商品或商品包装的形状系为了确保商品或商品包装的功能而必不可少的立体形状构成的商标。

除了那些纯粹臆造的商标之外,大部分商标标志在被用作商标之前总是具有一定的初始含义的,这些商标标志原本属于公共领域。商标保护的本质并不是对这种标志的原始含义的保护,也不是对标志本身的保护,商标保护的本质在于对因使用而产生的第二含义即消费者对有关商品信息的记忆与认识的保护。这种第二含义才是商标权人因使用商标附加给商标标志的,才是商标权人能够独占使用的对象,商标权人不能独占商标标志原属于公共领域的那些初始含义。在引导案例中,《家庭》杂志社将一个区别特征不强的常用词汇作为杂志名称且注册为商标,对该商标的保护应该严格限定在他人不得单独或突出地在相同或近似商品上使用该商标或名称的范围内。因此,里肯咨询公司创办的《家庭OTC》杂志,在名称中虽包含有"家庭"二字,但从形式上看没有突出使用"家庭"二字。家庭一词为人们日常生活、工作和学习中常用的基本词汇,只是因为原告的使用才获得了第二含义,即代表杂志。而被告使用的恰恰是第一含义的家庭,而非指向杂志,且使用中没有突出使用,属于正当使用。

正当使用抗辩的理由在于"允许竞争者自由使用英语语言以描述其商品的公共利益"。"合理使用抗辩禁止商标注册人因其独占使用而占有一个描述性词汇并从而禁止他人精确地描述他们的商品的特点。"[1]

二、商标正当使用的类型和条件

商标的正当使用可以分为两种类型:一种在美国被叫做经典正当使用(classical fair use),是指在非商标意义上善意使用他人的具有描述性的商标标志描述自己的商品或服务的商标使用;另一种在美国叫做指示性正当使用(nominative fair use),是第九巡回上诉法院在 New Kids 案[2]创立的,是指在商标意义上使用他人的商标标志描述自己的商品或服务的商标使用。尽管商标的正当使用可以做如此的分类,但二者在作为侵犯商标权抗辩时,地位是有所差异的,即经

---

[1] Uche U. Ewelukwa, Comparative Trademark Law: Fair Use Defense in the United States and Europe—The Changing Landscape of Trademark Law, 13 Widener L. Rev. 110(2006).
[2] New Kides on the Block v. News America Pub., Inc., 971 F. 2d 302(9th Acir. 1992).

典的合理使用分析是一种确定的抗辩,而指示性合理使用的分析则不是一种确定的抗辩,存在着导致混淆可能性而构成侵犯商标权的可能性。① 我国《商标法》没有明确规定指示性正当使用,但商标实践也是承认指示性正当使用的。②

不管哪种正当使用,其使用均需符合一定的条件:如《欧共体商标条例》要求商标正当使用中的"使用符合工商业务中的诚实惯例",《日本商标法》要求商标正当使用必须不是"出于不正当竞争的目的"等等。在美国,商标正当使用因其类型不同而具有不同的条件。经典正当使用抗辩必须符合以下三个条件:第一,主张正当使用的当事人必须证明使用商标标志但"却不是作为商标使用"(非商标使用)。这就意味着所使用的商标不能是臆造商标,因为臆造商标在公共领域中原本就是不存在的,也不存在非商标意义上的初始意义。第二,主张正当使用的当事人必须表明争议术语的使用是正当和出于善意。在美国,法院为确定被告是否善意地使用原告的商标要考虑许多因素。法院考虑过的因素包括:被告在商标意义上使用该术语的意图的证据;被告是否曾"试图将这些词注册为商标";被告相信相关标志是通用性的证据;以及被告是否采取措施最小化混淆,如利用不同的商业外观。这些因素中,没有哪项因素是决定性的。③ 第三,主张正当使用抗辩的当事人必须表明他使用该商标只是为了描述他的商品或者服务。而指示性正当使用抗辩的适用则也需满足三个条件:第一,相关产品或服务必须是那种不使用该商标就无法容易地识别的产品或服务;其次,只有这样的商标能用来对识别该产品或服务是合理必要的;第三,使用者使用该商标必须完全没有暗示为商标所有人所控制或认可。④

北京市高级人民法院《关于审理商标民事纠纷案件若干问题的解答》(以下简称《北京高院解答》)规定了商标正当使用的条件和类型。关于其条件,《北京高院解答》规定,构成正当使用商标标识的行为应当具备以下要件:(1) 使用出于善意;(2) 不是作为自己商品的商标使用;(3) 使用只是为了说明或者描述自己的商品。《北京高院解答》没有就指示性正当使用作出规定。关于商标正当使用的类型,《北京高院解答》规定,满足本解答规定要件的下列行为,属于正当使用商标标识的行为:(1) 使用注册商标中含有的本商品的通用名称、图形、型号的;(2) 使用注册商标中直接表示商品的性质、用途、质量、主要原料、种类及其他特征的标志的;(3) 在销售商品时,为说明来源、指示用途等在必要范围内使

---

① See, J. Thomas McCarthy, McCarthy on Trademarks and Unfair Competition(4th Edition), Thomson/West, 2006, §23:11.
② 参见上海市第一中级人民法院民事判决书[(2012)沪一中民五(知)终字第64号]。
③ Uche U. Ewelukwa, Comparative Trademark Law: Fair Use Defense in the United States and Europe—The Changing Landscape of Trademark Law, 13 Widener L. Rev. 113(2006).
④ New Kids on the Block v. News America Publishing, Inc., 971 F. 2d 302 (9th Cir. 1992).

用他人注册商标标识的;(4)规范使用与他人注册商标相同或者近似的自己的企业名称及其字号的;(5)使用与他人注册商标相同或者近似的自己所在地的地名的;(6)其他属于正当使用商标标识的行为。

三、商标正当使用的性质

尽管在用词上商标正当使用和著作权法中的合理使用的英文表述是相同的,即均为"fair use",也均具有保障言论自由的功效,但本书认为,商标正当使用和著作权法中的合理使用是根本不同的,这也是本书坚持将"trademark fair use"翻译为商标正当使用而不是合理使用的主要原因,主要目的就是将它和著作权法中的合理使用区分开来。本书认为,商标法领域本就不存在商标的合理使用,而且也并不需要商标的合理使用。

首先,商标法中本就不存在商标的合理使用。之所以说商标法中本就不存在商标的合理使用是因为我们所谓的商标合理使用或者如本书所说的商标正当使用本质上根本就不属于商标使用,从而也就谈不上商标的合理使用甚至正当使用。正如上述定义所揭示的,在经典合理使用中的使用根本就不是商标使用,充其量这里只是对商标标志的使用,而商标标志是不同于商标的。因此,经典的商标合理使用是不存在的。指示性合理使用中也不存在商标使用,在指示性合理使用中,所使用的的确是原告的商标,是从原告商标的商标意义上来使用的,但准确地说,这里仍然不能构成侵犯商标权意义上的商标使用,因为在侵犯商标权意义上,被告必定使用原告的商标来指称或者识别自己的商品或服务,但在指示性合理使用中,尽管被告是在原告商标的商标意义上使用,但却并不是为了指称或者识别自己的商品或服务,而只是为了描述自己的商品或服务。比如某汽车制造公司称自己生产的汽车所用的轮胎是米其林牌的,此时汽车制造公司使用"米其林"的确是在"米其林"商标的意义上来使用的,但却不能构成侵犯"米其林"商标的商标使用,因为该汽车制造厂公司使用"米其林"商标只是在客观地描述自己生产的汽车的零配件,描述自己的汽车的特点,它并不是在用"米其林"来销售轮胎,因为它根本就没有销售轮胎,因此不会构成侵犯商标权意义上的商标使用。这也就意味着所谓商标合理使用本身就是一个"伪命题"。世界各国或地区商标法之所以规定所谓的商标合理使用只不过是为了明确而已,并不是什么商标的合理使用。

其次,商标法上也不需要什么商标合理使用。合理使用原本是著作权法中的一项制度:从经济上来看,它可以节约交易成本;从社会角度来看,它维护着言论自由等社会的基本价值;从知识的生产来说,它是知识再生产的必要条件。合理使用在著作权法中之所以具有这些功能是与著作权法所涉及的知识的演进形态分不开的,知识的演进具有继承性,合理使用制度使得知识演进成为可能。商标的存续与演进和作品的存续与演进是完全不同的,商标是厂商向消费者传递商品信息的工具，要实现这一功能，商标与商标之间必须界限分明，而不能模糊不清，更不允许故意与他人商标近似。只有这样，商标才能正常地发挥其功能，社会的经济秩序才能正常。按照刘春田教授的说法，商标保护的根本要求是后来的商标要与在先的商标离得远些，而不允许在后商标靠近在先商标，更谈不上对在先商标的合理使用。商标法中不存在在后商标对在先商标合理使用的必要性，恰恰相反，商标法本质上就是要制止这种利用。

因此，本质上说，商标法中的所谓合理使用根本不是什么合理使用，与著作权法上的合理使用具有完全不同的性质，根本不是商标意义上的使用，它只不过是商标法为了明确或者强调该种情形不构成侵权而规定的。

实务指引

案情回放： 原告立邦公司系第 3485390 号图形与文字组合注册商标、第 1692156 号"立邦"文字注册商标注册人，享有的注册商标专用权受法律保护。展进公司在淘宝网上销售立邦公司商品时使用上述注册商标进行宣传，展进公司在淘宝公司运营的淘宝网上开设名为汇通油漆商城的店铺，经销有多乐士、立邦、华润、紫荆花等品牌油漆，并在店铺页面中为各品牌油漆进行促销宣传，其中在为立邦漆进行促销宣传时，使用了归属于立邦公司的第 3485390 号"立邦"注册商标。立邦公司据此认为展进公司上述行为足以使消费者误认为展进公司与立邦公司存在关联，误认为展进公司系立邦公司授权许可的销售网点，侵害其商标权。原审法院认为，展进公司在销售立邦公司商品时，促销宣传中使用涉案注册商标的方式合理，符合一般商业惯例。若限制展进公司等销售商合理使用所销售商品的注册商标，则会不当地限制销售商宣传自己经销商品的方法，直接损害了商品在市场自由流转这一市场经济赖以存在的基本原则，故立邦公司要求展进公司承担侵害立邦公司商标专用权赔偿责任的诉讼请求不予支持。一审判决后，立邦公司不服，提起上诉。

判决要旨： 上海市第一中级人民法院认为：上诉人立邦公司系第 3485390 号、第 1692156 号注册商标权人，依法享有注册商标专用权，他人未经许可，在同一种商品或者类似商品上使用与其注册商标相同或者近似商标的，均构成对立邦公司商标专用权的侵害。但是，如果被控侵权行为人使用立邦商标仅为指示其所销售商品的信息，未造成相关公众混淆，亦未造成商标利益损害的，则不应被认定为商标侵权行为。本案中，被上诉人展进公司在其淘宝网络店铺中销售立邦公司产品时使用了多幅与立邦相关的图片，其中涉及涉案两个立邦商标。从商标使用方式来看，商标系图片组成部分，图片主体内容系对立邦产品的介绍。此外，涉案网站上亦同时存在多乐士、德国汉高、华润漆等其他品牌油漆的宣传图片。而从网站的页面设置来看，首页的主体位置均系各品牌油漆商品的图片、名称、价格、销售量等信息。结合图片使用方式以及网页布局，相关公众通常会认为该商标传达的是在售商品的广告,即指示其所销售商品的品牌信息,而不是传达经营者的商号、商标或经营风格。再从被控侵权使用行为是否会使相关公众对服务来源产生混淆和误认角度来分析,该种商标指示性使用,商标直接指向的是商标注册人的商品,并非指向被上诉人展进公司,即立邦商标与立邦商品的对应性并没有受到影响,相关公众也不会认为在售立邦产品来源于被上诉人展进公司。在此情况下,不存在消费者对于商品来源认知的混淆,也不涉及商标显著性或知名度的降低,故也不存在其他商标利益的损害。综上所述,被上诉人展进公司为指示其所销售商品的信息而使用上诉人立邦公司的注册商标,未造成相关公众的混淆,也不存在其他商标利益的损害,故上诉人指控被上诉人展进公司构成商标侵权的主张不能成立。而被上诉人淘宝公司作为网络服务提供者,在被上诉人展进公司不构成商标侵权的前提下,也不应被认为构成商标侵权。

第三节 侵犯商标权的其他抗辩

引导案例

案例1: 原告九阳股份有限公司是"九阳""JOYOUNG"的商标权利人,被告所销售的豆浆机外包装及机头上都明显的标有"Jiuyong"。原告认为被告所销售的豆浆机侵犯了其上述两商标,构成商标侵权。被告抗辩称其销售的豆浆机具有合法来源,并提交了生产厂家的相关资料。法院经审理认为,将原告的"JOYOUNG"商标与被告销售的豆浆机上的"Jiuyong"相比较,从整体上看构成近似。被告对销售豆浆机的事实予以认可,但认为其销售行为具有合法来源,并提交了生产厂家的相关资料。本案被告是否应承担损害赔偿责任?

案例2: 原告王军经营的长沙市岳麓区杜家鸡饭店于2003年10月经国家商标局核准注册了楷体"杜家鸡"文字商标,尚未在武汉地区使用该商标。被告张仁才从1999年开始在武汉市江岸区经营餐馆"张老三小吃店",以"正宗杜家鸡专卖"为店招,以"杜家鸡火锅"作为唯一菜品向公众提供餐饮服务。2003年1月,张仁才以"杜家鸡专卖小吃"的名义向税务部门申请税务登记;同年2月27日,其以"杜家鸡专卖"字号向武汉市工商局申请个体工商户开业登记。此后,张仁才使用该执照在武汉市江岸区从事餐饮服务,专营杜家鸡火锅至今。原告王军诉称被告未经商标所有权人同意,擅自在相同服务上使用"杜家鸡"注册商标的行为构成商标侵权。被告的行为是否构成侵犯商标权的行为呢?

除了以上两种侵犯商标权的抗辩事由之外,侵犯商标权的抗辩事由还有很多,这里主要讲解以下四种最常见的抗辩事由:自己商标权抗辩、善意销售抗辩、先用权抗辩、时效抗辩。

一、自己商标权抗辩

根据商标法的规定,商标权人对自己的商标具有专有使用的权利。因此,当他人指控商标权人侵犯商标权的时候,商标权人当然可以以行使自己的商标权来进行抗辩。不过,以行使商标权进行抗辩是有前提条件的,即商标权人是在正确行使商标权,其使用商标的方式不是以侵犯他人商标权为目的的。

商标是传递商品或服务信息的工具,商标这种信息传递工具需要通过消费者的认知进行,这就是商标权在禁止权上大于专用权的根本原因。正由于商标发挥功能的这种特殊性,商标与商标之间并不存在着截然的界限,尤其是近似商标之间的界限就更不清楚。由于消费者心理的介入,商标近似性的判断具有很大的主观性,近似商标与非近似商标之间的界限是难以划定的,同样的两个商标在不同人的眼里看起来会有不同的结果,在有些人看起来不相似的商标在另一些人看起来却可能相似,在有些人看起来相似的商标在另一些人看起来却可能不相似。商标审查员和审判侵犯商标权案件的法官都是具有心理认知局限的普通人,商标审查和审判中对商标近似与不近似的判断也会有主观性,甚至也会存在判断失误。事实上,商标审查过程中,审查员错误通过与已注册商标近似的商标是难免的,这就导致会出现一些近似的商标均有商标权的情况,而在使用过程中商标与商标之间的冲突也就难以避免。实践中的确也存在着一些注册商标之间的冲突,比如"北京恒升远东电子计算机集团与北京市恒生科技发展公司等侵犯商标专用权及不正当竞争案"中的"恒生"商标与"恒升"商标之间的冲突、"深圳市宝松利实业有限公司因与四川绵竹剑南春酒厂有限公司、四川省锦竹锦窖酒业有限公司侵犯商标专用权及不正当竞争纠纷一案"中的"锦竹"商标与"绵竹"商标之间的冲突等等。

除了自己的商标权之外,自己的商标权益也可以对他人的侵犯商标权指控进行抗辩。如以自己的知名商品的特有名称对他人侵犯商标权指控进行抗辩。当然,和前述的以自己商标权进行抗辩相同的是,知名商品的特有名称的所有人对自己的知名商品特有名称的运用必须是正当的和善意的。即便如此,由于知名商品特有名称实质上仅仅是未注册商标,如果正当和善意的运用仍然导致会与他人的注册商标产生混淆或者误认的,则知名商品特有名称的所有人不能进行抗辩,不能继续使用其知名商品的特有名称。

二、善意销售抗辩

《商标法》第 64 条第 2 款规定:"销售不知道是侵犯注册商标专用权的商品,能证明该商品是自己合法取得并说明提供者的,不承担赔偿责任。"这就是善意销售抗辩。这里需要指出的有两点:一是这种抗辩只能针对损害赔偿的侵权主张提起,而不能针对停止侵害的侵权主张而提起,也就是说即便是符合该款规定的抗辩理由,被指控侵权的人也只能免于损害赔偿责任,而不能免于停止侵权的责任,销售不知道是侵犯注册商标专用权的商品的人要停止继续销售侵犯商标权的商品。二是这种抗辩是有一定条件的,即销售不知道是侵犯商标专用权的商品的人必须证明该商品是自己合法取得的,而且要能够说明提供者,一般来说,销售不知道侵犯商标专用权的商品的人要提供其所获得的侵犯商标专用权商品的购买发票,而且要提供销售者的线索。

前述案例 1 中,证明"合法来源"需同时涵盖了两个条件,即主观无过错和客观来源合法,两者必须同时具备,缺一不可。主观过错包括故意或过失,具体状态需要根据销售商的销售经验、销售行为、被侵权商标的知名度、之前双方之间就类似案情有无交涉等因素综合考量;客观来源合法即是从正规渠道进货,并能提供增值税发票、购销合同、支付凭证等证据予以证明。本案中,虽然被告提交了生产厂家的相关资料,但被告作为小家电经营者,鉴于原告"JOYOUNG"商标在豆浆机领域的知名度,被告主观上应该能够辨别其销售的商品存在侵权的可能,而其仍然予以销售,主观上对其销售侵权行为的事实具有过错,所以不能免除赔偿责任。

三、先用权抗辩

商标先用权是指在他人获得商标权之前已经使用该商标的所有人,享有在原有范围内继续使用该商标的权利。《商标法》第 59 条第 3 款规定:"商标注册人申请商标注册前,他人已经在同一种商品或者类似商品上先于商标注册人使用与注册商标相同或者近似并有一定影响的商标的,注册商标专用权人无权禁止该使用人在原使用范围内继续使用该商标,但可以要求其附加适当区别标识。"该条款是我国《商标法》首次对商标的先用权抗辩作出的明确规定。从《商标法》第 59 条第 3 款的规定来看,在先使用的未注册商标要继续使用,需要满足 3 个限制条件:一是在商标注册人申请商标注册之前,未注册商标使用人已经在先使用且有一定市场影响;二是在先使用的未注册商标只能在原使用范围内继续使用;三是注册商标专用权人可以要求在先使用的未注册商标附加适当区别标识,以免发生混淆。商标先用权设立的意义在于保护在先使用人因对在先商标的持续使用而赢得的商誉,是商标法为克服登记注册制度的缺陷、弥补申请在先原则的不足而设计的一种补救措施,从而平衡商标注册权人和在先使用的未注册商标人之间的利益。

前述案例2中,虽然被告张仁才在经营"张老三小吃店"的过程中,未经原告许可,在相同服务上使用与原告注册的"杜家鸡"商标相同的标识,侵犯了原告的注册商标专用权,但从时间上事实上而言,被告明显属于善意在先使用,该案判决是在《商标法》没有规定商标先用权抗辩之前作出的,对被告而言似乎并不公平,按照2013年《商标法》对商标先用权的保护,对被告的在先使用应该给予保护,被告善意在先使用的商标可以作为侵权的抗辩理由。

四、时效抗辩

时效抗辩在一般民事诉讼中都可以提起,在侵犯商标权诉讼中当然也可以提起。根据《商标纠纷解释》第18条规定:"侵犯注册商标专用权的诉讼时效为2年,自商标注册人或者利害权利人知道或者应当知道侵权行为之日起计算。商标注册人或者利害关系人超过二年起诉的,如果侵权行为在起诉时仍在持续,在该注册商标专用权有效期限内,人民法院应当判决被告停止侵权行为,侵权损害赔偿数额应当自权利人向人民法院起诉之日起向前推算2年计算。"这应该是对《民法通则》第135条的解释,该条规定:"向人民法院请求保护民事权利的诉讼时效期间为2年,法律另有规定的除外。"不过,《商标纠纷解释》对《民法通则》该条的解释是有所扩大的,因为根据《民法通则》所规定的时效适用于所有的请求权,《商标纠纷解释》的该项规定事实上是排除了停止侵害请求权对《民法通则》第135条的适用,本书赞同这种做法,因为如果停止侵害请求权适用于诉讼时效将产生变态的商标权。因为停止侵害请求权适用于诉讼时效会导致商标所有权并没有发生变动,但商标权人却无法阻止他人的侵权行为,导致空洞的商标权。

推荐阅读

1. 张今:《论商标法上的权利限制》,载《法商研究》1999年第3期。

2. Robert C. Denicola, Trademarks as Speech: Constitutional Implications of the Eemerging Rationales for the Proptection of the Trade Symbols, 1982 Wis. L. Rev. 158(1982).

3. Rochelle Cooper Dreyfuss, Expressive Generictiy: Trademarks as Language in the Pepsi Generation, 65 Notre Dame L. Rev. 397(1990).

第九章 侵犯商标权的法律责任

要点提示

本章重点掌握的知识：1. 侵犯商标权的民事责任形式；2. 侵犯商标权损害赔偿数额的确定；3. 商标权的行政保护：工商行政机关的查处、海关保护；4. 侵犯商标权的刑事责任。

本章知识结构图

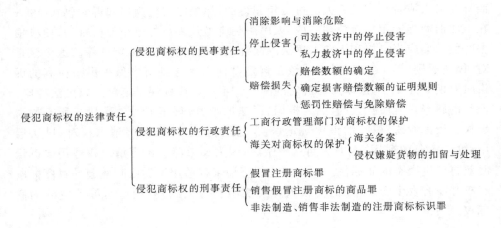

第一节 侵犯商标权的民事责任

> **案例**：叶某应文某（另案处理）要求，将文某在贵州省仁怀市勾兑好的原料酒包装成贵州飞天茅台酒，并从贵州省仁怀市运送至泉州，经查车上运输的45件共540瓶"贵州茅台酒"所使用的商标是与贵州茅台酒相同的商标，且该酒不是贵州省茅台酒股份有限公司生产、包装、出品的

贵州茅台酒，属假冒注册商标的商品。飞天茅台白酒的市场价格为每瓶2999元。叶某应当承担哪些法律责任？其损害赔偿额如何计算？其非法经营额如何计算？

"无救济则无权利"，对于商标权而言，其权利救济，除了确定特定的行为是否构成侵权外，最为重要的是侵权行为应当承担何种责任。根据《商标法》《侵权责任法》和《刑法》等相关法律法规的规定，侵犯商标权的行为人，根据其具体情况，可能承担相应的民事责任、行政责任和刑事责任。在整个责任体系中，民事责任最为重要，因为商标权在本质上是一项私权，是一种市场竞争工具，它关涉的是"私"的利益。一般而言，只有在侵犯"私"的利益情节严重，以至于威胁到市场竞争秩序等公共利益时，才有必要启动行政程序和刑事程序。

侵犯商标权的民事责任，是指侵犯商标权一方应当承担的民事责任。《商标法》未明确规定有哪些责任形式。根据《侵权责任法》第15条的规定，侵权行为人可能承担的民事责任包括：（1）停止侵害；（2）排除妨碍；（3）消除危险；（4）返还财产；（5）恢复原状；（6）赔偿损失；（7）赔礼道歉；（8）消除影响、恢复名誉。《民法通则》第118条规定商标权受到侵害可能承担停止侵害、消除影响和赔偿损失三种责任。[①] 最高人民法院在《商标纠纷解释》中认为，侵权人在侵犯注册商标专用权案件中可能承担停止侵害、排除妨碍、消除危险、赔偿损失、消除影响等民事责任。如果企业名称侵犯注册商标专用权，被告可能承担停止使用、规范使用等民事责任。[②] 最高人民法院在判决中认为，停止使用企业名称和规范使用企业名称是两种不同的责任方式。[③] 另外，有些法院曾认为，因侵犯商标权导致权利人商誉受到损害，可以要求赔礼道歉。[④] 赔礼道歉，是指加害人向受害人道歉，以取得其谅解的侵权责任形式。[⑤] 一般认为，赔礼道歉，具有极为

[①] 该条规定："公民、法人的著作权（版权）、专利权、商标专用权……受到……侵害的，有权要求停止侵害，消除影响，赔偿损失。"

[②] 最高人民法院《关于审理注册商标、企业名称与在先权利冲突的民事纠纷案件若干问题的规定》（法释〔2008〕3号）第4条规定："被诉企业名称侵犯注册商标专用权或者构成不正当竞争的，人民法院可以根据原告的诉讼请求和案件具体情况，确定被告承担停止使用、规范使用等民事责任"。

[③] 李惠廷与大连王将公司侵犯商标权案，最高人民法院（2010）民提字第15号民事判决书。

[④] 雅马哈发动机株式会社与浙江华田工业有限公司、台州华田摩托车销售有限公司等侵犯商标权纠纷案一审判决认为，"浙江华田公司的行为，在一定程度上损害了原告的商业信誉。其在《摩托车商情》上所作的《郑重声明》，显然会使消费者对谁是真正侵权者产生错误认识，对原告的商业信誉也将产生一定损害。根据《民法通则》第120条第2款的规定，应在《摩托车商情》上向原告赔礼道歉。"（江苏省高级人民法院（2002）苏民三初字第006号民事判决），二审判决虽未对此发表意见，但维持了原判（参见最高人民法院（2006）民三终字第1号民事判决书）。

[⑤] 黄忠：《赔礼道歉的法律化：何以可能及如何实践》，载《法制与社会发展》2009年第2期。

浓厚的人身性色彩,只能适用于人身权利受到侵害的情形[①],且权利主体只能是自然人[②],侵犯商标权的行为并不涉及人格利益,应当不适用赔礼道歉。[③]

综上,在司法实践中,对于侵犯商标权的行为,人民法院可以根据情况判决侵权人承担停止侵害、排除妨碍、消除危险、赔偿损失、消除影响、停止使用企业名称和规范使用企业名称等民事责任。由于商标在本质上是一种信息,侵权人实施行为使权利人无法行使或者不能正常行使其商标权的可能性微乎其微,因此,排除妨碍这种责任形式很少使用。停止使用企业名称是停止使用侵害他人商标权的企业名称,这是停止侵害在具体案件中的体现。规范使用企业名称要求行为人的企业名称使用行为应当规范,而不能突出使用与他人商标相同的字号从而导致相关公众产生混淆误认,这种责任形式是停止侵害和消除危险的体现。因此,侵犯商标权的民事责任形式,主要是停止侵害、赔偿损失、消除影响和消除危险。

一、消除影响与消除危险

消除影响是指侵权行为给权利人造成不利影响的,法院判令侵权人承担的以一定方式消除该不良影响的民事责任。其适用条件是侵权行为造成了不良影响,不论是对原告的商誉造成的不良影响,还是蒙蔽、误导了消费者而形成的不良影响。[④] 当然,任何侵权行为都可能产生一定的不良影响,如果这种不良影响未达到一定的程度,根据"法律不管琐事"的原则,不应当判定消除影响,否则就是对消除影响的滥用。消除影响,原则上被告在多大范围内造成了不良影响,其便负有在该范围内消除该不良影响的责任。消除影响,应当采取公开方式,如在报纸、网站、电视等媒体上刊登或发布声明的方式来消除不良影响。如果侵权人拒不执行,法院可采取将判决主要内容和有关情况,通过登报等方式公之于众,费用由侵权人承担。

消除危险是指行为人的行为或其管领下的物件对他人造成现实或潜在的威

[①] 例如,在北京慈文影视制作有限公司与中国网络通信集团公司海南省分公司侵犯著作权纠纷案中,最高人民法院认为,因海南网通公司涉案网页上播放《七剑》电影时显示了慈文公司等联合出品的内容,未侵犯慈文公司的署名权或其他人身权利,故慈文公司提出的赔礼道歉的诉讼请求不予支持((2009)民提字第17号)。但也有法院认为,对主观恶性较大的专利侵权行为,亦可适用赔礼道歉,例如泉州市中级人民法院(2009)泉民初字第361号民事判决中认为"被告曾因生产、销售侵犯原告的本案专利权产品被提起诉讼,现被告又继续实施侵权行为,被告实施侵权的主观恶意性较大,从维护原告合法权益、制裁侵权者角度考虑,本案确有必要适用赔礼道歉这一民事责任形式。"该判决在二审中得到维持(参见福建省高级人民法院(2010)闽民终字第244号民事判决书)。

[②] 上海市第一中级人民法院(2010)沪一中民五(知)终字第226号判决书中判定:"鉴于赔礼道歉的责任承担方式只适用于受害人为有情感的自然人的情形,故对原告要求被告赔礼道歉的诉请不予支持"。

[③] 衣念(上海)时装贸易有限公司诉浙江淘宝网络有限公司、杜国发侵害商标权纠纷上诉案,上海市第一中级人民法院(2011)沪一中民五(知)终字第40号民事判决书。

[④] 张广良:《知识产权侵权民事救济》,法律出版社2003年版,第216页。

胁,权利人要求行为人采取有效措施,将具有危险因素的行为或者物件予以消除。消除危险与停止侵权相比较而言,消除危险是针对尚未发生的行为,而停止侵害是针对已经实施或者正在实施的行为。在实践中,很可能存在既有可能发生侵权行为的情形,例如,将与他人商标相同或者近似的标志申请外观设计专利,由于这种申请行为不属于面向市场消费者的非法使用商标的行为,该申请行为本身不属于侵犯商标权的行为,但申请专利的主要目的在于实施,如果在与注册商标核定使用的商品相同或类似的商品上,使用该与注册商标相同或近似的外观设计,相关公众很可能将该外观设计专利产品误认为是注册商标权人的商品,从而损害商标权人的注册商标权。为此,人民法院可以判决不得实施在后申请的外观设计专利。[①]

二、停止侵害

商标权的客体是信息,信息具有无限可复制性,且侵犯商标权的行为一般具有延续性,因此,停止侵害成为权利人最为重视的权利救济措施。商标权人行使停止侵害请求权,有两种方式:一种是请求法院判定停止侵害,可谓司法救济中的停止侵害;另一种是以侵权警告函的方式要求停止侵害,可谓私力救济中的停止侵害。

(一) 司法救济中的停止侵害

为及时制止正在实施或即将实施的可能侵害商标权的行为,权利人可以在起诉前、起诉同时或诉讼过程中,请求法院判令对方当事人停止侵害。

根据相关的法律和司法解释,当事人向人民法院请求停止侵害应当满足以下要件:(1) 形式要件。申请人应以书面形式向人民法院提出申请。(2) 实质要件。申请人应当提供以下证据:① 商标权权利的有效性和申请人与商标权之间关系的证据;② 证明被申请人正在实施或者即将实施侵犯商标权的行为的证据;③ 不及时制止侵犯商标权行为,将使其合法权益受到难以弥补的损害的证据。(3) 附加要件。在诉前停止侵害和诉中停止侵害中,应当提供合理、有效的担保。[②]

最高人民法院对诉前停止侵权的态度是:采取诉前停止侵权措施既要积极又要慎重,既要合理又要有效,要妥善处理有效制止侵权与维护企业正常经营的关系。诉前停止侵权主要适用于事实比较清楚、侵权易于判断的案件,适度从严掌握认定侵权可能性的标准,应当达到基本确信的程度。在认定是否会对申请

---

① 参见路易威登马利蒂股份有限公司诉郭瑞英侵犯商标权纠纷案,北京市第一中级人民法院[2008]一中民初字第8048号,北京市高级人民法院[2009]高民终字第2575号。

② 参见《商标法》第65条,最高人民法院《关于诉前停止侵犯注册商标专用权行为和保全证据适用法律问题的解释》。

人造成难以弥补的损害时,应当重点考虑有关损害是否可以通过金钱赔偿予以弥补以及是否有可执行的合理预期。担保金额的确定既要合理又要有效,主要考虑禁令实施后对被申请人可能造成的损失,也可以参考申请人的索赔数额。诉前停止侵权涉及当事人的重大经济利益和市场前景,要注意防止和规制当事人滥用有关权利。应考虑被诉企业的生存状态,防止采取措施不当使被诉企业生产经营陷入困境。①

人民法院判令侵权人停止侵害,如果行为人不履行该义务,继续其原侵权行为的,权利人除可以依法请求有关机关追究其拒不执行判决、裁定的法律责任外,也可以另行起诉追究其继续侵权行为的民事责任。② 人民法院判决停止使用而当事人拒不执行的,应加大强制执行和相应的损害赔偿救济力度。③

我国司法实务界也尝试从社会公共利益的角度,对停止侵害请求权作出适当限制。例如,最高人民法院《关于当前经济形势下知识产权审判服务大局若干问题的意见》中认可了被申请人以社会公共利益作为诉前停止侵权措施的抗辩事由,但认为应当严格审查,一般只有在涉及公众健康、环保以及其他重大社会利益的情况下才予考虑。江苏省高级人民法院《关于适用责令停止侵犯知识产权行为若干问题的实施意见(试行)》(苏高法审委[2004]1号)第7条也将"责令停止侵犯知识产权行为不会对社会公共利益造成损害"作为法院作出责令停止侵犯知识产权行为裁定的条件之一。

在特定的情况下,虽然权利人要求停止侵害,但法院可以判决不停止侵害,而采用损害赔偿的方式进行救济。这些情形主要有以下四种:(1)销毁制造侵权产品的专用材料、工具可以作为停止侵害的具体措施,但采取销毁措施应当以确有必要为前提,与侵权行为的严重程度相当,且不能造成不必要的损失。(2)如果停止有关行为会造成当事人之间的重大利益失衡,或者有悖社会公共利益,或者实际上无法执行,可以根据案件具体情况进行利益衡量,不判决停止行为,而采取更充分的赔偿或者经济补偿等替代性措施了断纠纷。(3)权利人长期放任侵权、怠于维权,在其请求停止侵害时,倘若责令停止有关行为会在当事人之间造成较大的利益不平衡,可以审慎地考虑不再责令停止行为,但不影响依法给予合理的赔偿。④ 对于责令停止侵害之例外规定,美国法院的做法值得肯定。美国联邦最高法院在2006年对"eBay"案作出的终审判决中,确定权利人的永久性禁令请求是否能够得到支持必须同时考虑以下四个因素:权利人遭受

---

① 最高人民法院《关于当前经济形势下知识产权审判服务大局若干问题的意见》第14段。
② 最高人民法院《对四川高院关于隆盛公司与杰明研究所确认不侵犯专利权纠纷请示案批复》〔(2009)民三他字第6号〕。
③ 最高人民法院《关于当前经济形势下知识产权审判服务大局若干问题的意见》第10段。
④ 最高人民法院《关于当前经济形势下知识产权审判服务大局若干问题的意见》第15段。

不可恢复的损害；金钱赔偿等现有法律手段不足以救济权利人；从平衡当事人利益的角度看，衡平救济具有正当性；不侵害公共利益。①

（二）私力救济中的停止侵害

对商标权人来说，以侵权警告函等方式要求相对人停止侵害，是主动行使权利的表现，也是更为便捷、更为常用的方式。然而，是否构成侵权往往模棱两可，权利人可能据此对不构成侵权的竞争者以及竞争者的客户滥发侵权警告函，从而达到不正当的获取市场竞争优势的目的。因此，如何区分侵权警告函是正当行使权利还是滥用权利，以及如何规制权利人滥用侵权警告函，是非常值得研究的问题。

停止侵害侵权警告函是否构成滥用权利以及滥用权利有何法律责任，与相对人的应对措施，是两个相关联的问题。目前，侵权警告函的相对方或利害关系人在特定的条件下可提起不侵权确认之诉，是主要的应对措施。相对方可以在催告警告函发送方提起诉讼，后者不提起侵权诉讼则可以提起不侵权确认之诉，以消灭是否构成侵权不明确的状态。② 另外，正在实施或者准备实施投资建厂等经营活动的当事人，受到知识产权权利人以其他方式实施的有关侵犯专利权等的警告或威胁，主动请求该权利人确认其行为不构成侵权，且以合理的方式提供了确认所需的资料和信息，该权利人在合理期限内未作答复或者拒绝确认的，也可以提起确认不侵权诉讼。③

除通过不侵权确认之诉消除是否侵权的不确定状态外，还可以对滥发侵权警告函者提起不正当竞争之诉。例如，上海市第二中级人民法院在上海绣巢实业有限公司诉上海福沁卧室用品制造有限公司不正当竞争纠纷案④中，认为"如果该信息（报刊登载的律师函）内容不真实，或内容虽真实但表述不全面，将导致商品经销商及消费者对上述商品产生误解，经营者据此而获得竞争优势或给他人造成损害的行为，违反了诚实信用原则，是不正当竞争行为"。我国台湾地区"公平会"制定的《行政院公平交易委员会审理侵害著作权、商标权或专利权警告函案件处理原则》第8点指出，"函中内容系以损害竞争者为目的，陈述足以损害竞争者之营业信誉之不实情事者"，为损害商誉。知识产权侵权警告函需满足以

---

① eBay, Inc. v. Merc Exchange L. L. C., 126S. CT.1837.具体分析可参见李扬：《知识产权请求权的限制》，载《法商研究》2010年第4期；董美根：《美国专利永久禁令适用之例外对我国强制许可的启示》，载《电子知识产权》2009年第1期。

② 例如，最高人民法院《关于审理侵犯专利权纠纷案件应用法律若干问题的解释》（法释〔2009〕21号）第18条规定："权利人向他人发出侵犯专利权的警告，被警告人或者利害关系人经书面催告权利人行使诉权，自权利人收到该书面催告之日起1个月内或者自书面催告发出之日起2个月内，权利人不撤回警告也不提起诉讼，被警告人或者利害关系人向人民法院提起请求确认其行为不侵犯专利权的诉讼的，人民法院应当受理。"

③ 最高人民法院《关于当前经济形势下知识产权审判服务大局若干问题的意见》第13段。

④ （2002）沪二中五（知）初字第47号判决。

下条件,才构成不正当竞争行为:第一,有捏造侵犯其知识产权之事实。所谓捏造,是指无中生有。既可以是全部捏造,也可以是部分捏造;既可以是完全地子虚乌有,也可以是对真实情况的歪曲。知识产权权利人在未经司法判决、裁定或行政机关处理之前,直接认定他人侵犯其知识产权,极有可能构成捏造事实。如果行为人没有相应的知识产权而以权利人自居,也应认定构成捏造事实。第二,以警告函的方式散布该不实事实。如果知识产权权利人仅仅向相对人发送侵权警告函,因为没有扩大不实信息,对相对人没有造成不良的社会影响,不应当认定不正当竞争。只有将警告函向社会公开并造成了不良影响,才可能构成不正当竞争。第三,行为人主观上存在故意。以公开的方式发送知识产权侵权警告函的行为,如果是否构成侵权还未得到证实,可以认定行为人故意以这种方式损害竞争者商业信誉。

根据最高人民法院《关于当前经济形势下知识产权审判服务大局若干问题的意见》的规定,对滥发警告函者,可以提起侵权损害赔偿。如果诉前停止侵权申请人未在法定期限内起诉或者已经实际构成申请错误,受害人提起损害赔偿诉讼的,应给予受害人应有的充分赔偿。在日本,在知识产权权利未受到实际侵害时,(发送警告函者)应承担因警告而造成的损害的赔偿责任,除非这种告知和警告不存在过失。①

三、赔偿损失

赔偿损失,又称为损害赔偿,是指行为人应赔偿因其违约行为或侵权行为导致的他人损失。传统民法理论认为,损害赔偿应以回(恢)复原状为原则,金钱赔偿为例外。② 但包括商标权在内的知识产权被侵害后,原则上不会耗损权利客体本身,因此,金钱赔偿成为知识产权损害赔偿的基本责任形式。

对包括商标权在内的知识产权赔偿损失,我国的基本司法政策是增强损害赔偿的补偿、惩罚和威慑效果,降低维权成本,提高侵权代价。③ 在侵犯商标权的损害赔偿方面,《商标法》规定了损害赔偿数额的计算方式、确定损害赔偿数额的证据规则、惩罚性赔偿和免除赔偿等内容。

(一)赔偿数额的确定

根据《商标法》第 63 条的规定,结合我国司法实践,侵犯商标权的赔偿数额计算方式包括四种:(1)按照权利人因被侵权所受到的实际损失确定。权利人实际损失的确定,可以根据权利人因侵权所造成商品销售减少量或者侵权商品

---

① 〔日〕田村善之编:《日本现代知识产权法理论》,李扬等译,法律出版社 2010 年版,第二章"再论知识产权的侵害警告与正当的权利行使"。
② 曾世雄:《损害赔偿法原理》,中国政法大学出版社 2001 年版,第 146 页。
③ 最高人民法院《关于当前经济形势下知识产权审判服务大局若干问题的意见》第 16 段。

销售量与该商品的单位利润乘积计算。(2)实际损失难以确定的,可以按照侵权人因侵权所获得的利益确定。侵权所获得的利益,可以根据侵权商品销售量与该商品单位利润乘积计算;该商品单位利润无法查明的,按照权利人商品的单位利润计算。比如,引导案例中,如果贵州省茅台酒股份有限公司无法证明自己因被侵权的实际损失的,就可以按照侵权商品的销售量与单位利润计算,如果无法确定被告销售茅台酒的单位利润,则可以根据贵州省茅台酒股份有限公司的商品的单位利润计算赔偿数额。(3)权利人的损失或者侵权人获得的利益难以确定的,参照该商标许可使用费的倍数合理确定。该方法中权利人必须证明许可使用费的真实性和合理性,许可费必须具有可比性,应充分考虑正常许可与侵权实施在实施方式、时间和规模等方面的区别,并体现侵权赔偿金适当高于正常许可费的精神。(4)法定赔偿,即权利人因被侵权所受到的实际损失、侵权人因侵权所获得的利益、注册商标许可使用费难以确定的,由人民法院根据侵权行为的情节判决给予 300 万元以下的赔偿。人民法院根据当事人的请求或者依职权,综合考虑权利类型、侵权行为性质、期间、后果、制止侵权行为的合理开支等情节,在一定额度内酌情确定赔偿数额。对于难以证明侵权受损或侵权获利的具体数额,但有证据证明前述数额明显超过法定赔偿最高限额的,应当综合全案的证据情况,在法定最高限额以上合理确定赔偿额。适用法定赔偿时要尽可能细化和具体说明各种实际考虑的酌定因素,使最终得出的赔偿结果合理可信。

赔偿数额应当包括权利人为制止侵权行为所支付的合理开支。制止侵权行为所支付的合理开支,包括权利人或者委托代理人对侵权行为进行调查、取证的合理费用,律师费应当符合国家有关部门规定。[①] 权利人为调查、制止侵权行为所支付的各种开支,只要是合理的,都可以纳入赔偿范围;这种合理开支并非必须要有票据一一予以证实,人民法院可以根据案件具体情况,在有票据证明的合理开支数额的基础上,考虑其他确实可能发生的支出因素,在原告主张的合理开支赔偿数额内,综合确定合理开支赔偿额。

(二)确定损害赔偿数额的证据规则

损害赔偿是制裁侵权和救济权利的最重要措施,然而,由于商标在本质上是一种信息,它具有无形的特点,再加上侵犯商标权的取证难,商标权权利评估体系不够健全,因此,如何确定侵犯商标权的损害赔偿责任,成为商标司法实践中的难点问题和瓶颈问题,以至于司法实践中普遍以法定赔偿数额的方式确定侵害商标权的赔偿数额。

2013 年《商标法》第 63 条第 2 款从证据规则的角度来破解侵犯商标权的赔偿难问题,该款规定:"人民法院为确定赔偿数额,在权利人已经尽力举证,而与

[①] 《商标纠纷解释》第 17 条。

侵权行为相关的账簿、资料主要由侵权人掌握的情况下,可以责令侵权人提供与侵权行为相关的账簿、资料;侵权人不提供或者提供虚假的账簿、资料的,人民法院可以参考权利人的主张和提供的证据判定赔偿数额"。根据该款的规定,权利人负有举证责任。举证责任包括两部分,一部分是行为意义上的举证责任,即向法院提供证据的责任,另一种是结果意义上的举证责任,即在待证事实真伪不明的情形下承担不利风险的责任。[1] 对于行为意义上的举证责任而言,虽然权利人在侵权损害赔偿中负有主要的责任,例如,《民事诉讼法》第64条第1款规定:"当事人对自己提出的主张,有责任提供证据",最高人民法院《关于民事诉讼证据的若干规定》第2条第1款规定:"当事人对自己提出的诉讼请求所依据的事实或者反驳对方诉讼请求所依据的事实有责任提供证据加以证明。"然而,如果对方当事人持有证据,无正当理由拒不提供,应当承担证据妨碍的相关责任。最高人民法院《关于民事诉讼证据的若干规定》第75条规定:"有证据证明一方当事人持有证据无正当理由拒不提供,如果对方当事人主张该证据的内容不利于证据持有人,可以推定该主张成立。"在侵犯商标权诉讼中,如果一方当事人持有证据无正当理由拒不提供,而对方当事人主张该证据的内容可以证明其诉请的侵权损害赔偿数额成立的,人民法院可以结合有关情况推定该主张成立。如果一方当事人请求人民法院对侵权人的财务账册、电脑硬盘中的财务数据、产品库存量等进行证据保全,而对方当事人阻挠、抗拒、破坏法院的保全措施,可以视为被申请人持有不利于自己的证据而拒绝提供,构成举证妨碍,并结合有关情况推定申请保全一方主张的赔偿数额成立。若有证据证明被申请人在人民法院进行证据保全时提交残缺、虚假的财务账册,也可以视为被申请保全人隐匿了对自己不利的证据,可结合有关情况推定申请保全一方主张的赔偿数额成立。

(三) 惩罚性赔偿与免除赔偿

《商标法》在2013年修改时增加了惩罚性赔偿的规定。第63条第1款规定,对于恶意侵犯商标权的,情节严重的,可以按照赔偿额的一倍以上三倍以下来确定损害赔偿额。

惩罚性赔偿(punitive damages),是指当被告以恶意、故意、欺诈或放任之方式实施行为而致原告受损时,法庭判定被告承担的除实际损害数额以外的赔偿。[2] 惩罚性赔偿是源于英美法系的一项法律制度。在经历了19世纪那场号称"惩罚性赔偿的战争"的激烈争论之后,惩罚性赔偿制度在美国被保留下来并得到了长足的发展。[3] 侵害商标权的惩罚性赔偿,应当满足两个要件:第一个要

---

[1] 李浩:《〈民事诉讼法〉修订中的举证责任问题》,载《清华法学》2011年第3期。
[2] Bryan A. Garner, ed. Black's Law Dictionary(Seventh Edition), West Group, 1999, p.396.
[3] Michael Rustad & Thomas Koenig, Historical Continuity of Punitive Damages Awards: Reforming the Tort Reformers, 42 Am. U. L. Rev. 1299(1993).

件是侵权人主观上是恶意。这里的"恶意"不是相对于"善意"而言的,不只是知道或者应当知道,即主观上存在故意或者过失,而应当是故意的"升级版",即明知故犯等。第二个要件是情节严重,例如,屡次故意侵权、侵权规模较大、持续时间较长、社会影响恶劣等。

《商标法》第64条规定了免除侵权人赔偿责任的两大事由。第一项免赔事由是被侵犯的商标连续3年未实际使用。该条第1款规定:"注册商标专用权人请求赔偿,被控侵权人以注册商标专用权人未使用注册商标提出抗辩的,人民法院可以要求注册商标专用权人提供此前3年内实际使用该注册商标的证据。注册商标专用权人不能证明此前3年内实际使用过该注册商标,也不能证明因侵权行为受到其他损失的,被控侵权人不承担赔偿责任。"根据该规定,对于任何被控侵权的行为人而言,都可以以商标权人前3年未实际使用该注册商标作为承担赔偿责任的抗辩事由。商标权人对此前3年内实际使用该注册商标,承担举证责任。

第二项免赔事由是无过错的销售者免除赔偿责任。该条第2款规定:"销售不知道是侵犯注册商标专用权的商品,能证明该商品是自己合法取得并说明提供者的,不承担赔偿责任。"这种免赔事由有诸多限制条件:(1)主体上只能限于销售者;(2)主观上是善意的,即不知道销售的产品侵犯他人商标权;(3)证明该商品是自己合法取得并说明提供者。

第二节 侵犯商标权的行政责任

侵犯商标权的行为,将导致相关公众对商品来源产生混淆误认,冲击正常的市场秩序,涉及社会公共利益。因此,侵犯商标权的行为可能承担相应的行政责任。根据我国相关法律的规定,商标权人可以通过工商行政管理部门和海关两个途径对商标权进行行政保护。

一、工商行政管理部门对商标权的保护

工商行政管理部门负责对商标权进行行政保护。工商行政管理部门既可以依职权主动对侵犯商标权的行为进行执法,也可以根据举报或权利人的请求对侵犯商标权的行为进行查处。

工商行政管理部门根据已经取得的违法嫌疑证据或者举报,对涉嫌侵犯他人商标权的行为进行查处时,可以行使下列职权:(1)询问有关当事人,调查与侵犯他人注册商标专用权有关的情况;(2)查阅、复制当事人与侵权活动有关的合同、发票、账簿以及其他有关资料;(3)对当事人涉嫌从事侵犯他人注册商标专用权活动的场所实施现场检查;(4)检查与侵权活动有关的物品;对有证据证

明是侵犯他人注册商标专用权的物品,可以查封或者扣押。工商行政管理部门依法行使职权时,当事人应当予以协助、配合,不得拒绝、阻挠。

工商行政管理部门认定侵犯商标权的行为成立,有权责令侵权行为人承担下列行政责任:(1)立即停止侵权行为;(2)没收、销毁侵权商品和主要用于制造侵权商品、伪造注册商标标识的工具;(3)行政处罚。违法经营额5万元以上的,可以处违法经营额5倍以下的罚款,没有违法经营额或者违法经营额不足5万元的,可以处25万元以下的罚款。对5年内实施两次以上侵犯商标权行为或者有其他严重情节的,应当从重处罚。销售不知道是侵犯注册商标专用权的商品,能证明该商品是自己合法取得并说明提供者的,由工商行政管理部门责令停止销售。

工商行政管理部门对侵犯商标专用权的赔偿数额,可以进行调解。经工商行政管理部门调解,当事人未达成协议或者调解书生效后不履行的,当事人可以向人民法院提起民事诉讼。

二、海关对商标权的保护

商标权的海关保护,又称为商标权保护的边境措施,是指海关依法制止侵犯商标权的货物进出境的措施。海关作为货物进出口的监督管理机关,对商标权的保护具有重要的意义,它可以有效地制止侵犯商标权的货物进口和出口,保护商标权人的合法权益,维护国际贸易秩序。

我国于1995年颁布了《知识产权海关保护条例》,2003年通过了新的《知识产权海关保护条例》,该条例在2010年修订。根据该条例的规定,商标权的海关保护主要有海关备案和侵权嫌疑货物的扣留与处理两部分的内容。

(一)海关备案

备案是商标权海关保护中非常重要的一项制度,它为海关监管进出口货物是否侵犯商标权提供了便利条件。如果海关在进出口业务中发现了侵犯商标权嫌疑的,应当立即书面通知商标权人,由商标权人向海关提出申请扣留侵权嫌疑货物,从而启动海关保护程序。当然,备案并非商标权人获得海关保护的条件。

商标权人可以将其商标权向海关总署申请备案。申请备案时应当提交申请书,申请书应当包括下列内容:(1)权利人的名称或者姓名、注册地或者国籍等;(2)商标权的名称、内容及其相关信息;(3)商标权许可行使状况;(4)商标权权利人合法行使商标权的货物的名称、产地、进出境地海关、进出口商、主要特征、价格等;(5)已知的侵犯商标权货物的制造商、进出口商、进出境地海关、主要特征、价格等。

海关总署自收到全部申请文件之日起30个工作日内,作出是否准予备案的决定,并书面通知申请人;不予备案的,应当说明理由。有下列情形之一的,海关总署不予备案:(1)申请文件不齐全或者无效的;(2)申请人不是商标权利人的;(3)商标权不再受法律、行政法规保护的。

商标权海关保护备案自海关总署准予备案之日起生效,有效期为10年。商标权人可以在商标权海关保护备案有效期届满前6个月内,向海关总署申请续展备案。每次续展备案的有效期为10年。商标权海关保护备案有效期届满而不申请续展或者商标权不再受法律保护的,商标权海关保护备案随即失效。

商标权备案情况发生改变的,权利人应当自发生改变之日起30个工作日内,向海关总署办理备案变更或者注销手续。商标权人未依照前款规定办理变更或者注销手续,给他人合法进出口或者海关依法履行监管职责造成严重影响的,海关总署可以根据有关利害关系人的申请撤销有关备案,也可以主动撤销有关备案。

(二)侵权嫌疑货物的扣留与处理

侵权嫌疑货物的扣留与处理的具体程序包括:

1. 申请扣留侵权嫌疑货物。商标权人发现侵权嫌疑货物即将进出口的,可以向货物进出境地海关提出扣留侵权嫌疑货物的申请。海关发现进出口货物有侵犯备案商标权嫌疑的,应当立即书面通知商标权人,商标权人自通知送达之日起3个工作日内向海关提出申请。

商标权人请求海关扣留侵权嫌疑货物的,应当提交申请书及相关证明文件,并提供足以证明侵权事实明显存在的证据。申请书应当包括下列主要内容:(1)商标权人的名称或者姓名、注册地或者国籍等;(2)商标权的名称、内容及其相关信息;(3)侵权嫌疑货物收货人和发货人的名称;(4)侵权嫌疑货物名称、规格等;(5)侵权嫌疑货物可能进出境的口岸、时间、运输工具等。侵权嫌疑货物涉嫌侵犯备案商标权的,申请书还应当包括海关备案号。

商标权人请求海关扣留侵权嫌疑货物的,应当向海关提供不超过货物等值的担保,用于赔偿可能因申请不当给收货人、发货人造成的损失,以及支付货物由海关扣留后的仓储、保管和处置等费用。

2. 扣留侵权嫌疑货物。商标权人提交了符合条件的申请,并按规定提供担保的,海关应当扣留侵权嫌疑货物,书面通知商标权人,并将海关扣留凭单送达收货人或者发货人。收货人或者发货人认为其货物未侵犯商标权人的商标权的,应当向海关提出书面说明并附送相关证据。商标权人在向海关提出采取保护措施的申请后,可以依照《商标法》的规定,就被扣留的侵权嫌疑货物向人民法院申请采取责令停止侵权行为或者财产保全的措施。

有下列情形之一的,海关应当放行被扣留的侵权嫌疑货物:(1)商标权人申请扣留侵权嫌疑货物的,海关扣留之日起20个工作日内未收到人民法院协助执行通知的;(2)海关发现进出口货物有侵犯备案商标权嫌疑而书面告知商标权人,商标权人申请扣留侵权嫌疑货物,自扣留之日起50个工作日内未收到人民法院协助执行通知,并且经调查不能认定被扣留的侵权嫌疑货物侵犯商标权的;(3)海关认为收货人或者发货人有充分的证据证明其货物未侵犯商标权的;(4)在海关认定被扣留的侵权嫌疑货物为侵权货物之前,商标权人撤回扣留侵权嫌疑货物的申请的。

3. 调查、认定是否侵犯商标权。海关发现进出口货物有侵犯备案商标权嫌疑并通知商标权人后,商标权人请求海关扣留侵权嫌疑货物的,海关应当自扣留之日起30个工作日内对被扣留的侵权嫌疑货物是否侵犯商标权进行调查、认定;不能认定的,应当立即书面通知商标权人。海关对被扣留的侵权嫌疑货物及有关情况进行调查时,商标权人和收货人或者发货人应当予以配合。

海关实施商标权保护发现涉嫌犯罪案件的,应当将案件依法移送公安机关处理。

4. 处置侵权货物。被扣留的侵权嫌疑货物,经海关调查后认定侵犯商标权的,由海关予以没收。海关没收侵犯商标权货物后,应当将侵犯商标权货物的有关情况书面通知商标权人。

被没收的侵犯商标权货物可以用于社会公益事业的,海关应当转交给有关公益机构用于社会公益事业;商标权人有收购意愿的,海关可以有偿转让给商标权人。被没收的侵犯商标权货物无法用于社会公益事业且商标权人无收购意愿的,海关可以在消除侵权特征后依法拍卖,但对进口假冒商标货物,除特殊情况外,不能仅清除货物上的商标标识即允许其进入商业渠道;侵权特征无法消除的,海关应当予以销毁。

第三节 侵犯商标权的刑事责任

 引导案例

> **案例**:2010年8月,李某向熟人周某购买了3万套非法制造的鄂尔多斯、恒源祥等注册商标。随后,李某又购买了2万多件毛坯衫,并在上面钉上商标,包装成名牌羊毛衫,在自己的店铺内主要通过淘宝网销售。2010年12月15号,鄂尔多斯市警方将李某抓获。公安人员在李某的店内扣押吊牌价每件2180元的假冒鄂尔多斯羊毛衫4351件,吊牌价每件1680元的假冒鄂尔多斯羊毛衫17403件,吊牌价每件968元的假冒恒源祥羊毛衫4433件。李某构成何种犯罪?该承担何种责任?

刑事责任是最严厉的责任形式,我国侵犯商标权犯罪集中规定在《刑法》第三章"破坏社会主义市场经济秩序罪"第七节"侵犯知识产权罪",共三个罪名,既《刑法》第213条规定的假冒注册商标罪、第214条规定的销售假冒注册商标的商品罪、第215条规定的非法制造、销售非法制造的注册商标标识罪。它们分别围绕产销注册商标标识、制造假冒注册商标的商品和销售假冒商标的商品三个不同的环节和阶段,成为一个动态的罪名体系。这三种罪名的刑罚都比较轻,一般情况下是处3年以下有期徒刑或者拘役,并处或者单处罚金,如果情节特别严重,处3年以上7年以下有期徒刑,并处罚金。单位犯罪的,对单位处罚金,并对其直接负责的主管人员和其他直接责任人员依照上述规定处以刑罚。根据最高人民法院、最高人民检察院《关于办理侵犯知识产权刑事案件具体应用法律若干问题的解释(二)》的规定,单位实施知识产权犯罪的行为,按照相应个人犯罪的定罪量刑标准的三倍定罪处罚。

一、假冒注册商标罪

根据《刑法》第213条的规定,假冒注册商标罪是指未经注册商标所有人许可,在同一种商品上使用与其注册商标相同的商标,情节严重的行为。

假冒注册商标罪的犯罪客体,理论上存在不同的观点,有学者认为该罪侵害了他人的注册商标专用权,有人认为侵害的是国家的商标管理制度和他人的注册商标专用权,有观点认为除了侵害这两种之外,还侵犯了注册商标商品的生产者、经营者和消费者的合法权益。我们认为侵害了注册商标权人的利益和侵害了市场经济秩序。

假冒注册商标罪在客观方面表现为未经注册商标所有人许可,在同一种商品上使用与其注册商标相同的商标,情节严重的行为。这里所谓的"同一种商品",是指名称相同的商品以及名称不同但指同一事物的商品。"名称"是指国家工商行政管理总局商标局在商标注册工作中对商品使用的名称,通常即《商标注册用商品和服务国际分类》中规定的商品名称。"名称不同但指同一事物的商品"是指在功能、用途、主要原料、消费对象、销售渠道等方面相同或者基本相同,相关公众一般认为是同一种事物的商品。"相同的商标",是指与被假冒的注册商标完全相同,或者与被假冒的注册商标在视觉上基本无差别、足以对公众产生误导的商标。具有下列情形之一,可以认定为"与其注册商标相同的商标":(1)改变注册商标的字体、字母大小写或者文字横竖排列,与注册商标之间仅有细微差别的;(2)改变注册商标的文字、字母、数字等之间的间距,不影响体现注册商标显著特征的;(3)改变注册商标颜色的;(4)其他与注册商标在视觉上基本无差别、足以对公众产生误导的商标。① 这里所谓的"使用",是指将注册商标或者假冒的注册商标用于商品、商品包装或者容器以及产品说明书、商品交易文书,或者将注册商标或者假冒的注册商标用于广告宣传、展览以及其他商业活动等行为。

对于假冒注册商标罪,一般处以3年以下有期徒刑或者拘役,并处或者单处罚金;情节特别严重的,处3年以上7年以下有期徒刑,并处罚金。下列情形视为"情节严重":(1)非法经营数额在5万元以上或者违法所得数额在3万元以上;(2)假冒两种以上注册商标,非法经营数额在3万元以上或者违法所得数额在2万元以上;(3)其他情节严重的情形。下列情形视为"情节特别严重":(1)非法经营数额在25万元以上或者违法所得数额在15万元以上的;(2)假冒两种以上注册商标,非法经营数额在15万元以上或者违法所得数额在10万元以上的;(3)其他情节特别严重的情形。这里所谓的"非法经营数额",是指行为人在实施侵犯知识产权行为过程中,制造、储存、运输、销售侵权产品的价值。已销售的侵权产品的价值,按照实际销售的价格计算。制造、储存、运输和未销售的侵权产品的价值,按照标价或者已经查清的侵权产品的实际销售平均价格计算。侵权产品没有标价或者无法查清其实际销售价格的,按照被侵权产品的市场中间价格计算。② 在计算制造、储存、运输和未销售的假冒注册侵犯商标权产品价值时,对于已经制作完成但尚未附着(含加贴)或者尚未全部附着(含加贴)假冒注册商标标识的产品,如果有确实、充分证据证明该产品将假冒他人注册商标,其价值计入非法经营数额。这里需要特别提醒的是,我国《刑法》规定的假冒注册商标罪只是针对侵害商品商标的行为,未延及到服务商标,这是我国假冒注册商标罪值得完善的地方。但在未修改《刑法》规定之前,根据罪刑法定原则,假冒注册服务商标的行为不构成本罪。引导案例中,李某购买毛坯衫并加贴"鄂尔多斯"注册商标且非法经营额达数千万元,显然已经构成假冒注册商标罪。

在现实生活中,假冒注册商标罪有可能和生产、销售伪劣产品罪交织在一起。《刑法》第140条规定,生产者、销售者在产品中掺杂、掺假,以假充真,以次充好或者以不合格产品冒充合格产品,销售金额5万元以上的行为,可构成生产、销售伪劣产品罪。生产、销售伪劣产品的行为与假冒注册商标的行为之间存在着目的与手段的关系,属于牵连犯,从一重处断。行为人实施侵犯知识产权犯罪,同时构成生产、销售伪劣商品犯罪的,依照侵犯知识产权犯罪与生产、销售伪劣商品犯罪中处罚较重的规定定罪处罚。

---

① 最高人民法院、最高人民检察院、公安部《关于办理侵犯知识产权刑事案件适用法律若干问题的意见》(法发〔2011〕3号)。
② 最高人民法院、最高人民检察院《关于办理侵犯知识产权刑事案件具体应用法律若干问题的解释》(法释〔2004〕19号)。

二、销售假冒注册商标的商品罪

根据《刑法》第 214 条的规定,销售假冒注册商标的商品罪是指销售明知是假冒注册商标的商品,销售金额数额较大的行为。

销售假冒注册商标的商品罪,主观上是直接故意,即要求行为人主观上"明知"而为之。具有下列情形之一的,应当认定为"明知":(1) 知道自己销售的商品上的注册商标被涂改、调换或者覆盖的;(2) 因销售假冒注册商标的商品受到过行政处罚或者承担过民事责任、又销售同一种假冒注册商标的商品的;(3) 伪造、涂改商标注册人授权文件或者知道该文件被伪造、涂改的;(4) 其他知道或者应当知道是假冒注册商标的商品的情形。

销售假冒注册商标的商品罪在客观上必须实施了销售假冒注册商标的商品。这里所谓的"销售"应当作广义上的理解,一切将商品有偿卖出的行为,如批发、零售、代销、经销、贩卖等,都属于销售行为。但如果只是购买假冒注册商标的商品而不是为了再出售,如为了无偿赠送他人,或者为了自己消费而购买,不构成本罪。如果为了销售而购买,但尚未卖出,该行为可构成本罪的未遂。本罪的目的在于惩处那些单纯从事销售假货而不制造假货的犯罪分子,以切断假冒注册商标商品的流通途径。如果犯罪分子自己从事假冒注册商标行为的同时又进行销售的,根据吸收犯的理论,作为从行为的销售行为被作为主行为的假冒行为吸收,因此只构成假冒注册商标罪一罪。另外,根据共同犯罪的理论,销售假冒注册商标商品的行为人与假冒他人注册商标的犯罪分子事前通谋,帮助其销售假冒注册商标的商品,则成为假冒注册商标罪的共犯,构成假冒注册商标罪,而不宜再认定为销售假冒注册商标的商品罪。

销售假冒注册商标的商品罪,行为人销售金额应当达到数额较大的标准。销售明知是假冒注册商标的商品,销售金额在 5 万元以上的,属于《刑法》第 214 条规定的"数额较大",应当以销售假冒注册商标的商品罪判处 3 年以下有期徒刑或者拘役,并处或者单处罚金。销售金额在 25 万元以上的,属于《刑法》第 214 条规定的"数额巨大",应当以销售假冒注册商标的商品罪判处 3 年以上 7 年以下有期徒刑,并处罚金。这里所谓的"销售金额",是指销售假冒注册商标的商品后所得和应得的全部违法收入。

销售明知是假冒注册商标的商品,具有下列情形之一的,依照《刑法》第 214 条的规定,以销售假冒注册商标的商品罪(未遂)定罪处罚:(1) 假冒注册商标的商品尚未销售,货值金额在 15 万元以上的;(2) 假冒注册商标的商品部分销售,已销售金额不满 5 万元,但与尚未销售的假冒注册商标的商品的货值金额合计在 15 万元以上的。假冒注册商标的商品尚未销售,货值金额分别达到 15 万元以上不满 25 万元、25 万元以上的,分别依照《刑法》第 214 条规定的各法定刑幅度定罪处罚。销售金额和未销售货值金额分别达到不同的法定刑幅度或者均达到同一法定刑幅度的,在处罚较重的法定刑或者同一法定刑幅度内酌情从重处罚。

三、非法制造、销售非法制造的注册商标标识罪

根据《刑法》第 215 条的规定,非法制造、销售非法制造的注册商标标识罪,是指伪造、擅自制造他人注册商标标识或者销售伪造、擅自制造的注册商标标识,情节严重的行为。

非法制造、销售非法制造的注册商标标识罪并未明确规定注册商标标识是商品商标还是服务商标,因此,有观点认为非法制造、销售非法制造的注册服务商标标识的行为,情节严重者构成本罪。这种观点值得商榷,因为非法制造、销售非法制造的注册商标标识的行为,通常是假冒他人注册商标的前提和物质准备,《刑法》将这种行为规定为独立的罪名予以严惩,是为了从源头上重拳打击假冒注册商标的行为。然而,《刑法》规定假冒注册商标罪都仅仅限于商品商标,对于非法制造、销售非法制造的注册商标标识这种假冒注册商标行为的辅助性行为,当然也应当限定为商品商标。

非法制造、销售非法制造的注册商标标识罪是一个选择性罪名,它包括了非法制造注册商标标识罪和销售非法制造的注册商标标识罪两个罪名。如果行为仅符合其中的一个罪名,应根据该行为确定相应的罪名。因此,如果仅仅实施了伪造注册商标标识或者擅自制造注册商标标识,应当定为非法制造注册商标标识罪,如果仅仅实施了销售伪造注册的商标标识或者销售擅自制造注册的商标标识,则定为非法销售注册商标标识罪。如果既实施了伪造、擅自制造行为又实施了销售行为,应当直接将罪名确定为非法制造、销售非法制造的注册商标标识罪。

非法制造、销售非法制造的注册商标标识罪要求行为的情节必须达到严重的程度。具有下列情形之一的,属于《刑法》第 215 条规定的"情节严重",应当以非法制造、销售非法制造的注册商标标识罪判处 3 年以下有期徒刑、拘役或者管制,并处或者单处罚金:(1)伪造、擅自制造或者销售伪造、擅自制造的注册商标标识数量在 2 万件以上,或者非法经营数额在 5 万元以上,或者违法所得数额在 3 万元以上的;(2)伪造、擅自制造或者销售伪造、擅自制造两种以上注册商标标识数量在 1 万件以上,或者非法经营数额在 3 万元以上,或者违法所得数额在 2 万元以上的;(3)其他情节严重的情形。具有下列情形之一的,属于《刑法》第 215 条规定的"情节特别严重",应当以非法制造、销售非法制造的注册商标标识罪判处 3 年以上 7 年以下有期徒刑,并处罚金:(1)伪造、擅自制造或者销售伪造、擅自制造的注册商标标识数量在 10 万件以上,或者非法经营数额在 25 万元以上,或者违法所得数额在 15 万元以上的;(2) 伪造、擅自制造或者销售伪造、擅自制造两种以上注册商标标识数量在 5 万件以上,或者非法经营数额在 15 万元以上,或者违法所得数额在 10 万元以上的;(3) 其他情节特别严重的情形。

销售他人伪造、擅自制造的注册商标标识,具有下列情形之一的,以销售非法制造的注册商标标识罪(未遂)定罪处罚:(1) 尚未销售他人伪造、擅自制造的注册商标标识数量在 6 万件以上的;(2) 尚未销售他人伪造、擅自制造的两种以上注册商标标识数量在 3 万件以上的;(3) 部分销售他人伪造、擅自制造的注册商标标识,已销售标识数量不满 2 万件,但与尚未销售标识数量合计在 6 万件以上的;(4) 部分销售他人伪造、擅自制造的两种以上注册商标标识,已销售标识数量不满 1 万件,但与尚未销售标识数量合计在 3 万件以上的。

司考链接

1. 甲公司通过签订商标普通许可使用合同许可乙公司使用其注册商标"童声",核定使用的商品为儿童服装。合同约定发现侵权行为后乙公司可以其名义起诉。后乙公司发现个体户萧某销售假冒"童声"商标的儿童服装,萧某不能举证证明该批服装的合法来源。下列哪些说法是正确的?(2011 年卷三 64 题,多选)

　　A. 乙公司必须在"童声"儿童服装上标明乙公司的名称和产地
　　B. 该商标使用许可合同自备案后生效
　　C. 乙公司不能以其名义起诉,因为诉权不得约定转移
　　D. 萧某应当承担停止销售和赔偿损失的法律责任
　　答案:A、D

推荐阅读

1. 张广良:《知识产权侵权民事救济》,法律出版社 2003 年版。(推荐理由:该书全面介绍知识产权侵权民事救济体系时,触及了当今知识产权侵权理论和实践中几乎所有有争议的热点问题。)

2. 张耕:《知识产权民事诉讼研究》,法律出版社 2004 年版。(推荐理由:该书体系完整,结构合理,既有相当的理论深度,又密切联系实际,具有很强的实践指导意义。)

3. 黄洪波:《知识产权刑法保护理论研究》,中国社会科学出版社 2012 年版。(推荐理由:该书对知识产权刑法保护作了系统的深入研究。)

第十章　驰名商标的认定与保护

要点提示

本章重点掌握的知识：1. 驰名商标保护制度的理论基础；2. 驰名商标认定的方式与效力；3. 对未在我国注册的驰名商标的保护；4. 对已在我国注册的驰名商标的保护。

本章知识结构图

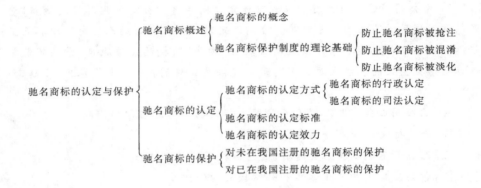

第一节　驰名商标概述

一、驰名商标的概念

驰名商标（well-known mark 或 well-known trademark）又被称为周知商标、著名商标、高信誉商标、世所共知商标等，是指在中国境内为相关公众广为知晓的商标。

驰名商标相对于普通商标而言具有以下特征：

1. 知名度高。这是驰名商标的首要特征和本质特征。驰名商标经使用人的长期使用和广告宣传，在相关的公众中享有较高的知名度。

2. 吸引力强。驰名商标代表了商标权人良好的社会声誉，是产品质量优良的代名词，因此消费者往往更偏向于选择驰名商标的商品或服务。

二、驰名商标保护制度的理论依据

驰名商标在相关公众中的知名度高,而且具有较好的市场信誉,驰名商标除了具有普通商标所具有的指示商品来源功能、保证质量功能和广告功能外,还具有表彰使用者身份、档次和地位的功能。驰名商标因此具有了很强的吸引力,成为企业在市场竞争中攻城略地的法宝,成为企业最重要的无形财产,当然也成为被侵害的主要对象。这也决定了法律应当对驰名商标给予高于普通商标的保护水平。

首先,加强对驰名商标的保护有利于保护驰名商标所有人的利益,使驰名商标免遭不法侵害。驰名商标是通过商标所有人艰苦创业和巨额投资培育出来的,具有巨大的商业价值,驰名商标的无形价值甚至要超过商标所有人的有形财产的价值,因此保护驰名商标对驰名商标所有人具有重要的意义。

其次,加强对驰名商标的保护有利于维护消费者的合法权益。保护驰名商标不被假冒仿冒,能够确保消费者购买到其想要的产品和服务,保护消费者免遭欺诈。另外,如果社会上假冒或者仿冒名牌产品的风气盛行,那么真正购买名牌产品的消费者也不能真正地感受到购买名牌所体现的身份和地位,这就危害了购买驰名商标品牌商品消费者的利益。

最后,加强对驰名商标的保护有利于维护健康良好的社会经济秩序,营造公平竞争、诚实经营的良好环境,有利于驰名商标的培育和发展。

侵害驰名商标的方式主要有抢注驰名商标、混淆性使用驰名商标和淡化驰名商标三种,对驰名商标的特殊保护也围绕防止驰名商标被抢注、防止驰名商标被他人混淆性使用和防止驰名商标被淡化三个方面进行。

(一)防止驰名商标被抢注

最早对驰名商标提供特殊保护的国际公约是《巴黎公约》,该《公约》第 6 条之二规定:"(一)商标注册国或使用国主管机关认为一项商标在该国已成为驰名商标,已经成为有权享有本公约利益的人所有,而另一商标构成对此驰名商标的复制、仿造或翻译,用于相同或类似商品上,易于造成混淆时,本同盟各国应依职权——如本国法律允许——或应有关当事人的请求,拒绝或取消该另一商标的注册,并禁止使用。商标的主要部分抄袭驰名商标或是导致造成混乱的仿造者,也应适用本条规定。(二)自注册之日起至少 5 年内,应允许提出取消这种商标的要求。允许提出禁止使用的期限,可由本同盟各成员国规定。(三)对于以不诚实手段取得注册或使用的商标提出取消注册或禁止使用的要求的,不应规定时间限制。"因此,《巴黎公约》对驰名商标的特殊保护,强调的是禁止抢注驰名商标并禁止使用他人的驰名商标。

防止驰名商标被抢注,反映了商标的本质。传统理论认为,商标是用于区别由不同经营者提供的相同或类似产品或服务的识别性符号[1],它是经营者信誉的象征。商标通过标明商品的提供者,架起了沟通经营者与消费者的桥梁:经营者利用商标向消费者推销自己的产品,消费者通过商标来识别不同经营者提供的商品。消费者挑选特定品牌的商品,并不是因为该商标获得注册,而是因为该商标代表了商品的质量水平,该商标已经成为商标权人商业信誉的象征,"商标是他(商标权人)最可信的图章,商标权人通过它来保证附着该商标的商品,它传递着商标权人或好或坏的名声","名声就像脸一样,是其拥有者及其信誉的象征"[2]。商标的根基在于它所代表的商业信誉,商标标识仅仅是商誉的外在符号,如果没有商业信誉,纯粹的符号标识根本不值得保护。因此商标权人只有从保护自己的商誉角度来说,制止他人使用其商标才有合理依据。这正如美国法院判决中所陈述的:"只有从商标权人继续享有该商标的良好商业名声和商誉,并免受他人不正当干涉这个角度来说,商标权是一项财产权。"[3]商誉是商标不可缺少的部分,是商标权受到保护的基础。然而,商标所代表的商誉决不会无中生有,只有通过长期的实际使用才能逐渐形成。

防止驰名商标被抢注,与劳动学说一脉相承。人们一直认为,劳动是创造财富的最重要途径,也是获得财产所有权的最正当方式。近代哲学大师洛克深刻地分析了劳动在获取财产权时的重要意义,提出财产的范围是自然根据人的劳动和生活需要而界定的,每个人在其生活所需的范围内可以凭劳动尽可能地取得财产。上帝赐予万物给我们享用,那必然要通过某种拨归私用的方式,然后才能有益于某一个人。每个人只要使自然状态中的任何东西脱离其原初状态,那他就掺进了他的劳动,从而成为自己的得以排除他人主张的财产。每个人的劳动绝对地为自己所有,于是经由劳动使其增益的东西便成为自己的所有物。[4]对商标来说,所有的交流符号都是给人类共同使用的,任何人都须通过劳动,让标识经过使用增加了商誉从而成为自己的商标。任何试图通过注册而不是通过艰辛地劳动以获取商标排他使用权的企图,都不符合通过劳动将公有物品拨归私有的规则。

防止驰名商标被抢注,更有利于培养诚实经营的良好社会风气。防止驰名商标被抢注,由于符合商标的本质,符合深入人心的所有权取得学说,它就更容易为公众接受,也能更有效地激发人的潜能,充分发挥物的效用。以劳动为限界定财产权,"人们总是更为勤劳,也更为自觉,进而学会热爱经自己的双

---

[1] WIPO:Trademark Gateway, http://www.wipo.int/trademarks/en/.
[2] Yale Electric Corp. v. Robertson, 26 F. 2d 972(2d Cir. 1928).
[3] Hanover Milling Company v. Metcalf, 240 US 403,412—13(1916).
[4] 参见〔英〕洛克:《政府论》(下篇),叶启芳、瞿菊农译,商务印书馆1995年版,第21页。

手而结出劳动果实的大地"①。勤劳者和理性者将减少这个世界公共福祉的浪费程度,因为勤劳者创造了一种稀缺,此种稀缺促使懒惰者倍加辛勤地工作,以改善自己的处境。对商标而言,它劝诫世人,要获取有价值的商标只有通过在市场上真诚地使用商标,让商标通过使用而成为商标权人商誉的代表,成为真正沟通商标权人和消费者的桥梁。它同时告诫世人,不要试图通过注册等巧取豪夺的方式走歪门邪道,埋头苦干才是正道,有利于澄清社会习气,维护公平合理的市场秩序。

(二) 防止驰名商标被混淆

Trips协议对驰名商标的保护,在《巴黎公约》的基础上更上一层楼。第16条第2款规定:"《巴黎公约》第6条之2应基本上适用于服务。在确定一商标是否驰名时,各成员应考虑到该商标在相关部门为公众所了解的程度,包括该商标因宣传而在该有关成员获得的知名度。"第3款规定:"《巴黎公约》第6条之2应基本上适用于与已获得商标注册的货物或服务不相似的货物或服务,只要该商标在那些货物或服务上的使用会表明那些货物或服务与该注册商标所有人之间存在着联系,且这种使用有可能损害该注册商标所有人的利益。"根据该规定,对驰名商标的保护对象从商品商标延及到了服务商标,将驰名商标的保护范围从传统的相同商品和类似商品扩大到非类似商品或服务上,条件是如果导致消费者误认为两者之间存在可能导致商标所有人利益受损的某种联系,即对驰名商标的特殊保护从传统的直接混淆扩张到了间接混淆。

(三) 防止驰名商标被淡化

随着世界经济一体化趋势的加强以及商业竞争的加剧,世界知识产权组织(WIPO)进一步认识到加强和协调各国驰名商标保护法律制度的重要性,在1999年WIPO第34届成员国大会上,由保护工业产权巴黎联盟和世界知识产权组织联合推荐《有关驰名商标保护条款的联合建议》(以下简称为《联合建议》),以指导巴黎联盟和世界知识产权组织成员国国内立法的制定和修改,使驰名商标在更大范围内获得保护。《联合建议》第3条规定,成员国应当保护驰名商标以对抗相冲突的商标、营业标记和域名,该保护至少在该商标在该成员国驰名时开始。第4条对驰名商标的冲突商标作出了界定:"1. 如果一个商标或其主要部分是复制、模仿、翻译或音译驰名商标或驰名商标的主要部分,并使用或注册在与驰名商标相同或类似的商品和/或服务上,该商标应当被视为与驰名商标相冲突。2. 一个商标或其主要部分是复制、模仿、翻译或音译驰名商标或驰名商标的主要部分,即便不考虑商标使用或注册或准备注册的商品和/或服务

---

① Gottfried Dietze, In Defense of Property, The Johns Hopkins Press, 1971, p.71. 转引自肖厚国:《所有权的兴起与衰落》,山东人民出版社2003年版,第171页。

时,只要满足下列情形之一,该商标都应当被视为与驰名商标相冲突:(1)该商标的使用表明该商标所使用、所注册或已经注册的商品和/或服务与驰名商标所有人之间存在联系,并很可能损害驰名商标所有人的利益;(2)该商标的使用极有可能不合理的损害或冲淡驰名商标显著特征;(3)该商标的使用极有可能不公平地利用驰名商标的显著特征。"

《联合建议》对驰名商标的特殊保护,从防止抢注、间接混淆,扩张到了防止淡化。驰名商标的淡化包括了弱化和丑化。弱化是指由于一个商标或商号与驰名商标类似而产生了联系,这种联系将损害驰名商标的显著性。法院在判断在后商标是否可能导致驰名商标被淡化时应当考虑六个因素:两个商标的近似程度、驰名商标固有的或获得的显著性之程度、驰名商标所有人独占性使用驰名商标的范围、驰名商标的知名度、建立在后商标与驰名商标之间联系的意图、商标之间的实际联系。丑化是指由于一个商标或商号与驰名商标类似而产生了联系,这种联系将损害驰名商标的声誉。淡化包括了三种情形:不合理的损害驰名商标的显著特征;不合理的冲淡驰名商标显著特征;不公平的利用驰名商标的显著特征。另外,《联合建议》第4条还特别规定了,成员国可要求驰名商标应当为大多数公众所熟知才能获得反淡化救济。

欧盟为统一和协调各成员国商标立法,通过了《欧共体商标指令》和《欧共体商标条例》,其中对驰名商标的保护也包括了防止混淆和防止淡化两种[①],商标淡化是一种独立于商标混淆的侵权行为,包括了不正当地利用在先商标、不正当地损害在先商标的显著特征以及不正当地损害在先商标的声誉三种类型。[②]

美国《兰哈姆法》对驰名商标的保护也采用混淆理论和淡化理论,其中反淡化的规定,从1995年通过《联邦商标反淡化法》以后,在1999年通过了《美国联邦反淡化法修正案》,将淡化作为驳回商标注册申请的理由,并进一步完善商标的反淡化救济力度,2006年又通过了《商标反淡化修正案》,澄清淡化的证明标准、明确淡化包括弱化和丑化、完善淡化的免责事由等,使美国联邦商标反淡化法日臻完善。[③]

---

① 《欧共体商标条例》第9条第1款规定:"共同体商标应赋予商标所有人以下专用权。商标所有人有权禁止任何第三方未经许可在贸易过程中:(a)将任何与共同体商标相同的标志使用在与共同体商标注册的商品或服务相同的商品或服务上。(b)将任何与共同体商标相同或近似的标志使用在与共同体商标注册的商品或服务相同或类似的商品或服务上,如果由于该使用行为可能导致公众产生混淆的可能;这种混淆的可能性包括该标志与该商标联系的可能性。(c)将任何与共同体商标相同或近似的标志,使用在与共同体商标注册的商品或服务不类似的商品或服务上,如果共同体商标在共同体内享有盛誉,且该标志的使用将无正当理由地利用或损害该共同体商标的显著特征或声誉。"
② 参见邓宏光:《欧盟商标反淡化》,载《电子知识产权》2007年第3期。
③ 邓宏光:《美国联邦商标反淡化法的制定与修正》,载《电子知识产权》2007年第5期。

根据美国《兰哈姆法》第43条第(c)款的规定,驰名商标所有人的反淡化救济,是指根据公平原则,不管是否存在实际的或可能的混淆,也不管是否存在竞争或者实际的经济损失,具有固有或获得显著性的驰名商标之所有人,应当有权禁止任何人于该商标驰名后在商业上使用商标或商号,如果该使用行为可能由于弱化而淡化或由于丑化而淡化该驰名商标。

美国对反淡化还规定了例外情况。《兰哈姆法》第43条第(c)款第3项规定:"下列情形不可依据本条规定以弱化或丑化为由提起诉讼:(A)由其他人对驰名商标所作的,不是将它作为他自己商品或服务来源的指示,而是作为包括指示性合理使用或描述性合理使用在内的合理使用,或者为了便于作出这些合理使用而实施的行为,包括下列相关使用行为:(i)为消费者提供比较产品或服务机会的广告或促销;或(ii)验证和滑稽模仿、讽刺或评论驰名商标所有人或驰名商标所有人的商品或服务的行为。(B)所有新闻报道和新闻评论的形式。(C)所有对商标的非商业性使用。"

从驰名商标国际保护的趋势可以看出,商标淡化不同于商标混淆,它是指减少或削弱驰名商标对其商品或服务的识别性和显著性能力的行为,而不论驰名商标所有人与其他当事人之间是否存在竞争关系,也不论是否存在混淆、误导和欺骗的可能性。[①] 在1924年德国判定"Odol"漱口水商标案后,美国学者弗兰克·谢克特教授认为:"现代商标的价值在于其销售力……而这种销售力又取决于商标的独特性……这种独特性将由于被使用在相关或不相关的商品上而受到损害或削弱。"[②]在谢克特教授看来,即使不存在混淆的可能性,将驰名商标使用在不相同的商品上,公众在看到后一种商品上使用的商标时会想起前一种商品,在后使用人将因此而获得利益,在先使用人的商标则可能减损其销售力,在先使用人的利益将因此而受到损害。的确,将驰名商标使用在根本无关的商品或服务上,消费者不可能相信该商标的使用行为与驰名商标所有人有任何经济上的关系,但由于过滥地使用该驰名商标,将会导致消费者的"审美疲劳",驰名商标在消费者心目中的地位越来越低,其吸引力也越来越小。如果将他人驰名商标使用在色情淫秽等让人产生不良印象的产品或服务上,将直接降低该商标的形象。为了保护商标的吸引力,在防止商标混淆外再规定商标反淡化条款,具有其合理性。

---

① 15 U.S.C.1127.
② See Frank I Schechter, The Rational Basis of Trademark Protection, 40 Harv. L. Rev. 813, 831 (1927).

第二节 驰名商标的认定

一、驰名商标的认定方式

驰名商标的认定有两种方式:一种是行政认定,一种是司法认定。

(一)驰名商标的行政认定

驰名商标的行政认定,是指工商行政管理总局商标局在商标注册审查和查处商标违法案件过程中,商标评审委员会在处理商标争议过程中,根据案件的需要,依法对商标驰名的情况作出认定。驰名商标的行政认定包括三种情形:国家商标局在商标注册审查过程中作出驰名商标的认定、国家商标局在查处商标违法案件过程中作出驰名商标的认定和商标评审委员会在处理商标争议案件过程中认定驰名商标。

根据我国《驰名商标认定和保护规定》,当事人认为他人经初步审定并公告的商标或者他人已经注册的商标,违反《商标法》第13条规定,可以依据商标法及其实施条例的规定向商标局提出异议或向商标评审委员会请求裁定撤销该注册商标,并提交证明其商标驰名的有关材料。

在商标管理工作中,当事人认为他人使用的商标属于《商标法》第13条规定的情形,请求保护其驰名商标的,可以向案件发生地的市(地、州)以上工商行政管理部门提出禁止使用的书面请求,并提交证明其商标驰名的有关材料。同时,抄报其所在地省级工商行政管理部门。工商行政管理部门在收到保护驰名商标的申请后,应当对案件是否属于《商标法》第13条规定的情形进行审查,对认为属于该情形的案件,市(地、州)工商行政管理部门应当自受理当事人请求之日起15个工作日内,将全部案件材料报送所在地省(自治区、直辖市)工商行政管理部门,并向当事人出具受理案件通知书;省(自治区、直辖市)工商行政管理部门应当自受理当事人请求之日起15个工作日内,将全部案件材料报送商标局。当事人所在地省级工商行政管理部门认为所发生的案件属于上述情形的,也可以报送商标局。商标局应当自收到有关案件材料之日起6个月内作出认定,并将认定结果通知案件发生地的省(自治区、直辖市)工商行政管理部门,抄送当事人所在地的省(自治区、直辖市)工商行政管理部门。

根据《国家工商行政管理总局驰名商标认定工作细则》(工商标字〔2009〕81号)的规定,商标局、商标评审委员会承办处依本细则进行驰名商标认定申请材料的受理、整理和审查工作;商标局局长办公会、商标评审委员会委务会依本细则进行驰名商标认定中的审定工作;驰名商标认定委员会依本细则进行驰名商标认定中的复审工作;国家工商行政管理总局局长办公会对驰名商标认定委员会拟认定的驰名商标予以核审。

(二) 驰名商标的司法认定

Trips 协议第 62 条明确要求缔约方对知识产权的"确权行为"实行全面司法审查。事实上,无论有关的国际条约,还是国外的司法实践,都允许法院行使驰名商标确认权。《商标法》第 14 条第 4 款也明确规定:"在商标民事、行政案件审理过程中,当事人依照本法第 13 条规定主张权利的,最高人民法院指定的人民法院根据审理案件的需要,可以对商标驰名情况作出认定。"

为进一步加强人民法院对驰名商标的司法保护,完善司法保护制度,规范司法保护行为,增强司法保护的权威性和公信力,维护公平竞争的市场经济秩序,对于涉及驰名商标认定的民事纠纷案件,由省、自治区人民政府所在地的市、计划单列市中级人民法院,以及直辖市辖区内的中级人民法院管辖。其他中级人民法院管辖此类民事纠纷案件,需报经最高人民法院批准;未经批准的中级人民法院不再受理此类案件。①

二、驰名商标的认定标准

Trips 协议对驰名商标的认定作了原则性的规定,其第 16 条规定:确定某商标是否系驰名商标,应顾及有关公众对其知晓程度,包括在该成员地域内因宣传该商标而使公众知晓的程度。我国《商标法》第 14 条第 1 款规定认定驰名商标的参考因素有:

1. 相关公众对该商标的知晓程度。正确确定"相关公众"的范围对驰名商标的确定无疑具有至关重要的作用。Trips 协议将商标驰名的范围限定在相关公众中,相关公众应包括但不限于:(1)使用该商标的那些商品或服务的实际和/或潜在的顾客;(2)使用该商标的那些商品或服务的销售渠道中所涉及的人员;(3)经营使用该商标的那些商品或服务的商业界。《驰名商标认定和保护规定》第 2 条中也明确指出,相关公众包括与使用商标所标示的某类商品或者服务有关的消费者,生产前述商品或者提供服务的其他经营者以及经销渠道中所涉及的销售者和相关人员等。相关公众的范围很广,它并不限于最终的用户或消费者,例如 TIREC 作为医疗器械的配件商标,医生不一定知道该商标,但在销售这种配件的经销商之间,该商标则是人人公知的,因此,在有些情况下,进出口商、批发商、零售商、特许经营人、许可使用人也可视为相关公众。

在认定该商标在相关公众中的知晓程度时,可以参考下列指标:(1)使用该商标的商品在中国的销售量及销售区域;(2)使用该商标的商品近 3 年来的主要经济指标(年产量、销售额、利税、市场占有率等)及其在中国同行业中的排名;

---

① 最高人民法院《关于涉及驰名商标认定的民事纠纷案件管辖问题的通知》(法[2009]1 号)。

(3) 使用该商标的商品在外国(地区)的销售量及销售区域等。

2. 该商标使用的持续时间。如该商标最早使用和连续使用的时间等,但实际使用并不是确认商标驰名的必备要件。

3. 该商标的任何宣传工作的持续时间、程度和地理范围。

4. 该商标作为驰名商标受保护的纪录,如该商标在我国和在外国(或地区)的注册情况,该商标在各国使用或注册的独占程度等。

5. 该商标驰名的其他因素。包括市场调查报告、市场价值评估报告、是否曾被认定为著名商标、行业协会出具的涉及该商标的有关资料等。

总之,驰名商标的认定应以该商标在有关公众中的知名度为准,必须结合具体的情况综合判断,没有绝对的公式和统一的标准。在认定驰名商标时应当以证明其驰名的事实为依据,综合考虑《商标法》第 14 条规定的各项因素,但是根据案件具体情况无需考虑该条规定的全部因素。① 当然,我国在确定某商标是否驰名时,必须以该商标在我国是否驰名的具体情况为准,某一商标在国际上或者在他国的驰名并不必然导致该商标在我国驰名,这是商标权地域性的内在表现。韩国"吉普"案就表明了这一点。在该案在中,韩国初审法院和二审法院认为"吉普"作为驰名商标的证据不足,于是"吉普"商标所有人收集了"吉普"在一系列国家所作的广告及注册情况,最终韩国最高法院判定,"吉普"在国外驰名的事实并不导致韩国一定要确认它驰名。

三、驰名商标的认定效力

商标是否驰名,这是一个事实问题,不得写入判决主文。《商标法》第 14 条第 1 款规定:驰名商标应当根据当事人的请求,作为处理涉及商标案件需要认定的事实进行认定。最高人民法院《关于审理涉及驰名商标保护的民事纠纷案件应用法律若干问题的解释》(下称《驰名商标解释》)第 13 条规定:"在涉及驰名商标保护的民事纠纷案件中,人民法院对于商标驰名的认定,仅作为案件事实和判决理由,不写入判决主文;以调解方式审结的,在调解书中对商标驰名的事实不予认定。"

驰名商标只能被动认定和按需认定。不管是行政机关还是司法机关,都不得主动认定驰名商标,如果不需要认定为驰名商标就能够解决的问题,原则上没有必要对驰名商标进行认定。《商标法》第 14 条第 1 款规定:驰名商标应当根据当事人的请求,作为处理涉及商标案件需要认定的事实进行认定。《驰名商标解释》第 2 条规定,只有在以下三种情形,当事人以商标驰名作为事实根据,人民法

---

① 最高人民法院《关于审理涉及驰名商标保护的民事纠纷案件应用法律若干问题的解释》[法释〔2009〕3 号]第 4 条,《国家工商行政管理总局驰名商标认定工作细则》(工商标字〔2009〕81 号)第 7 条。

院根据案件具体情况,认为确有必要的,对所涉商标是否驰名作出认定:(1)以违反《商标法》第13条的规定为由,提起的侵犯商标权诉讼;(2)以企业名称与其驰名商标相同或者近似为由,提起的侵犯商标权或者不正当竞争诉讼;(3)原告以被诉商标的使用侵犯其注册商标专用权为由提起民事诉讼,被告以原告的注册商标复制、摹仿或者翻译其在先未注册驰名商标为由提出抗辩或者提起反诉的。如果被诉侵犯商标权或者不正当竞争行为的成立不以商标驰名为事实根据,或者被诉侵犯商标权或者不正当竞争行为因不具备法律规定的其他要件而不成立,人民法院对于所涉商标是否驰名不予审查。

驰名商标只能个案有效,不得作为荣誉称号在广告中使用。《商标法》第14条第5款规定:"生产、经营者不得将'驰名商标'字样用于商品、商品包装或者容器上,或者用于广告宣传、展览以及其他商业活动中。"

第三节 驰名商标的保护

> **案例**:红河卷烟厂的"红河"香烟商标于1989年11月申请注册。自1994年起,"红河"牌卷烟连续被国家烟草专卖局评为全国名优卷烟。昆明市宜良金象洗涤用品有限公司在其生产的洗衣粉外包装显著位置,套用红河卷烟厂注册商标的特定书写体作为其产品的主要标识。"红河"香烟商标是否构成驰名商标?红河卷烟厂是否有权禁止昆明市宜良金象洗涤用品有限公司的上述行为?

我国对驰名商标的保护,主要体现在《商标法》第13条的规定上,将驰名商标划分为未在我国注册的驰名商标和已经在我国注册的驰名商标两类分别给予相应的保护。

一、对未在我国注册的驰名商标的保护

《商标法》第13条第2款规定:"就相同或者类似商品申请注册的商标是复制、摹仿或者翻译他人未在中国注册的驰名商标,容易导致混淆的,不予注册并禁止使用"。该款规定的核心目的就是为了防止抢注他人驰名商标,达到《巴黎公约》对驰名商标保护的要求。《巴黎公约》第6条之2第1款规定:"对于商标注册国或使用国主管机关认为一项商标构成,已属于享有本公约利益的人所有,

在该国驰名的商标的复制、仿制或者翻译图案,用于相同或类似商品上,易于造成混乱者,应依职权——如本国法律允许——或应有关当事人的请求,拒绝或取消注册,并禁止使用,商标的主要部分抄袭驰名商标或是导致造成混乱的仿造者,也应适用本条规定。"

《商标法》第 13 条第 2 款规定的核心在于禁止将与未注册驰名商标相同或近似的商标申请注册在相同或类似商品上,以防止可能导致消费者发生混淆,其救济手段在于"不予注册并禁止使用。"根据该款的规定,未注册驰名商标要获得救济,需要满足以下要件:(1) 申请的商标是复制、摹仿或者翻译他人的商标,即申请注册的商标与他人的商标相同或者相似。(2) 他人的商标是未在中国注册的驰名商标,即他人的商标虽然未在中国注册但已经在中国驰名。(3) 申请注册的商标适用的范围与他人驰名商标适用的范围相同或类似。(4) 容易导致混淆。足以使相关公众对使用驰名商标和被诉商标的商品来源产生误认,或者足以使相关公众认为使用驰名商标和被诉商标的经营者之间具有许可使用、关联企业关系等特定联系的,可认定为"容易导致混淆"。

违反《商标法》第 13 条第 2 款规定,抢注他人未在我国注册的驰名商标,利害关系人可以在商标初步审定公告之日起 3 个月内向商标局提出异议,也可以自商标注册之日起 5 年内,向商标评审委员会请求宣告该注册商标无效。对恶意注册的,驰名商标所有人不受 5 年的时间限制。根据《商标纠纷解释》的规定,《商标法》第 13 条第 2 款的规定同样适用于他人未在中国注册的驰名商标的主要部分。

二、对已在我国注册的驰名商标的保护

《商标法》第 13 条第 3 款规定:"就不相同或者不相类似商品申请注册的商标是复制、摹仿或者翻译他人已经在中国注册的驰名商标,误导公众,致使该驰名商标注册人的利益可能受到损害的,不予注册并禁止使用。"对已在我国注册的驰名商标,不予注册并禁止使用的范围从"相同或类似"产品扩大到了"不相同或者不类似"的产品上,即俗称驰名商标的"跨类保护"。

已注册驰名商标的跨类保护并不等于全类保护,跨类保护需要满足一定的条件:(1) 注册或使用的商标应与驰名商标相同或近似,即申请注册的商标是复制、摹仿或者翻译他人已经在中国注册的驰名商标;(2) 注册行为误导公众,致使该驰名商标注册人的利益可能受到损害。司法实务界认为,足以使相关公众认为被诉商标与驰名商标具有相当程度的联系,而减弱驰名商标的显著性、贬损驰名商标的市场声誉,或者不正当利用驰名商标的市场声誉的,属于"误导公众,致使该驰名商标注册人的利益可能受到损害"。引导案例中,"红河"香烟商标因连续被国家烟草专卖局评为全国名优卷烟应该构成驰名商标,昆明市宜良金象

洗涤用品有限公司在其生产的洗衣粉外包装显著位置套用红河卷烟厂注册商标的特定书写体作为其产品的主要标识，不正当地利用驰名商标的市场声誉，属于"误导公众，致使该驰名商标注册人的利益可能受到损害"，构成侵犯商标权的行为，应当被禁止。

有学者认为，根据《商标法》的相关规定，我国已采纳了商标淡化理论。① 有学者提出，该规定实现了驰名商标"在非类似商品（服务）上予以保护"，由相同或者类似的商品扩大保护到了不相同也不类似的商品上，已经不再是混淆理论所及的范围，只能建立在淡化理论的基础上。② 也有观点认为，"误导公众，致使该驰名商标注册人的利益可能受到损害的"表现在不相同或者不相类似的商品或者服务上，更多是导致驰名商标的显著性受到削弱、使驰名商标在公众心目中代表唯一、独特的商标形象降低，这实质就是"淡化"的本质。③ 这些解读值得商榷。

从 2001 年我国《商标法》的修法背景看，增加第 13 条关于驰名商标特殊保护的规定，完全是为了满足"入世"的需要，是为了履行《巴黎公约》第 6 条之 2 和 Trips 协议中对驰名商标给予保护的义务，使我国驰名商标保护制度与世贸规则和《巴黎公约》的保护形式和原则相一致。④ 事实上，《商标法》第 13 条的两个款项也与《巴黎公约》和 Trips 协议相对应。《商标法》第 13 条规定中的"误导公众，致使该驰名商标注册人的利益可能受到损害"，其原型是 Trips 协议第 16 条第 3 款规定："《巴黎公约》(1967)第 6 条之 2 应基本上适用于与已获得商标注册的货物或服务不相似的货物或服务，只要该商标在那些货物或服务上的使用会表明那些货物或服务与该注册商标所有人之间存在着联系，且这种使用有可能损害该注册商标所有人的利益。"因此，对《商标法》第 13 条第 2 款的解读应当追溯到 Trips 协议第 16 条第 3 款的解释上。

根据 Trips 协议第 16 条第 3 款的规定，驰名商标在非类似商品（服务）上予以保护有两个条件：第一，商标的使用将表明商标使用人与驰名商标所有人之间存在联系；第二，这种使用可能损害注册商标所有人的利益。这里采用"存在着联系"之表述，表明了它采纳了间接混淆理论。间接混淆是相对于直接混淆而言的，所谓直接混淆，是指消费者对产品或服务来源发生的混淆，即消费者以为该商品或服务来源于某个经营者，而事实上它们来源于另一个不同的经营者。直接混淆中的混淆，不包括纯粹的"联想"，如果仅仅是公众由于两个商标的符号内

---

① 参见李明德：《中日驰名商标比较研究》，载《环球法律评论》2007 年第 5 期。
② 参见杨柳、郑友德：《从美国 Moseley 案看商标淡化的界定》，载《知识产权》2005 年第 1 期。
③ 参见夏君丽：《关于驰名商标司法保护价值取向及制度设置的思考》，载《法律适用》2007 年第 12 期。
④ 参见董葆霖：《商标法律详解》，中国工商出版社 2004 年版，第 66、279 页。

容相似而产生联想,这种联想本身是不足以认定具有了混淆可能性。① 间接混淆是指消费者对产品或服务的来源并未产生混淆,但误以为提供商品或服务的经营者与商标权人之间存在经济上的联系②,这种经济上的联系包括了从属、主办或关联等经济联系上的混淆。因此,从 Trips 协议的用语表述可以看出,它对驰名商标的保护,已经从传统的直接混淆扩张到了间接混淆。

美国也有学者主张 Trips 协议第 16 条第 3 款具有反淡化含义,他们认为因为弱化或丑化而丧失商誉,显然属于该款所谓的"损害",而它们又属于商标淡化的典型类型,因此该款规定包含了商标反淡化的精神。③ 这种观点显然经不起推敲,因为弱化也好,丑化也罢,这些损害要获得救济都必须以存在联系为前提。为了克服"联系"这一要件对商标淡化的限制,美国最高法院提出,该规定中的"联系"包括了相关公众认为在后使用人与驰名商标所有人之间存在"精神上的联系"。④ 但商标法不是科学或艺术领域的基础,它仅仅是商业领域的基石。换言之,商标法强调的是"经济上的联系",而不关注"精神上的联系"。即便是商标淡化理论,其着眼点也在于商标标识所具有的区别力和标识力是否减弱,商标所代表的商誉是否被不正当利用或者被损害,也与"精神上的联系"无涉。正因为如此,有学者一针见血地指出,美国学者和美国最高法院对 Trips 协议的解释,并不代表对该协议的权威解释,从某种程度上来说,是基于寻找各种证明反淡化规定之合理依据而作出的推测,甚至可以说是一种曲解,Trips 协议没有采纳淡化理论,它与美国《联邦反淡化法》不要求存在混淆可能之规定完全不符。⑤

由于《巴黎公约》和 Trips 协议都没有采纳淡化理论,我国为达到 Trips 协议保护驰名商标的水平而制定的《商标法》第 13 条,当然也不可能采纳商标淡化理论,这一点也已经为我国许多学者所论及。⑥ 正所谓"皮之不存,毛将焉附",《商标纠纷解释》第 9 条以解释《商标法》第 13 条为使命,《商标法》第 13 条完全是以混淆理论为基础而构建,《商标纠纷解释》第 9 条不可能空穴来风地构建出独立的商标淡化条款。对《商标纠纷解释》第 9 条的解读,只能认为它将商标淡化降

---

① See Wagamama v. City Centre Restaurants [1995] F. S. R. 713; Sabel BV v. Puma AG Rudolf Dassler Sport [1997] E. C. R. I-6191; [1998] R. P. C. 199.

② See Sabel BV v. Puma AG Rudolf Dassler Sport [1997] E. C. R. I-6191; [1998] R. P. C. 199 (para. 18,30).

③ See Matthew C. Oesterle, It's as Clear as Mud: a Call to Amend the Federal Trademark Dilution, 81 Chi.-Kent L. Rev. 252, note 142(2006).

④ See Moseley v. Secret Catalogue, Inc., 537 U. S. 418, 433 (2003).

⑤ See David S. Welkowitz, Trademark Dilution: Federal, State, and International Law, The Bureau of National Affairs, Inc: Washington DC, 2002, pp. 160—161.

⑥ 参见李友根:《"淡化理论"在商标案件裁判中的影响分析——对 100 份驰名商标案件判决书的整理与研究》,载《法商研究》2008 年第 3 期;杜颖:《商标淡化理论及其应用》,载《法学研究》2007 年第 6 期;邓宏光:《我国商标反淡化的现实与理想》,载《电子知识产权》2007 年第 5 期;邓宏光:《我国驰名商标反淡化制度应当缓行》,载《法学》2010 年第 2 期。

格为商标混淆的分支,也就是说,在我国商标淡化是以存在混淆可能性为前提。但问题是,商标淡化能否以商标混淆为基础,这不无疑问。

违反《商标法》第 13 条第 3 款的规定进行商标注册的,驰名商标权利人可以在商标初步审定公告之日起 3 个月内向商标局提出异议,也可以自商标注册之日起 5 年内,向商标评审委员会请求宣告该注册商标无效。对恶意注册的,驰名商标所有人不受 5 年的时间限制。

复制、摹仿、翻译他人注册的驰名商标或其主要部分在不相同或者不相类似商品上作为商标使用,误导公众,致使该驰名商标注册人的利益可能受到损害的,应当作为侵犯商标权的行为,承担赔偿损失、停止侵害等相应的法律责任。

实务指引

案情回放:卡地亚国际有限公司拥有"Cartier"和"卡地亚"商标专有权,两商标核定使用在第 14 类贵金属或镀有贵金属的珠宝、珠宝、钟表、表等商品上。佛山市依诺公司将其生产、销售的一款瓷砖取名为"卡地亚系列",在其经营的网站上称,"卡地亚,这一被英王爱德华七世誉为'皇帝的珠宝商,珠宝商的皇帝'的法国顶尖奢侈品牌……受到全球名流雅士的推崇和爱戴。今日,依诺瓷砖将秉承卡地亚百余年来的设计……完全以高级珠宝的概念去打造,传承百年奢华魅力……是卡地亚设计理念的上乘之作"。

北京裕隆依诺公司系佛山市依诺公司的北京经销商,其销售的涉案"依诺"瓷砖源于佛山市依诺公司。

判决要旨:北京市第二中级人民法院认为,"Cartier"珠宝首饰、腕表商品早在 20 世纪 80 年代就进入了中国市场,并在众多城市中设立了专卖店。从 2000 年开始至 2010 年,国内众多财经、文化类报刊、杂志对"Cartier""卡地亚"品牌的发展历史和卓越品质进行了广泛报道,并展示了各种款式的首饰、腕表图片;卡地亚公司还持续性地在一些时尚性杂志上为其新推出的多款"Cartier""卡地亚"首饰做了广告宣传;北京故宫博物院也举办了"卡地亚珠宝艺术展",并在展览时突出了"Cartier""卡地亚"商标,介绍了"Cartier""卡地亚"品牌所具有的悠久历史、卓越品质和超凡工艺。原告卡地亚公司还在北京的大商场外搭建了展示"Cartier""卡地亚"腕表的巨幅户外广告。以上事实充分体现出"Cartier""卡地亚"商标在我国境内持续性使用的状况,商标权利人为保持其商标的影响力,对涉案商标进行了持续的宣传,宣传行为的覆盖地域范围也较为广泛。鉴于对商标持续性的使用和广泛宣传行为,使得"Cartier""卡地亚"商标在相关公众中具有了较高的知晓程度。在北京、上海、天津等地工商行政管理局发布的通告中,也认可"Cartier""卡地亚"商标具有高知名度。另外,国家商标局曾四次认定"Cartier""卡地亚"商标为驰名商标。以上足以证明"Cartier""卡地亚"商标在中国境内属于相关公众广为知晓的商标,故认定第 202386 号"Cartier"商标和第 783315 号"卡地亚"商标为驰名商标。

被告佛山市依诺公司使用侵权标识的商品是瓷砖,原告涉案"Cartier"和"卡地亚"驰名商标核定使用的商品是首饰和表等,二者类别不同。"Cartier"和"卡地亚"属于臆造词,本身无任何含义,因此具有较强的显著性。被告佛山市依诺公司和被告北京裕隆依诺公司销售的瓷砖在外包装上虽然使用"依诺"商标,但是,由于"Cartier"和"卡地亚"商标具有较高的知晓程度,被告佛山市依诺公司和被告北京裕隆依诺公司在第 19 类瓷砖上使用与之相同、相近似的商标,仍然会吸引相关公众的注意力,使他们误认为瓷砖商品来自于原告卡地亚公司或者与卡地亚公司具有相当程度的联系,从而减弱"Cartier"和"卡地亚"商标的显著性,误导了公众,使卡地亚公司的利益可能受到损害。故二被告的行为侵犯了卡地亚公司的注册商标专用权。

对于卡地亚公司要求判令二被告承担停止侵权、消除影响、赔偿损失及诉讼合理支出的法律责任的主张,理由正当,本院予以支持。判定二被告停止侵犯卡地亚国际有限公司涉案注册商标专用权的行为及不正当竞争行为,在《中国工商报》和《北京晚报》上就侵犯卡地亚国际有限公司涉案注册商标专用权的行为及不正当竞争行为发表声明,以消除影响;赔偿经济损失人民币 15 万元及因本案诉讼支出的合理费用人民币 1 万元。

司考链接

甲公司于 2000 年 3 月为其生产的酸奶注册了"乐乐"商标,该商标经过长期使用,在公众中享有较高声誉。2004 年 8 月,同一地域销售牛奶的乙公司将"乐乐"登记为商号并突出宣传使用,容易使公众产生误认。下列哪种说法是正确的?(2006 年卷三 20 题,单选)

A. 乙公司的行为必须实际造成消费者误认,才侵犯甲公司的商标权
B. 即使"乐乐"不属于驰名商标,乙公司的行为也侵犯了甲公司的商标权
C. 甲公司可以直接向法院起诉要求撤销该商号登记
D. 乙公司的商号已经合法登记,应受法律保护

答案:B

推荐阅读

1. 黄晖:《驰名商标和著名商标的法律保护》,法律出版社 2001 年版。(推荐理由:该书是国内第一本商标相关的博士论文,也是第一本有关驰名商标保护的系统性研究的专著。)
2. 胡淑珠:《驰名商标的认定与保护》,法律出版社 2010 年版。(推荐理由:

该书是国内第一部司法系统系统研究驰名商标的专著。)

3. 祝建军:《驰名商标认定与保护的规制》,法律出版社2011年版。(推荐理由:作者是我国从事知识产权审判的一线法官,其结合自身扎实的知识产权法学理论功底,以及接触的大量鲜活的知识产权司法实践案例与素材,理论联系实际,对驰名商标认定与保护制度的基本理论、判定侵犯商标权的禁止混淆与反淡化标准、司法实践中经典案例的剖析、驰名商标异化的治理、司法与行政冲突认定的解决等问题进行了深入阐释,不仅具有理论高度,而且还具有很强的实践价值。)

第十一章 地理标志的法律保护

要点提示

本章重点掌握的知识：1. 地理标志的概念和特征；2. 地理标志与货源标记、商标的区别；3. Trips 协议对地理标志的保护；4. 我国的地理标志保护制度。

本章知识结构图

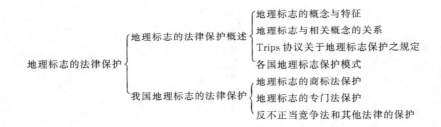

第一节 地理标志法律保护概述

一、地理标志的概念与特征

（一）地理标志的概念

和商标、专利等其他知识产权不同，"地理标志"（geographical indications，简称 GIs）迄今为止还没有一个单一的定义，正如世界知识产权组织所指出的："除了外观设计之外，或许再也没有哪种知识产权像地理标志领域那样存在如此多样的保护概念。这一点从'地理标志'这一术语本身就能得到最好的体现，它是一个相对较新且只是在最近的国际谈判中才出现的术语。"①

在"地理标志"这个术语出现之前，在 1883 年《保护工业产权巴黎公约》、1891 年《制止商品产地虚假或欺骗性标记马德里协定》和 1958 年《保护原产地

---

① WIPO, Intellectual Property Reading Material, WIPO publication No. 476(E), 1998, p. 115.

名称及其国际注册里斯本协定》中就已经存在"货源标记"(indications of source)①和"原产地名称"(appellations of origin)的概念。1994年Trips协议正式采用了"地理标志"的用语并作出了明确定义:"就本协定而言,'地理标志'是指识别一商品来源于一成员领土或者该领土内一地区或地方的标记,该商品的特定质量、声誉或其他特征主要归因于其地理来源。"②这一定义已被世界贸易组织成员广为接受,成为目前国际上最权威的概念厘定。

(二)地理标志的特征

地理标志具有如下特征:

第一,地理标志是用来识别商品来源地的国家、地区或地方的标记。与普通商标不同,地理标志表达的是商品的产地信息而非提供商品的生产经营者。地理标志可以是地理名称,如龙井茶、绍兴黄酒、香槟、波尔多等,此即所谓的"直接的地理标志";也可以是非地理名称的图形标记或符号,例如以埃菲尔铁塔表示法国货,用泰姬陵表示印度货,用自由女神像表示美国货等等,此即所谓的"间接的地理标志"。

第二,商品具有归因于其地理来源的质量、声誉或其他特征。地理标志不仅仅表明了商品的地理来源,而且该商品须具有与地理来源相关的特定质量、声誉或其他特征。这表明地理标志传达的不是单一的产地信息,同时也表明了商品与产地具有特殊的关联性。

第三,地理标志是一种集体性的权利。特定地域内的生产经营者只要符合条件,均可使用地理标志。因此地理标志作为集体性权利,不能被某个生产经营者独占。

第四,地理标志主要适用于农产品和食品。由于地理标志要求商品与地理来源之间具有关联性,因此农产品和食品成为地理标志保护的主要对象。工业产品、服务与产地之间缺乏固有的、不可分割的关联性,一般不作为地理标志保护的对象。③

二、地理标志与相关概念的关系

(一)地理标志与货源标记

《巴黎公约》和《保护原产地名称及其国际注册里斯本协定》(以下简称《里斯

---

① 也译为产地或来源地标识,本书采用的是世界知识产权组织提供的《保护工业产权巴黎公约》中译本的译法。此中译本见:http://www.wipo.int/export/sites/www/treaties/zh/docs/paris.pdf。
② Trips协议第22条第1款。
③ 但有少数国家为工业品和服务提供地理标志保护,如德国对Solingen刀具,瑞士对钟表,印度对手工艺品和纺织品均提供地理标志保护;在瑞士、爱沙尼亚、乌拉圭、秘鲁、韩国和摩洛哥地理标志可以用于酒店、银行、金融、医疗等服务业。

本协定》)规定了对货源标记的保护。所谓货源标记是指标示商品来源国或者来源地的标记,如"中国制造""上海制造"等标记。

货源标记和地理标志有相似之处,都具有标示商品地理来源的功能。但是货源标记不要求商品具有某种源于或者主要归因于其地理来源的质量、声誉或其他特征,它是一个单纯表示商品来源国或者来源地的标记,因此货源标记的范围大于地理标志。

(二) 地理标志与原产地名称

《巴黎公约》将原产地名称和货源标记并列为工业产权保护对象,但是没有对两者作出明确的区分。《里斯本协定》对原产地名称作出了与货源标记不同的定义,使之成为独立的法律概念。按照《里斯本协定》第2条第1款的规定,原产地名称是指一个国家、地区或地方的地理名称,被用于指示产品来源于该地,其质量和特征完全或主要归因于其地理环境,包括自然和人文因素。

原产地名称与地理标志相比较,其异同如下:

首先,原产地名称必须是一个国家、地区或地方的地理名称,非地名标志不能作为原产地名称,例如图形标记和非地名的文字或其他符号不得作为原产地名称。这一点曾经被当做原产地名称与地理标志的一个重要区别。但是近来学界对这一问题的认识有所改变,认为应当对原产地名称作宽泛的解释,使之可以包括除地名标志之外的任何标记。[①]

其次,原产地名称指示的产品来源于其所标示的国家、地区或地方。这一点与货源标记、地理标志是一致的。

再次,产品与地理来源之间必须具有某种质的联系,即产品的质量和特征必须完全或主要归因于地理环境。与地理标志的功能相似,原产地名称不仅表明了产品的地理来源,而且表明了产品与产地具有特殊的关联性。但是原产地名称与地理标志又有所不同:原产地名称要求产品的"质量和特征"必须同时归因于地理环境,两者缺一不可;而地理标志则要求商品的"质量、声誉或其他特征"归因于地理环境,"质量、声誉或其他特征"三者是选择关系而非并举关系。这一点曾被作为原产地名称与地理标志的另一个重大区别。但是近来有学者对此提出了不同意见,认为原产地名称定义中的"质量和特征"不应当简单理解为是同

[①] Mihály Ficsor, Challenges to the Lisbon System, WIPO/GEO/LIS/08/4, paper delivered at the WIPO Forum on Geographical Indications and Appellations of Origin jointly organized by the World Intellectual Property Organization (WIPO) and the National Institute of Industrial Property (INPI) of Portugal, October 30 and 31, 2008, Lisbon, paragraph 10; Daniel Gervais, "Traditional Knowledge: Are We Closer to the Answer(s)? The Potential Role of Geographical Indications", 15 ILSA Journal of International & Comparative Law (2009), pp. 560—561.

时并举的关系。①

由上可见,按照近来学界的观点,原产地名称和地理标志的定义大同小异,基本不存在实质性的差异。

(三) 地理标志与商标

从历史上看,表示商品地理来源的标记曾经是最早的商标类型,因此地理标志是"最早的一种商标类型"。② 今天地理标志与商标已被看作是两个不同的法律概念,虽然它们都有具有表示产品来源、表明产品的质量、品质或其他特征的功能,两者作为具有商业价值的标记都成为知识产权的保护对象。但是它们之间存在明显区别:

第一,两者功能不同。商标表明商品或服务来源于特定的生产者、制造者或服务的提供者,以此将其商品或服务与他人的商品或服务区别开来;而地理标志不能识别商品的生产者或制造者,它只能识别商品的地理来源,并表明来源于该地方的产品具有某种特殊的质量、声誉或其他特征。

第二,两者的构成要素不同。商标可以由任何具有显著性的可视性标记构成,单纯的地理名称一般因缺乏显著性不得注册为商标;而地理标志一般由地理名称构成,也可以由能够表示地理来源的其他符号构成。

第三,权利主体不同。商标权利主体一般是单个的自然人、法人或其他组织,它们对自己的商标享有专有使用权;而地理标志是一种集体性权利,特定地域范围内符合条件的生产者均有权使用。

第四,权利处分的限制不同。商标权作为商标权人享有的个体权利,权利人可以自由处分,即可以自由转让、买卖或许可他人使用;而地理标志作为集体性权利不得随意转让、买卖,也不得许可给特定地域范围之外的生产者使用。

第五,适用的对象范围不同。地理标志主要用于农产品和食品,一般不适用于工业品和服务;而适用商标的产品种类则没有任何限制。

第六,地理标志的数量是有限的,而商标的数量空间是无限的。地理标志作为标示商品地理来源的标记,与特定地形地貌、生产工艺、气候等多种因素相联系,在这些因素中,有许多因素与人类的创造性活动无关,完全取决于当地特殊

---

① 有学者指出,《里斯本协定》的正式文本为法文本,在法文本中,其相应表述为"质量或特征"(la qualité ou les caractères),因此原产地名称定义的这两个要素应是选择关系而非并举关系。也学者认为,《里斯本协定》法文本中"质量"与"特征"之间以"ou"一词相连,法语"ou"一词含义比较复杂,可以译为"和/或",但不能直接译为"和"。Mihály Ficsor, Challenges to the Lisbon System, WIPO/GEO/LIS/08/4, paper delivered at the WIPO Forum on Geographical Indications and Appellations of Origin, October 30 and 31, 2008, Lisbon, paragraph. 11; Daniel Gervais, The Trips Agreement: Drafting History and Analysis, London: Sweet & Maxwell, 2008, 3rd ed., p. 295.

② Michael Blakeney, "Proposal for the International Regulation of Geographical Indications", 4 Journal of World Intellectual Property (2001), p. 629.

的地理环境,地理标志所标示的商品与地理来源之间的联系是不能割裂的,该商品的生产也不得转移到其他地方。因此地理标志不可能被人类创造,其数量是有限的。商标的形成往往涉及人类的创造性活动,人类的创造性为商标的产生提供了无限的空间,商标在数量上完全可能是无限的。

三、Trips 协议关于地理标志保护之规定

Trips 协议为地理标志提供了两种不同水平的保护:

一是适用于所有地理标志的一般保护。Trips 协议第 22 条第 2 款规定,WTO 成员"应当向利害关系人提供法律手段以防止:(a)在商品的标志或说明中以任何方式表明或暗示该商品来源于非其真实原产地的地理区域,从而在商品的地理来源方面误导公众;(b)构成《巴黎公约》(1967)第 10 条之二意义上的不正当竞争行为的任何使用。"[①]这一规定为地理标志提供了两种保护途径,一是从保护公众(消费者)利益的角度,防止误导性标记的使用;二是从反不正当竞争的角度,防止构成不正当竞争的使用行为。不论采用何种途径,权利人都必须承担举证责任,以证明他人的使用行为具有误导性。

二是仅适用于葡萄酒和烈性酒地理标志的强保护。Trips 协议第 23 条第 1 款规定:"各成员应当为利害关系人提供法律手段,以防止将识别葡萄酒的地理标志用于非来源于该地理标志所表示的地方的葡萄酒,或者将烈性酒的地理标志用于非来源于该地理标志所表示的地方的烈性酒,即使标明了商品真实原产地,或者以翻译的形式使用该地理标志,或者伴有'类''型''式''仿'或其他类似的表达。"这一规定不再要求证明使用地理标志的行为构成对公众的误导或不正当竞争行为,而只需要证明使用地理标志的葡萄酒或烈性酒并非来源于地理标志所表示的地方即可。这种保护被认为是一种客观的、绝对的保护。为葡萄酒和烈性酒地理标志提供更高水平的保护是为了满足法国、意大利等欧盟葡萄酒生产国的要求。这种做法也导致了葡萄酒、烈性酒与其他产品地理标志保护的不平等。

Trips 协议仅仅赋予了地理标志消极的权利,即地理标志权利的范围仅限于禁止他人使用地理标志而不能就使用作出授权许可。

[①] 《巴黎公约》第 10 条之二规定如下:"(1)本联盟国家有义务对各该国国民保证给予制止不正当竞争的有效保护。
(2)凡在工商业事务中违反诚实的习惯做法的竞争行为构成不正当竞争的行为。
(3)下列各项特别应予以禁止:
1. 具有采用任何手段对竞争者的营业所、商品或工商业活动产生混淆性质的一切行为;
2. 在经营商业中,具有损害竞争者的营业所、商品或工商业活动的信用性质的虚伪说法;
3. 在经营商业中使用会使公众对商品的性质、制造方法、特点、用途或数量易于产生误解的表示或说法。"(参见世界知识产权组织《保护工业产权巴黎公约》中译本:http://www.wipo.int/export/sites/www/treaties/zh/docs/paris.pdf。)

Trips 协议在为地理标志提供保护的同时也规定了地理标志保护的例外。主要有在先商标、通用名称和个人姓名的例外。就在先商标而言，如果含有地理标志的商标是在先善意取得的，该商标的效力不会因地理标志保护而受到影响。[①] 就通用名称而言，如果地理标志在某 WTO 成员领土内成为商品或服务的普通名称，则该成员没有义务为地理标志提供保护。[②] 最后，是个人姓名的例外，即地理标志保护不得妨碍个人使用自己的姓名或者其业务前任的姓名，除非该姓名的使用方式会误导公众。[③]

Trips 协议关于地理标志保护的规定构成了 WTO 成员地理标志保护义务的最低标准，WTO 各成员必须在国内法中履行这一保护义务。

四、各国地理标志保护模式

为履行 Trips 协议的地理标志保护义务，WTO 各成员采用了不同的法律手段为地理标志提供保护。各国的地理标志保护模式大体可以分为三种：不正当竞争法和假冒诉讼保护、商标法保护和专门立法保护。

以不正当竞争法保护地理标志的典型代表是德国。根据不正当竞争法，未经许可使用地理标志的行为如果对消费者具有误导性，即可认定为是不正当竞争行为，应当予以制止。在以英国为代表的普通法系国家地理标志可以受到假冒诉讼的保护。所谓"假冒"，是指被告为商业之目的，将自己的商品或营业表述为原告之商品或营业的可诉违法行为。要成立假冒诉讼，原告必须证明被告表述其商品或服务的方式可能会造成混淆，并有可能对其造成损害。反不正当竞争法和假冒诉讼对地理标志的保护着眼于防范违反诚实商业习惯的不正当竞争行为，为地理标志提供了一般的、兜底的保护。

商标法保护以美国、加拿大等欧洲移民国家为代表，多以证明商标和集体商标的形式来保护地理标志。证明商标是证明商品或服务具有某种特定质量或其他特征的标记。就地理标志而言，证明商标可以是证明商品具有特定地理来源

---

① Trips 协议第 24 条第 5 款规定如下："如果一商标的申请或注册是善意的，或者一商标的权利是在下列日期之前通过善意使用取得的：
  (a) 根据第 6 部分确定的这些规定在该成员适用日期之前；或
  (b) 该地理标志在其原属国获得保护之前；
为实施本节规定而采取的措施不得因一商标与地理标志相同或类似而损害该商标注册的资格、注册的有效性或者商标的使用权。"

② Trips 协议第 24 条第 6 款规定如下："如果任何其他成员关于商品或服务的地理标志与一成员普通语言的习惯用语作为其领土内此类商品或服务的普通名称相同，则本节的任何规定不得要求该成员对其他成员的相关标志适用本节的规定。如果任何其他成员用于葡萄产品的地理标志与在《WTO 协定》生效时在一成员领土内存在的葡萄品种的惯用名称相同，则本节的任何规定不得要求该成员对其他成员的相关标志适用本节的规定。"

③ Trips 协议第 24 条第 8 款规定如下："本节的规定不得妨碍个人在贸易中使用其姓名或者其业务前任姓名的权利，除非该姓名的使用方式会误导公众。"

的标记。集体商标是表明商品或服务的提供者为某一集体组织成员的标记。要成为集体组织的成员应当符合一定的条件。就地理标志而言,集体组织成员可以是其商品或服务来自某一地理区域的生产经营者。不论证明商标还是集体商标均适用商标法的一般保护。在证明商标或集体商标受到侵害时,例如在证明商标证明商品或服务具有特定地理来源的情况下,该证明商标被他人用在不具有该地理来源的商品或服务上,或者集体商标被集体组织成员以外的人使用等等,证明商标或集体商标的所有人可以提起诉讼。

专门立法保护以法国、意大利、西班牙等欧洲国家为代表。它们针对地理标志设有专门立法,由国家机关按照一定的行政程序以法律或者行政法令对地理标志予以确认。凡是未经许可使用地理标志的行为均属于违法行为,行为人应依法承担相应的刑事和民事责任。还有一些国家如俄罗斯、印度采用注册制度来确认和保护地理标志。这些国家颁布了地理标志保护的专门立法,并设立注册簿,通过地理标志注册来确认地理标志并提供保护。

上述模式的划分只是一种理论上的大体分类,实际上在许多国家往往是多种保护方式并用,大多数国家以某种保护方式为主,兼采其他方式为补充。例如以法国为代表的欧洲国家除了主要采用专门立法保护外,也兼用反不正当竞争法以及商标法保护;而美国除了主要采用集体商标、证明商标保护外,也兼用不正当竞争法。从总体来看,根据地理标志保护的传统和主要取向,可分为专门立法保护和商标法保护两大模式。前者被认为是罗马法传统的体现,后者则反映了普通法传统。

第二节 我国地理标志的法律保护

我国地域辽阔,有着复杂多样的气候和地理条件,加上悠久的历史传统和民族文化的多样性,造就了众多地方名优土特产品,其中许多产品在世界上享有盛誉,如丝绸、茶叶、瓷器等等,因此我国有丰富的地理标志产品资源。目前地理标志在我国受到多种法律的保护,包括商标法保护、专门法保护和不正当竞争法等其他法律的保护。

拓展贴士

我国地理标志保护溯源——对原产地名称的保护:

1985年3月19日《巴黎公约》对我国正式生效,原产地名称保护问题开始进入我国法律调整的视野。1986年11月6日国家工商行政管理局商标局发出的《就县级以上行政区划名称作商标等问题的复函》(复安徽省工商局)第一次提到了原产地名称的问题,但没有对原产地名称的具体含义作出界定。1987年10月29日,国家工商局商标局又发布了《关于保护原产地名称的函》,第一次对原产地名称——"丹麦牛油曲奇"的保护提出了要求。1989年10月26日,国家工商局发布了《关于停止在酒类商品上使用香槟或Champagne字样的通知》,通知指出:"香槟是法文'Champagne'的译音,指产于法国Champagne省的一种起泡白葡萄酒。它不是酒的通用名称,是原产地名称。我国一些企业曾将香槟或Champagne作为酒名使用。这不仅是误用,而且侵犯了他人的原产地名称权",而"原产地名称是工业产权保护的内容之一。《巴黎公约》明确规定各成员国有义务保护原产地名称。我国是《巴黎公约》的成员国,有保护原产地名称的义务",因此国内的"企业、事业单位和个体工商户以及在中国的外国(法国除外)企业不得在酒类商品上使用'Champagne'或'香槟'(包括大香槟、小香槟、女士香槟)字样"。

一、地理标志的商标法保护

为了适应加入世界贸易组织的需要,履行Trips协议规定的义务,我国在2001年对《商标法》进行了第二次修正,增加了地理标志保护的条款。这些条款在2013年《商标法》第三次修正中予以保留。

在我国,地理标志可以作为证明商标或集体商标受到保护。按照2013年修正后的《商标法》第16条第2款之规定,地理标志是指"标示某商品来源于某地区,该商品的特定质量、信誉或者其他特征,主要由该地区的自然因素或者人文因素所决定的标志"。《商标法实施条例》第4条规定:"《商标法》第16条规定的地理标志,可以依照《商标法》和本条例的规定,作为证明商标或者集体商标申请注册。"

作为集体商标、证明商标申请注册的地理标志,可以是该地理标志所标示的地区的名称,也可以是能够标示某商品来源于该地区的其他可视性标志,而地区名称无需与该地区的现行行政区划名称、范围完全一致。但是,《商标法》第16条第1款规定:"商标中有商品的地理标志,而该商品并非来源于该标志所标示的地区,误导公众的,不予注册并禁止使用;但是,已经善意取得注册的继续有效。"

以地理标志作为证明商标注册的,其商品符合使用该地理标志条件的自然人、法人或其他组织可以要求使用该证明商标,控制该证明商标的组织应当允许。以地理标志作为集体商标注册的,其商品符合使用该地理标志条件的自然人、法人或其他组织,可以要求参加以该地理标志作为集体商标注册的团体、协会或其他组织,该团体、协会或其他组织应当依据其章程接纳为会员;不要求参加以该地理标志作为集体商标注册的团体、协会或其他组织的,也可以正当使用该地理标志,该团体、协会或其他组织无权禁止。

被注册为证明商标或集体商标的地理标志受到商标法的保护。

为了履行Trips协议关于葡萄酒和烈性酒地理标志特殊保护的规定,2003年颁布实施的《集体商标、证明商标注册和管理办法》对葡萄酒和烈性酒地理标志的附加保护作了特别规定。该办法第12条规定,对于"使用他人作为集体商标、证明商标注册的葡萄酒、烈性酒地理标志标示并非来源于该地理标志所标示地区的葡萄酒、烈性酒,即使同时标出了商品的真正来源地,或者使用的是翻译文字,或者伴有诸如某某'种'、某某'型'、某某'式'、某某'类'等表述的"行为,应当予以禁止。

二、地理标志的专门法保护

除商标法保护之外,我国还为地理标志提供了专门法保护。专门法保护目前有两套体系,即《地理标志产品保护规定》和《农产品地理标志管理办法》。

(一)《地理标志产品保护规定》

早在1999年,原国家质量技术监督局就发布了《原产地域产品保护规定》,这是我国第一部专门规定地理标志制度的部门规章。2005年国家质量监督检验检疫总局颁布了《地理标志产品保护规定》,取代了《原产地域产品保护规定》。

拓展贴士

《原产地域产品保护规定》与《地理标志产品保护规定》的关系:

1999年8月17日,原国家质量技术监督局发布了《原产地域产品保护规定》,这是我国第一部专门规定地理标志(原产地名称)制度的部门规章。后来原国家质量技术监督局与原国家出入境检验检疫局合并为国家质量监督检验检疫总局。国家质量监督检验检疫总局又于2005年6月7日颁布了《地理标志产品保护规定》,该规定已于2005年7月15日起施行,原国家质量技术监督局颁布的《原产地域产品保护规定》同时废止。从内容上来看,《地理标志产品保护规定》和《原产地域产品保护规定》是一脉相承的,它沿袭了《原产地域产品保护规定》基本框架,所以在此之前已经建立起来的原产地域产品保护体制实际上基本被沿承下来。

《地理标志产品保护规定》采用了"地理标志产品"的用语,其第 2 条规定,所谓地理标志产品,是指"产自特定地域,所具有的质量、声誉或其他特性本质上取决于该产地的自然因素和人文因素,经审核批准以地理名称进行命名的产品"。根据《地理标志产品保护规定》,国家质量监督检验总局是地理标志产品保护工作的主管部门,各地出入境检验检疫局和质量技术监督局依照职能开展地理标志产品保护工作。[①] 地理标志产品的保护和使用都必须经过申请和注册,也就是说,凡是申请地理标志产品保护的,必须依照《地理标志产品保护规定》提出保护申请并经国家质量监督检验总局审核批准;任何单位和个人要使用获得注册的地理标志产品专用标志,也必须依照该规定提出使用申请并由国家质量监督检验总局予以注册登记。另外,不论保护申请还是使用申请都实行两级审查,即先由地方质检部门对申请进行初审,然后再由国家质检总局进行审查。

对于擅自使用或伪造地理标志名称及专用标志的,不符合地理标志产品标准和管理规范要求而使用该地理标志产品名称的,或者使用与专用标志相近、易产生误解的名称或标识及可能误导消费者的文字或图案标志,使消费者将该产品误认为地理标志保护产品的行为,质量技术监督部门和出入境检验检疫部门将依法查处。[②]

(二)《农产品地理标志管理办法》

2007 年农业部发布的《农产品地理标志管理办法》是我国第二部专门规定地理标志保护制度的部门规章,它与《商标法》《地理标志产品保护规定》三足鼎立,形成了我国地理标志保护的三套并行体系。

《农产品地理标志管理办法》第 2 条第 2 款规定:"本办法所称农产品地理标志,是指标示农产品来源于特定地域,产品品质和相关特征主要取决于自然生态环境和历史人文因素,并以地域名称冠名的特有农产品标志。"这一定义仅适用于初级农产品,即"来源于农业的初级产品,即在农业活动中获得的植物、动物、微生物及其产品"[③],不包括经过工业加工的产品。

农产品地理标志的登记主管部门是农业部,省级人民政府农业行政主管部门负责本行政区域内农产品地理标志登记申请的受理和初审工作。申请人不能直接向农业部提交登记申请,必须先向省级人民政府农业行政主管部门提出申请,并提交申请材料。省级人民政府农业行政主管部门受理登记申请后应进行初审和现场核查,并提出初审意见。对于符合条件的申请应报送农业部进行评审。申请通过评审的,农业部将予以公示。公示期满无异议或异议不成立的,农

---

① 《地理标志产品保护规定》第 4 条。
② 《地理标志产品保护规定》第 21 条。
③ 《农产品地理标志管理办法》第 2 条第 1 款。

业部作出登记决定并公告,颁发《中华人民共和国农产品地理标志登记证书》。

符合条件的单位和个人可以向登记证书持有人申请使用农产品地理标志。农产品地理标志登记证书持有人和标志使用人对地理标志农产品的质量和信誉负责,任何单位和个人不得伪造、冒用农产品地理标志和登记证书。[①]

农业部门的农产品地理标志保护体系和质检部门的地理标志产品保护制度有相似之处,但也存在一定差异。其相同之处在于,两者都是专门保护制度,且地理标志的登记或注册申请都是经由地方政府机关初审后上报至主管部门。其不同之处在于,地理标志产品的保护范围较广,不限于农产品,而农产品地理标志仅限于初级农产品;另外,地理标志产品获得注册后要进行使用必须由质检机关批准和注册,而农产品地理标志的使用则由登记证书持有人作出许可。

三、反不正当竞争法和其他法律的保护

除上述《商标法》《地理标志产品保护规定》和《农产品地理标志管理办法》之外,我国《反不正当竞争法》《消费者权益保护法》和《产品质量法》还为地理标志提供了一般保护。这些法律并不是从保护地理标志的角度来着眼的,而是从保护生产者和消费者的角度对产品产地进行规范,这些产品产地当然也包括了地理标志。

《反不正当竞争法》第 5 条将"伪造产地,对商品质量作引人误解的虚假表示"的行为列为不正当竞争行为之一,其第 9 条禁止经营者对商品的产地作引人误解的虚假宣传。

《消费者权益保护法》第 8 条规定,消费者享有知悉其购买、使用的商品或者接受的服务的真实情况的权利,有权要求经营者提供商品产地的情况。第 19 条规定,经营者应当向消费者提供有关商品或服务的真实信息,不得作引人误解的虚假宣传。

《产品质量法》第 5 条规定,"禁止伪造产品的产地";第 53 条规定,伪造产品产地的,"责令改正,没收违法生产、销售的产品,并处违法生产、销售产品货值金额等值以下的罚款;有违法所得的,并处没收违法所得;情节严重的,吊销营业执照"。

需要指出的是,我国《商标法》《地理标志产品保护规定》和《农产品地理标志管理办法》是相互独立的三套地理标志保护体系,它们之间缺乏配合支持关系,给地理标志保护实践带来了一些问矛盾和问题。

---

① 《农产品地理标志管理办法》第 20 条。

实务指引

案情回放：金华火腿是浙江金华地区的传统名特产品，1979年浦江县食品公司申请"金华火腿"商标注册，1981年获得核准，1982年起该商标为浙江省食品公司所有。浙江省食品公司不断扩大"金华火腿"商标的许可使用范围，致使金华火腿的产区遍及浙江6个地市22个县市，而金华市金华火腿生产厂家因不愿向浙江省食品公司缴纳商标使用许可费而无权使用"金华火腿"招牌。金华市根据1999年《原产地域产品保护规定》申报原产地域产品保护，2002年8月国家质量监督检验总局发布公告，在金华及衢州15个区县对金华火腿实施原产地域保护，形成了"金华火腿"注册商标与原产地域产品保护两种权利并存的状况。

2003年浙江省食品公司对泰康公司和永康火腿厂提起侵犯商标权诉讼，认为被告在产品上使用"金华火腿"字样，侵犯了其"金华火腿"注册商标专用权，请求法院判令两被告停止侵权、赔礼道歉并赔偿经济损失6.2165万元等。两被告辩称：其产品包装上使用的"金华火腿"标记是经国家职能部门审批的原产地域产品名称，未构成对原告商标权的侵权。

判决要旨：在此案中，上海市第二中级人民法院按照以下三个原则来处理商标和原产地域产品之间的关系[①]：

（1）依法同等保护的原则。即原告的注册商标专用权与被告原产地域产品均受法律保护，只要权利人依照相关规定使用均属合法、合理。我国已经参加的Trips协议对各成员国地理标志的保护作了专门规定。我国加入世界贸易组织时承诺遵守的Trips协议关于地理标志的有关条款。1999年以来，原国家技术监督局制定了《原产地域产品保护规定》和《原产地域产品通用要求》等规定，2005年国家质检局公布了《地理标志产品保护规定》。上述一系列的规定，构成了我国对原产地域产品实施保护的法律体系。因此，原产地域产品与其他知识产权一样，在我国受法律保护，被告有权依法使用原产地域产品名称及专用标志，不构成对原告注册商标专用权的侵害。

（2）尊重历史、权利与义务平衡的原则。从"金华火腿"历史发展来看，"金华火腿"有着悠久的历史，品牌的形成凝聚着金华地区以及相关地区几十代人的心血和智慧。原告成为商标注册人以后，对提升商标知名度做了大量的工作。原告的商标多次获浙江省著名商标、国家技术监督局金质奖及浙江省名牌产品等荣誉称号。原告的注册商标应当受到法律的保护。但是，另一方面，原告作为注册商标的专用权人，无权禁止他人正当使用。2002年《中华人民共和国商标

[①] 参见《上海市第二中级人民法院民事判决书》，(2003)沪二中民五(知)初字第239号，2005年8月25日。

法实施条例》第 49 条规定:"注册商标中含有的本商品的通用名称、图形、型号,或者直接表示商品的质量、主要原料、功能、用途、重量、数量及其他特点,或者含有地名,注册商标专用权人无权禁止他人正当使用。"在我国,权利人的注册商标专用权与原产地域产品均受到法律保护,只要权利人依照相关规定使用均属合法、合理。在本案中,被告经国家质检局审核批准使用原产地域产品名称和专用标志受法律保护,不构成对原告商标权的侵害。

(3) 诚实信用,依法行使权利的原则。知识产权的权利人在行使权利过程中,应当严格地按照法律的规定,避免权利之间发生冲突。尤其是在当事人之间的权利可能冲突的时候,更要相互尊重对方的知识产权,依法各自规范行使自己的权利。本案中,由于历史原因,"金华火腿"商标和原产地域产品分别属于不同的权利人,在这种情况下,不同的权利人应当严格规范使用各自的标识,但是永康火腿厂在使用"金华火腿"原产地域产品名称时,存在着一定瑕疵:一是在向国家有关职能部门提出使用申请但尚未获得批准的情况下,已经在其销售的部分火腿产品上使用了"金华火腿""原产地管委会认定"等字样;二是在产品的外包装和标签上没有标注"金华火腿"原产地域产品名称和专用标志。今后,永康火腿厂应当严格依照国家的规定,规范使用"金华火腿"原产地域产品名称及其专用标志,尊重原告的注册商标专用权,避免与原告的注册商标发生冲突。

根据以上原则,法院认为,原告注册商标专用权受法律保护,但是原告无权禁止他人正当使用。"金华火腿"经国家质检局批准实施原产地域产品保护,被告获准使用"金华火腿"原产地域专用标志,属于正当使用。但是,被告今后应规范使用原产地域产品,原、被告均应相互尊重对方的知识产权,依法行使权利。原告指控两被告侵犯其注册商标专用权的依据不足,驳回其诉讼请求。

该案判决允许地理标志和商标并存,终结了持续二十多年金华火腿纷争,原、被告均接受判决结果。

推荐阅读

1. 董炳和:《地理标志知识产权制度研究》,中国政法大学出版社 2005 年版。
2. 王笑冰:《论地理标志的法律保护》,中国人民大学出版社 2006 年版。
3. 冯寿波:《论地理标志的国际法律保护——以 Trips 协议为视角》,北京大学出版社 2010 年版。
4. 王笑冰:《地理标志法律保护新论——以中欧比较为视角》,中国政法大学出版社 2013 年版。
5. 王笑冰:《关联性要素与地理标志法的构造》,载《法学研究》2015 年第

3期。

6. Albrecht Conrad, The Protection of Geographical Indications in the Trips Agreement, 86 Trademark Reporter (1996), pp. 11—46.

7. J. Audier, Trips Agreement: Geographical Indications, Luxembourg: Office for Official Publications of the European Communities, 2000.

8. Bernard O'Connor, Geographical Indications in International and National Law, Brussels: O'Connor and Company, 2003.

第十二章　商标的国际注册与保护

要点提示

本章重点掌握的知识：1. 商标国际保护的基本框架；2. 商标国际保护的主要国际公约；3. 商标国际注册的方式；4. 商标国际注册的程序。

本章知识结构图

商标的国际注册与保护 { 商标的国际保护 { 商标国际保护的基本框架 / 商标国际保护的主要国际公约 }；商标的国际注册 { 商标国际注册的方式 / 商标国际注册的条件和程序 } }

第一节　商标的国际保护

商标权具有地域性，其效力一般只限制于一国的领土范围之内。因此，在一个国家注册的商标并不能够当然地在其他国家获得法律保护。为了使商标权具有一国地域之外的效力，使商标在多个国家获得保护，各国开始磋商和缔结国际商标公约，建立国际保护制度对商标进行国际保护。

一、商标国际保护的基本框架

（一）世界知识产权组织

世界知识产权组织是管理知识产权国际公约的最重要的国际机构，在一定时期几乎是唯一的管理机构。世界知识产权组织成立于1967年7月14日，1974年12月17日成为联合国的下设机构，总部设于瑞士的日内瓦。目前，世界知识产权组织管理除 Trips 协议和《世界版权公约》之外的几乎全部知识产权国际公约。中国于1980年6月3日加入该组织，成为第90个成员。

世界知识产权组织的成立是知识产权国际保护的产物。1883年和1886年，《巴黎公约》和《伯尔尼公约》先后缔结。根据《巴黎公约》和《伯尔尼公约》分别成立了保护工业产权巴黎公约联盟和保护文学艺术作品伯尔尼公约联盟，两大联盟各自设立了国际局作为执行机构。为了更好地保护知识产权权利人的合法权益,促进知识产权国际保护的发展,两大联盟的国际局进行了合并,于1893年成立了保护知识产权联合国际局。1967年,在联合国际局的倡议之下,51个国家的与会代表签署了《成立世界知识产权组织公约》,宣布正式成立世界知识产权组织。

世界知识产权组织的主要职能包括:(1)促进各国对知识产权的有效保护、协调各国立法;(2)执行巴黎联盟和伯尔尼联盟的行政任务;(3)担任或参与其他促进知识产权国际保护协定的行政工作;(4)促进知识产权保护国际协定的缔结;(5)对请求知识产权法律技术援助的国家给予帮助;(6)收集和传播知识产权保护的情报,促进相关领域研究的开展,公布研究成果。

在机构设置和运行方面,世界知识产权组织的主要机构包括大会、成员国会议、协调委员会会议和国际局。大会是世界知识产权组织的最高权力机构,由加入巴黎联盟和伯尔尼联盟的国家组成,每3年举行一次例会,并且依据1/4大会成员或协调委员会请求,可以举行特别会议。大会的主要任务包括任命总干事、审批本组织的报告、财务预算等。参与大会的成员国每个国家有一票的表决权。

成员国会议由参与组织的成员国构成,每3年举行一次会议,讨论知识产权领域内共同关心的议题,讨论通过法律技术援助计划的预算以及其他公约规定的议题。每个成员国享有一票表决权。

协调委员会是世界知识产权组织的咨询机构和大会和成员国会议的执行机构。每年召开一次会议。协调委员会的主要职能包括对行政、财务等问题提出建议、拟定大会议程草案、提出总干事候选人名单等。

国际局是世界知识产权组织的常设办事机构,是世界知识产权组织的秘书处。其主要职能包括准备会议的文件和报告、收集各国的知识产权信息和情报、出版相关刊物、组织国际局会议、拟定计划草案和预决算草案等。

(二)世界贸易组织

自世界贸易组织成立以来,知识产权事务成为其重要工作之一,从而世界贸易组织成为管理国际知识产权问题的重要机构。

随着全球国际贸易的发展,国与国之间有关知识产权贸易的纠纷和冲突频繁发生,影响到国际贸易的正常发展。尽管国际社会已签订了一些知识产权国际公约,但尚存在三大问题未解决:一是原有的保护知识产权的国际公约和协定相对迅速发展的知识产权的保护来说,还不够完善和充分;二是这些条约和协定只针对知识产权国际保护的一般情况缔结的,对国际贸易中知识产权的保护问题所涉不多;三是有效解决国际贸易中知识产权争端和监督管理知识产权的国际保护机制也不够健全。鉴于世界贸易组织成立之前知识产权国际保护存在的这些问题和美国等发达国家国内政策的要求,美国等发达国家强烈要求将知识产权问题纳入成立世界贸易组织谈判议程。1994年4月15日,相关国家经过谈判,签署了 Trips 协议。1995 年,世界贸易组织成立,Trips 协议成为《成立世界贸易组织协议》的重要文件。中国经过艰苦的谈判于 2001 年 12 月 11 日被批准加入世界贸易组织。相对于此前世界知识产权组织框架下的知识产权国际保护,Trips 协议框架下的知识产权保护可以说是涉及面广、保护水平高、保护力度大、制约力强的知识产权国际保护体制。

世界贸易组织主要有五大职能:(1)对各成员国的贸易政策、法律法规进行监督管理,评估其是否违法。(2)组织实施各项贸易协定和协议,采取有效措施,实现各项协定和协议所订立的目标。(3)协调国际货币基金组织、世界银行等国际组织和机构,保障全球经济政策的一致性。(4)成员国之间贸易发生摩擦和冲突时,负责进行调解和裁决。(5)为成员国提供处理各项协定和协议的谈判场所,为发展中国家提供必要的援助。

世界知识产权组织的主要机构包括部长会议和总理事会。部长会议由成员国部长参与,每两年举行一次会议。总理事会是部长会议在休会期间的常设机构,由成员国代表所组成,可以处理日常事务。总理事会下设货物贸易理事会、服务贸易理事会和知识产权理事会。知识产权理事会的主要职能是监督 Trips 协议的实施,监督各成员国是否履行了 Trips 协议规定的义务,为成员国的磋商提供机会,在知识产权争端方面为各成员国提供帮助。

二、商标国际保护的主要国际公约

(一) Trips 协议和《巴黎公约》

Trips 协议和《巴黎公约》是规定商标国际保护的实体问题的国际条约。

1. Trips 协议。

Trips 协议第二部分第二节对商标保护进行了规定,其基本内容如下:(1)商标的概念与注册要求。在第 15 条中,Trips 协议规定了商标的概念和注册条件。第 15 条第 1 款规定:任何标记或标记的组合,只要能够将一企业的货物和服务区别于其他企业的货物或服务,即能够构成商标。此类标记,特别是单词,包括人名、字母、数字、图案的成分和颜色的组合以及任何此类标记的组合,均应符合注册为商标的条件。如标记无固有的区别有关货物或服务的特征,则各成员可以由通过使用而获得的显著性作为注册的条件。各成员可要求,作为注册的条件,这些标记应为视觉上可感知的。由此规定可知,成员国的商标需要符合商标注册的要件,具备显著性才能获得注册。就使用商标获得商标权而言,Trips 协议第 15 条第 3 款规定可以通过使用获准注册,但是不能够将实际使用作为接受申请的条件。

(2)商标权的范围。在第 16 条中,Trips 协议明确规定了注册商标的所有权人享有商标专用权,可以用以阻止所有第三方未经该所有权人同意在贸易过程中对与已注册商标的货物或服务的相同或类似货物或服务使用相同或类似标记,如此类使用会导致混淆的可能性。在对相同货物或服务使用相同标记的情况下,应推定存在混淆的可能性。由此可见,Trips 协议已经明确将混淆可能性作为商标权是否受到侵犯的判定标准。

(3) 驰名商标保护。Trips 协议还对驰名商标的保护作出了规定。Trips 协议第 16 条第 2 款规定,《巴黎公约》(1967)第 6 条之二在细节上做必要修改后应适用于服务。在确定一商标是否驰名时,各成员应考虑相关部门公众对该商标的了解程度,包括在该成员中因促销该商标而获得的了解程度。依据该规定,服务商标也应当受到驰名商标制度的保护。而在确定一个商标是否成为驰名商标之时,应当以相关公众作为考察对象,看这一商标在相关公众中的知名度。

(4) 注册商标保护期。Trips 协议在保护期方面,规定对注册商标的保护及每次续展的期限,不得少于 7 年,可以无限续展。

(5) 商标的使用。对于商标的使用要求,Trips 协议也作出了规定,其第 19 条第 1 款规定,如维持注册需要使用商标,则只有在至少连续 3 年不使用后方可注销注册,除非商标所有权人根据对商标使用存在的障碍说明正当理由。出现商标人意志以外的情况而构成对商标使用的障碍,例如对受商标保护的货物或服务实施进口限制或其他政府要求,此类情况应被视为不使用商标的正当理由。依据该推定,连续 3 年不使用,构成商标撤销注册的理由,除非商标权人有正当的理由。

(6) 商标的许可和转让。Trips 协议第 21 条规定,成员国可以规定商标许可和转让的条件,但是不允许对商标的强制许可。注册商标所有人有权将商标连同或者不连同其所属的营业一起进行转让。

2.《巴黎公约》

《巴黎公约》于 1883 年 3 月 20 日在法国巴黎签订,1884 年 7 月 7 日生效。《巴黎公约》的保护范围包括了与工业产权相关的权利,涉及发明专利、实用新型、工业品外观设计、商标权、服务标记、厂商名称、产地标记或原产地名称以及制止不正当竞争等。中国于 1985 年 3 月 19 日加入《巴黎公约》,成为该公约的成员国。《巴黎公约》的基本目的在于协调各国立法、在尊重各成员国国内立法的同时,协调各成员国的立法,使之与公约的规定保持一致,保证一成员国的工业产权在其他所有成员国都能够得到保护。

《巴黎公约》在工业产权的国际保护方面作出了原则性的规定,明确了国民待遇原则、优先权原则和独立性原则等基本原则。

就商标保护的问题,《巴黎公约》还作出了一些具体的规定:

(1) 商标保护的独立性。该问题前文已经有所论述,其是指在本联盟一个国家注册的商标,与在本联盟其他国家注册的商标是相互独立的。对本联盟国家的国民在本联盟任何国家提出的商标注册申请,不得以未在原属国申请、注册或续版为理由而予以拒绝,也不得使注册无效。

(2) 驰名商标的保护。《巴黎公约》1925年修订中增加了对驰名商标的保护。《巴黎公约》第6条之2规定:① 本联盟各国承诺,如该国法律允许,应依职权,或依有关当事人的请求,对商标注册或使用国主管机关认为在该国已经属于有权享受本公约利益的人所有而驰名、并且用于相同或类似商品的商标构成复制、仿制或翻译,易于产生混淆的商标,拒绝或取消注册,并禁止使用。这些规定,在商标的主要部分构成对上述驰名商标的复制或仿制,易于产生混淆时,也应运用。② 自注册之日起至少5年的期间内,应允许提出取消这种商标的请求。本联盟各国可以规定一个期间,在这期间内必须提出禁止使用的请求。③ 对于依恶意取得注册或使用的商标提出取消注册或禁止使用的请求,不应规定时间限制。

(3) 商标的转让。《巴黎公约》第6条之4规定了商标的转让,根据其规定:① 根据本联盟国家的法律,商标的转让只有在与其所属商行或商誉同时转让方为有效时,如该商行或商誉坐落在该国的部分,连同在该国制造或销售标有被转让商标的商品的专有权一起转让予受让人,即足以承认其转让为有效。② 如果受让人使用受让的商标事实上会具有使公众对使用该商标的商品的原产地、性质或重要品质发生误解的性质,上述规定并不使本联盟国家负有承认该项商标转让为有效的义务。

(4) 集体商标与服务商标的保护。《巴黎公约》第5条之6和第7条之2分别规定了集体商标和服务商标。《巴黎公约》第6条之6规定:本联盟各国承诺保护服务标记。不应要求它们对该项标记的注册作出规定。根据该条文,缔约国可以通过注册的方式来保护服务商标,也可以运用反不正当竞争法进行保护。《巴黎公约》第7条之2规定:① 如果社团的存在不违反其原属国的法律,即使该社团没有工商业营业所,本联盟各国也承诺受理申请,并保护属于该社团的集体商标。② 各国应自行审定关于保护集体商标的特别条件,如果商标违反公共利益,可以拒绝给予保护。③ 如果社团的存在不违反原属国的法律,不得以该社团未在被请求给予保护国家设有营业所,或不是根据该国的法律所组成为理由,拒绝对该社团的这些商标给予保护。

(二)《马德里协定》和《马德里议定书》

《马德里协定》和《马德里议定书》是规定商标国际保护的程序问题的国际条约。马德里体系始建于1891年,包括《马德里协定》(1891)和《马德里议定书》(1989),这两个国际条约由设在瑞士日内瓦的世界知识产权组织国际局管理。我国分别于1989年和1995年加入《马德里协定》和《马德里议定书》。

马德里国际体系的设立的初衷和目的是为了使商标权利人简化商标国际注

册的程序和降低国际注册成本,在相对短的时间内,在所需国家或地区获取商标注册保护,达到以一点同时波及多点的效率和效果。另外,相应的后续服务要求如追加领土延伸、商标续展的日期统一和相应的展期费用的节省也是其明显的特点。因此,相对于直接去各个国家单独逐一提出国际商标注册,不仅手续简便,节省时间,费用相对低廉。

中国申请人申请马德里国际注册的前提要求是:(1) 申请人为中国(指大陆或者台湾地区,不包括香港和澳门地区)的公民、企业或者其他组织;(2) 申请商标已经在中国商标局注册(可指定所有成员国)或者注册申请已经被受理(仅能指定议定书成员国);(3) 申请人是个人的须提供身份证复印件,企业等组织则需要提供营业执照复印件;(4) 如果申请人委托代理组织代为办理,则需要申请人签字(个人)或者盖章(企业)。

(三)《商标注册用商品和服务国际分类尼斯协定》

《商标注册用商品和服务国际分类尼斯协定》(简称《尼斯协定》)是规定商标的分类问题的国际条约,其于 1957 年 6 月 15 日签订于法国尼斯,于 1961 年 4 月 8 日生效。《尼斯协定》签订之后修订过三次。第一次是 1967 年修订于斯德哥尔摩,第二次是 1977 年修订于日内瓦,第三次于 1979 年再次修订。中国于 1994 年加入《尼斯协定》。

《尼斯协定》的宗旨是建立一个共同的商标注册用商品和服务国际分类体系,以方便成员国使用该分类表办理商标的注册。目前,第八版的尼斯国际分类一共划分为 45 类,其中商品 34 类,服务 11 类,大类又可细分为 1 万多个小项。无论是尼斯联盟的成员国还是非《尼斯协定》的成员国,都可以使用该分类表。尼斯联盟的成员国还可以参与分类表的修订。

对于《尼斯协定》的法律效力,《尼斯协定》第 2 条第 1、2 款有详细的规定:(1) 按照本协定所规定的要求,本分类的效力取决于特别联盟的每个国家。特别是,在对任何特定的商标提供保护的范围或对服务商标的认可方面,对特别联盟国家不具有约束力。(2) 特别联盟各国可以保留将本分类作为主要体系使用或者作为辅助体系使用的权利。由此可见,《尼斯协定》所建立的商品或服务国际分类只是为各国商标注册和管理提供便利,该分类并不是要求各国强制执行,因此不具有确定的法律效力,对各国不具有法律上的约束力。因此,在我国商标注册和侵犯商标权审判之中,《尼斯协定》所确立的商品或国际分类只是作为我国认定商品是否类似的参考,而不具有绝对的法律效力。

对于商品及服务的分类原则,《尼斯协定》规定:(1) 制成品原则上按其功能、用途进行分类。如果分类没有规定的分类标准,该制成品就按照字母排列,与分类表内类似的其他制成品分在一类,也可以根据辅助的分类标准,根据这些制成品的使用原料或制作方法进行分类。(2) 原料、未加工品或半成品原则上按照其组成的原材料进行分类。(3) 商品构成其他商品某一部分，原则上与其他商品分在同一类。但这种同类商品在正常情况下不能用于其他用途。其他所有情况按以上标准进行分类。(4) 成品或者半成品按照组成其的原料进行分类时，如果他们是由几种不同的原材料组成，原则上按照其主要原料进行分类。(5) 用于盛饭商品的盒子、箱子之类的容器，原则上与该商品分在同一类。

第二节 商标的国际注册

商标权具有地域性，在一国获准注册的商标只在该国的地域范围内具有法律效力，受到该国法律的保护。企业在一个国家申请注册商标之后，随着业务的逐步发展，有时需要在其他国家使用和注册商标，这就涉及商标如何在多个国家获得保护的问题。一般而言，商标权利人的商标想要在国外取得法律保护，需要在其他国家进行商标注册。在其他国家进行注册的方式主要有两种：一是直接在某国商标局申请商标注册；二是通过马德里体系进行商标国际注册。与注册方式相适应，不同的注册方式的注册程序也是不同的。

一、商标国际注册的方式

（一）单一国家注册

商标权人为了在其他国家取得商标注册，获得其他国家的法律保护，可以采取单一国家注册的方式，直接向想要获得法律保护的国家的商标主管机关申请商标注册。根据《巴黎公约》的有关规定，在工业产权保护方面，公约各成员国必须在法律上给予公约其他成员国相同于其该国国民的待遇；即使是非成员国国民，只要他在公约某一成员国内有住所，或有真实有效的工商营业所，亦应当给予相同于该国国民的待遇。商标保护也不例外，只要是《巴黎公约》的成员国，或虽不是《巴黎公约》成员国但在成员国有住所、工商营业所，就可以在申请商标注册上享受到国民待遇。因此，单一国家注册可以适用于几乎所有国家。由于需要在寻求保护的所有国家逐一进行注册，单一国家注册方式不仅费时费力，而且成本高昂。尽管如此，对于那些没有参加马德里体系且采用注册取得商标权体制的国家，单一国家注册却是在这些国家取得商标权的唯一途径。

值得注意的是，由于各个国家的商标权确权规则并不一致。有的国家是以注册取得商标权为主，而有的国家则是以使用取得商标权为主。因此，在不同的国家，商标权取得的方式有所区别。以美国为例，美国实行的主要是使用取得商标权的体制。要想在美国获得商标权，必须在美国真正地使用该商标。但是，美国也并非完全是以使用作为商标权产生的依据。由于美国是马德里国际注册协定成员国和《巴黎公约》成员国，商标权利人还可以通过马德里国际商标注册程序指定美国,提交其在其他国家注册的商标注册证、或在《巴黎公约》其他成员国获得商标注册后,以该注册作为证明向美国提交注册。因此,在美国申请商标,主要是三种注册方式:一是以实际使用为主的商标注册。在申请商标时,该商标已经在美国投入使用。通过该方式申请时,申请人需要提供该商标在美国已经投入实际使用的证据和首次使用的日期。二是意图使用为主的商标注册。意图使用是指,申请人在向美国商标主管机关申请商标时,还未将商标投入使用之中。这时需要提交具有在美国将商标实际投入使用的意图的申明。根据《美国商标法》的规定,如果以意图使用的方式申请商标注册,则需要提交真诚使用的证明。经过审查、公告等程序之后,申请人必须在最迟3年之内提交该商标在美国已经实际使用的证明,美国专利商标局在对实际使用进行审查之后,才会给申请人颁布注册证书。这种方式使得商标权的确权更加灵活,申请人没有必要在申请商标注册前就一定要将商标投入实际使用。只是最迟在3年之内投入实际使用即可。但是,这只是对实际使用要求的一种变通处理,即便是意图使用方式,最终还是要在美国进行实际的使用才能获准注册。[①] 三是按照马德里国际商标注册或者《巴黎公约》的规定,以国内的注册为基础,向美国提出注册。商标的申请人可以通过马德里国际商标注册程序指定美国,提交其在其他国家注册的商标注册证、或在《巴黎公约》其他成员国获得商标注册后,以该注册作为证明向美国提交注册。值得注意的是,通过国际条约的方式进行申请,该国内注册的商标必须与意图在美国注册的商标完全一样,并且国内注册所指定的商品或服务类别需要大于在美国申请注册的商品或服务类别。

当然,不同的国家商标注册的程序是不同的,向这些国家申请商标注册相应地就需要了解并遵循这些国家的商标注册程序。

(二) 马德里商标国际注册

商标权人为了在其他国家取得商标注册,除了向该国家的商标主管机关申请商标注册之外,商标权人还可以通过马德里商标国际注册程序进行商标注册,获得其他国家对其商标的保护。马德里商标国际注册主要是指,商标的申请人按照《马德里协定》和《马德里议定书》在马德里协定成员国和马德里议定书成员国进行商标国际注册。

马德里商标国际注册主要是为了解决一个基础商标如何在其他国家进行注册,获得其他国家保护的问题,由多个国家参与制定的。马德里商标国际注册主要是由世界知识产权组织国际局管理,总部设于瑞士日内瓦。马德里商标国际注册包括依据《马德里协定》进行的注册和依据《马德里议定书》的注册。《马德里协定》缔约国国民或《马德里议定书》缔约国国民可以通过其原属国主管机关,

---

[①] 彭学龙:《寻求注册与使用在商标确权中的合理平衡》,载《法学研究》2010年第3期。

向世界知识产权组织国际局申请商标注册,在参与《马德里协定》或《马德里议定书》的国家获得商标保护。马德里商标国际注册相比较申请人在各个国家分别向该国商标主管机关申请商标而言,商标国际注册马德里体系成本更低、效率更高、操作更容易,申请人只需使用一种语言,提交一份申请,向一个世界知识产权组织国际局缴费,就可以向多个国家或地区申请商标注册。申请人办理商标国际注册后,与该商标国际注册有关的后续业务也只需在世界知识产权组织国际局办理一项程序、缴纳一笔费用即可完成登记。

二、商标国际注册的条件和程序

在《马德里协定》成员国已经注册的商标或者在《马德里议定书》已经提出注册申请的商标可以通过马德里商标国际注册程序较为简便地进行国际注册。

(一) 马德里商标注册申请的条件

马德里商标注册申请必须符合一定的条件,包括:

1. 申请人的主体资格。以马德里体系某成员国为原属国申请商标国际注册的,应当在该国设有真实有效的营业所,或者在该国有住所,或者拥有该国国籍。非"马德里联盟"成员国的国民,若在某马德里成员国有其合资或独资企业,可以通过该国商标局提出国际注册申请。

2. 原属国商标注册程序的启动。申请国际注册的商标必须已经在马德里体系某成员国启动了一定的商标注册申请程序。申请人指定保护的国家是《马德里协定》成员国的,申请国际注册的商标必须是在原属国已经注册的商标;申请人指定保护的国家是纯《马德里议定书》成员国的,申请国际注册的商标可以是已在原属国提出注册申请的商标,也可以是已经注册或提出注册申请的商标。

3. 国际注册申请本身的条件。商标国际注册申请应与原属国基础注册或基础申请内容一致。包括国际注册申请人的名义应与原属国申请人或注册人的名义完全一致;商标应与原属国注册的商标完全相同;所报的商品和服务应与原属国注册的商品和服务相同或者不超过原属国申请或注册的商品和服务范围。

(二) 马德里商标国际注册的具体程序

在原属国注册或者申请注册商标之后,要通过国际注册而在其他国家取得商标权还需要经过一系列程序:

1. 提交申请。申请商标国际注册,可以委托商标代理组织办理,也可以直接到商标局办理。在我国,申请商标国际注册后期指定、转让、删减、放弃、注销、注册人名称或地址变更、代理人名称或地址变更、续展、指定代理人等有关事宜的,申请人可以委托商标代理组织办理或者直接到商标局办理,也可以委托代理人办理或者直接向世界知识产权组织国际局办理。申请办理与协定成员国有关的商标国际注册的后期指定、转让、删减、放弃、注销事宜的,必须通过商标局办理。申请商标国际注册时,申请人除提交商标国际注册申请书之外,还应当提供以下附件:(1)国内商标注册证复印件1份,或者商标局出具的商标注册申请受理通知书复印件1份;(2)要求优先权的,该优先权证明1份;(3)申请人资格证明1份,如营业执照复印件、居住证明复印件、身份证件复印件等;(4)委托代理的,代理人委托书1份;(5)商标图样2份,其尺寸不大于80mm×80mm,不小于20mm×20mm。

商标国际注册的申请日期,以商标局收到申请书件的日期为准。商标国际注册申请手续不齐备或者未按照规定填写申请书的,商标局不予受理,申请日不予保留。申请手续基本齐备或者申请书基本符合规定,但需要补正的,申请人应当自收到补正通知书之日起30日内予以补正,逾期未补正的,商标局不予受理,书面通知申请人。通过商标局向世界知识产权组织国际局申请商标国际注册及办理其他有关申请的,应当按照规定缴纳费用。申请人应当自收到商标局缴费通知单之日起15日内,向商标局缴纳费用。期满未缴纳的,商标局不受理其申请,书面通知申请人。

2. 世界知识产权组织国际局的审查。世界知识产权组织国际局收到符合《商标国际注册马德里协定及其议定书共同实施细则》的国际注册申请后,即在国际注册簿上进行登记注册,并给商标注册申请人颁发《国际注册证》并通知各被指定缔约方商标主管机关。《国际注册证》由国际局直接寄送给商标局国际注册处,再由商标局国际处转寄给申请人或商标代理机构。《国际注册证》的内容包括该马德里申请的所有信息,如国际注册日、国际注册到期日期、注册人信息、商标、指定商品/服务以及依据协定或议定书所指定的缔约方等。《国际注册证》仅仅表示该马德里申请已在国际注册簿上登记,并不代表在各指定缔约方已注册成功。各指定缔约方的商标主管机关在收到国际局通知之后,将会依据本国商标法律规定进行审查,核准注册或驳回申请都会在驳回期限内向国际局发相应通知,由国际局登记后转发申请人。

3. 指定国的审查。商标能否在各指定国获准注册,要以各指定国的审查为准。商标国际注册申请时指定的各保护国家可以根据各自的国家法律决定是否予以保护,并需向国际局声明该驳回。《马德里协定》规定,声明驳回的时限最多为1年,也就是说,如果指定保护申请在1年时限内未遭到驳回,则该申请自动得到保护。而按照《马德里议定书》的规定,成员国可根据需要,将有权驳回的时限延长至18个月。因此,从国际注册日起算,如果12个月内没有收到马德里协定国或者18个月内没有收到马德里议定书国发来的拒绝给予商标保护的驳回通知书,即表示该商标已在该协定国或议定国自动得到了保护。

4. 商标国际注册的有效期和效力。在商标权的存续时间上,根据《马德里协定》第6条的规定,通过《马德里协定》在世界知识产权组织国际局进行商标注册的有效期是20年。受到《马德里协定》成员国保护的国际注册商标,自国际注册之日起5年内,如果该商标在其原属国国内被全部或部分撤销,则该国际注册同时被撤销。而在自国际注册之日起满5年,则该注册就与其在原属国的注册没有关系,取得独立的效力。

拓展贴士

  马德里国际注册虽然费用低廉,但是也存在一定的缺陷。首先,在马德里注册体系中,大多数国家对国际注册的商标不发注册证书。因此,在维权举证方面,权利人会遇到困难。其次,马德里国际注册的程序繁琐、时间周期长、处理速度较慢。由于马德里国际注册中,涉及原注册国商标主管机关、国际局、拟申请注册的国家商标主管机关,文件多需要相关机构协调转送,因此环节较多,程序较多,中间如果有所纰漏,可能导致申请人无法及时收到文件,错过法定的答复时间。再次,后期商标管理不方便。马德里国际商标注册申请可能涉及多个国家。在商标获准注册之后,权利人的商标在哪一国家进行了商品类别的调整、在哪一国家进行了转让、变更名称、地址等,无法体现在商标注册证之上,权利人和其他人都无法得知商标在各个国家的实际保护情况。最后,马德里商标"中心打击原则",即自国际注册之日起5年内,如果该商标在其原属国国内被全部或部分撤销,则该国际注册同时被撤销。因此,马德里商标注册与其商标在原属国的商标息息相关,具有一定的附属性。
  参见:于泽辉、李雷:《商标战略管理诉讼》,法律出版社2008年版,第121—122页。

推荐阅读

  1. 于泽辉、李雷:《商标战略管理诉讼》,法律出版社2008年版,第111—124页。
  2. 胡开忠:《商标法学教程》,中国人民大学出版社2008年版,第238—240页。
  3. 黄晖:《商标法》,法律出版社2004年版,第333—335页。

后 记

商标法是知识产权法的三大支柱之一，也是知识产权本科专业的核心课程之一。在知识经济和注意力经济的今天，经常被忽略的商标法，事实上已经成为知识产权法中最重要的部分，成为知识产权专业人才必须掌握的一部法律。

作为本科教材，本书的主要目标是体系、完整、准确、规范地讲解商标法的基本概念、基本原理和基本制度，同时通过司法考试真题和拓展阅读等方式从实务和理论两个方面为学生的商标法学习提供拓展的空间，力求使学生掌握商标法学的概念和理论体系，具备利用商标法分析问题和解决问题的能力。

本书是协作的产物，在主编、副主编确定全书大纲的基础上由各位编者分头编写，最后由主编和副主编统稿、定稿。具体写作分工如下：孙英伟（法学博士，石家庄学院教授、副院长）撰写第一章，王太平（法学博士，广东外语外贸大学云山杰出学者、"21世纪海上丝绸之路协同创新中心"研究员、法学院教授）撰写第二章和第八章，蒋鸣湄（法学硕士，广西民族大学法学院副教授）撰写第三章和第六章，杨雄文（法学博士，华南理工大学法学院教授、知识产权与企业发展研究中心主任）撰写第四章，应振芳（法学博士，浙江工商大学法学院副教授）撰写第五章，姚鹤徽（法学博士，湖南师范大学法学院副教授）撰写第七章和第十二章，邓宏光（法学博士，西南政法大学教授、知识产权研究中心副主任）撰写第九章，周园（法学博士，重庆理工大学知识产权学院副教授）撰写第十章，王笑冰（法学博士，山东大学法学院副教授）撰写第十一章。

本书是经丛书主编齐爱民教授的邀请、在各位编者通力合作和责任编辑孙战营老师的辛勤编辑的基础上完成的，感谢齐爱民教授的邀请，感谢各位编者的大力配合，感谢孙战营老师的辛劳付出。

由于编者认识水平和眼界所限，本书错误和不足之处难免，请读者不吝批评指正，以便修正和提高。

王太平
2017年6月8日